기독교 문화,
소통과 변혁을 향하여

기독교 문화, 소통과 변혁을 향하여

초판 1쇄 찍은 날 · 2005년 11월 10일 | 초판 1쇄 펴낸 날 · 2005년 11월 16일

엮은곳 · 문화선교연구원 | **펴낸이** · 김승태

편집장 · 김은주 | **편집** · 박지영, 권소용 | **디자인** · 김규혜, 이승희
영업본부장 · 오상섭 | **영업** · 변미영, 장완철 | **제작** · 한정수
홍보 · 주진호 | **드림빌더스** · 박지연 | **물류** · 조용환

등록번호 · 제2-1349호(1992. 3. 31.) | **펴낸 곳** · 예영커뮤니케이션
주소 · (110-616) 서울 광화문우체국 사서함 1661호 | **홈페이지** www.jeyoung.com
출판유통사업 · T. (02)766-7912 F. (02)766-8934 e-mail: jeyoungsales@chol.com
출판사업부 · T. (02)766-8931 F. (02)766-8934 e-mail: jeyoungedit@chol.com

ISBN 89-8350-378-5 (03230)

값 9,000원

기독교 문화,
소통과 변혁을 향하여

문화선교연구원

차례

1장: 기독교와 문화의 소통

2장: 기독교 문화의 새로운 주체성

3장: 변혁적 문화관의 의미

기획의도

1장:
기독교와 문화의 소통

"하나님은 다른 피조물들을 통제, 관리하고자 하는 목적으로 인간에게 인식, 사고, 의미 전달의 능력을 부여하셨으며, 그 중요한 매개체가 바로 언어 행위의 능력이라고 짐작할 수 있다. 인간 역사 속에서 이러한 언어 행위 능력, 즉 커뮤니케이션 능력은 역사 속에서 인간들에 의해 다양한 목적으로 활용되어 왔다. 개인, 조직, 혹은 국가 차원의 정치적, 경제적 이익의 대변과 협상, 그리고 성취를 위한 가장 효율적인 수단으로 커뮤니케이션 능력을 활용해왔음이 사실이다.

그렇다면 과연 창조주이신 하나님은 인간에게 고유의 언어 행위, 곧 커뮤니케이션 능력을 부여하셨을 때 어떠한 구체적인 계획을 갖고 계셨을까? 인류의 탄생부터 구원 사역, 그리고 마지막 왕국의 계획까지 치밀하게 구상하신 하나님의 섭리 속에서 인간의 커뮤니케이션 능력이라는 한 하부 피조물의 위상은 무엇일까?"

– 마동훈 교수

한국 기독교 문화의 아름다운 개화를 위한 방향

박영근 박사 (아담재 대표 컨설턴트)

성경은 같은 씨앗이라도 그 결과는 어떤 땅에 떨어지느냐에 따라 크게 달라진다는 사실을 알려준다. 약 100여 년 전 이 땅에 떨어진 복음의 씨앗 또한 뿌리를 내리고 성장하는 과정에서 당시 조선사회와 그 이후로 이어진 우리 역사적 풍토와 밀접한 관련을 갖지 않을 수 없을 것이다. 같은 이치로, '2004년 대한민국 기독교 문화'라는 꽃을 제대로 감상하자면 그 뿌리가 자리하고 있는 이 땅의 풍토를 살펴보아야 한다. 따라서 이 글에서는 우선 우리 사회 전반의 문화적 특성을 살펴보고자 한다. 다음은 앞에서 드러난 특성의 뿌리를 찾아보고 그 위에 자리한 우리 기독교 문화와의 연결 고리를 찾아본다. 마지막으로 문화의 전반적인 특성을 중심으로 한국 기독교 문화의 아름다운 개화를 위한 몇 가지 새로운 방향을 제안하고자 한다.

1. 우리 문화의 특성

　한 사회의 문화를 간략하게 살펴본다는 일은 결코 쉬운 일이 아니다. 문화란, 문자 그대로, 인류 지식, 신념, 그리고 행위의 총체인 까닭에 그 역사가 깊을 뿐 아니라 다양한 원류를 가지고 있기 때문이다. 그러나 이 글은 본격적으로 우리 문화의 특성을 연구하는 것이 목적이 아니라, 한국 기독교 문화의 특성을 정리하기 위한 준비 단계인 까닭에 비교적 간편한 방법을 이용하기로 한다.

　네델란드의 인류학자 홉스테드(Hofstede, G.)는 그의 저서 "세계의 문화와 조직" (차재호, 나은영 역, 학지사, 1995)에서 세계 여러 나라의 문화와 그 나라 사람들의 의식 구조 특성을 정리하기 위한 4 가지 기준을 제시했다. 그 첫 번째는 '권력의 거리' 다. 이는 권력의 불평등성을 사람들이 얼마나 잘 참아내느냐 하는 것이다. 홉스테드에 따르면 권위적인 사회일수록 사람들은 권력의 불평등을 잘 받아들인다. 윗사람이 권력을 제멋대로 사용해도 밑의 사람들은 그러려니 하고 별 의의를 제기하지 않는다. 또 권력이 세지면 거드름을 피우고 허세를 부리는 것을 당연한 것으로 생각한다. 홉스테드는 우리나라를 권력의 거리가 큰, 다시 말해 권위주의가 기승하는 나라로 분류한다. 박정희 정권으로부터 계속되어 온 군사독재 기간 동안 많은 국민들이 별 저항 없이, 최소한 암묵적으로나마 따라왔던 모습을 생각하면 이해할 수 있는 분류다.

　두 번째는 집단주의와 개인주의다. 세계 각국의 문화는 이를 기준으로 양분될 수 있는데 우리 문화는 전형적인 집단주의 사회다. 집단주의 사회란 개인보다는 집단이 모든 면에서 우선시되는 사회를 말한다. 우리 민족이 유난히 '우리' 를 밝힌다는 사실은 잘 알려진 일이다. 이를 생각한다면 이 또한 쉽게 이해할 수 있는 대목이다.

세 번째 기준은 남성적 문화냐 혹은 여성적 문화냐 하는 것이다. 여기에서의 남성과 여성은 자연적 성(性)과는 다른 의미로서, 자기주장을 얼마나 강한 행동으로 표현하느냐 하는 것을 뜻한다. 여성적 문화는 태도가 겸손하고 자기를 드러내지 않으려고 하는 경향을 의미한다. 따라서 우리나라는 남성 위주의 전통에도 불구하고, 홉스테드의 분류에 따르면 다분히 여성적인 문화로 분류된다. 앞에서 살펴본 너무도 강한 집단주의적 문화 전통과 연관 지어 생각하면 쉽게 이해할 수 있을 것이다.

마지막 네 번째 기준인 '불확실성 회피 정도'는 한 문화의 구성원들이 불확실하거나 잘 알지 못하는 것들을 얼마나 견디어 내나 하는 정도를 나타내는 것이다. 한국 사람들은 자기와 다른 것을 잘 참지 못하는데 이 때문에 우리나라는 불확실성 회피 정도가 높은 나라로 분류된다. 이 분류는 앞에서 살펴본 집단주의와 연결되어 폐쇄적이며 배타적인 우리 문화의 특성을 잘 보여 주는 것이다.

이상의 분류를 기준으로 살펴본 우리 문화의 특성은 권위적이며, 집단적이고, 여성적이면서 배타적인 것으로 정리될 수 있겠다.

2. 한국 문화의 뿌리

앞 장에서 살펴본 우리 문화의 성격들의 기원을 찾기 위해선 우선 이들 네 가지 특성들 사이의 연관 관계를 살펴볼 필요가 있다. 권위주의, 집단주의, 여성적, 그리고 폐쇄적이라는 특성들 사이에 핵심이 되는 것이 있다면 집단주의를 꼽지 않을 수 없다. '우리끼리'라는 집단주의적 성격이 다른 사람이나 집단에 대해 폐쇄적이고 배타적인 성향과 겹쳐지면서 내부적 단결이 더욱 공고히 되고, 그 단결을 더욱 일사불란한 단계로 끌어올리기 위해 지도자를 중심으로 뭉치는 권위주의가 자리를 잡게 된다. 이런 환경 속에서 구성원 개인들은 자기 자신만의 소신을 분명히 밝히고 이에 따라 행동하기 보다는 자신을 드러내지 않는 여성적인 성향을 고수한다. 그렇다면 우리 문화의 기본적 틀이 되는 집단주의의 기본 단위는 어떤 것인가 하는 의문에 봉착하게 된다. 전통적인 우리 문화의 기본 단위는 가족이며, 그 뿌리는 유교에서 유래된 것이라는 사실은 잘 알려진 일이다. 유교의 근간이 되는 오륜(五倫)만 보아도, 부자유친(父子有親)으로부터 시작된다. 이 다음에 군신유의(君臣有義), 부부유별(夫婦有別), 장유유서(長幼有序) 그리고 붕우유신(朋友有信)이 이어질 만큼 가족 내에서의 윤리를 그 기본으로 하고 있음을 알 수 있다. 특별히 임금과 신하와의 관계도 부자간의 윤리에 밀려 그 뒷자리를 차고 있다는 사실에 주목할 필요가 있다. 전쟁에 나선 장수라도 부모상을 당하면 고향에 돌아가 상을 치러야 했던 것이 그 실례가 될 수 있을 것이다. 결국 부모에 대한 효(孝)와 임금에 대한 충(忠)이 충돌할 경우, 효를 앞세울 정도로 이를 강조한 이유는 무엇이었을까? 생각해 보면, 부모 자식 간의 정은 자연스런 인간의 감정이다. 굳이 국가에서 강조하고 강조할 필요가 없는 보편적인 인간의 정을 강조하는 이유는 무엇일까? 조선시대에 효를 강조한 것은 순수한 인간의 정을 중시했다기 보다는 하나의 통치 이데올로기로서 보다 효과적인 통치를 위해서였다고 생각된다. 즉 가정에서 효로 기강을 바로 잡아야 나라가 바로 잡힌다고 생각한 것이다. 유교가 이상적인 정치 형태로서 법치(法治)보다는 덕치(德治) 혹은 예치(禮治)를 강조했다. 덕치란 외부적인 힘으로 국민들을 통제하기 보다는 가치와 규범을 내면화하는 내적인 통제법을 사용하는 것을 의미한다. 그런데 사회 질서의 확립을 위해 절대적으로 필요한 규범의 내면화 작업을 수행하는 데 있어서 가족이 가장 기본적이면서도 핵심적인 역할을 담당한다고 주장한 것은 바로 조선 유학자들이었다. 그들의 의도는 가족 질서의 확립을 통해 사회 질서를 잡아보려는 것이다.

이를 위해 조선 조정은 지금 보면 대단히 사사로운 가족 간의 일에도 관여하였다. 가령 한 집안에서 양자를 맞아들이는 것도 관리의 허가를 얻어야 한다거나, 효자나 열녀 등을 현향하는 데까지 관여한 것이 그 예에 속한다. 다시 말해 가족을 통치 기구의 일부로 편입한 것이다. 이렇게 가족 내에서의 규범을 적극적인 관여로 철저히 교육시켜 내면화시킨 다음, 국가는 곧 가족의 확대라는 인식으로 연결시키면, 조정에서 국민들을 통치하는 데 별 어려움이 없었을 것이다. 국가는 곧 임금이라는, 끔찍하게 모셔야 할 어버이를 머리로 하는 엄격한 가부장제의 확대로 실시시키는 것이다. 집에서 아버지에게 바치는 효도가 그대로 왕에게 확장된다는 것이 공자의 정치관이다. 이런 뜻에서 정치학에서는 조선의 국가관을 '가족 국가관'이라 부르기도 한다. 이런 체제를 공고히 하기 위해, 장남 혹은 종손에게 불평등할 만큼 특별한 권한이 부여되었다. 조선시대 장남과 종손을 정점으로 하는 가부장제를 확고하게 확립하기 위해서 썼던 전략은 '제사권의 종손 독점'과 '재산 상속권의 종손 우대 정책'이었다. 그러나 조선 초만 해도 제사는 형제들이 돌아가면서 지냈고 아들이 없을 때는 시집간 딸이 지내는 경우도 있었다. 그러나 후대에 들면서 이런 전통은 완전히 무시되고 말았다. 여성학의 입장에서 보면, 조선 왕조사는 사회 전면에서 여성이 배제되는 정도가 점차 강화되는 과정이다. 조선 초기까지만 해도 여성들이 누릴 수 있었던 제사권과 재산 상속권은 중기로 넘어오면서 완전히 박탈된다. 그리고 남자에 대한 철저한 종속은 강화되어 갔고 더 나아가 이런 태도는 미화되기까지 했다. 이렇게 여성을 배제하고 나면 그 다음은 남자들 가운데에서 순서를 정하는 일이다. 조선조에서는 많은 권한이 불평등하게 장남에게만 몰리게 만들었다. 이는 임금을 정점으로 모든 권력이 꼭대기에 집중되는 체제와 완전한 닮은 꼴이다. 결국 문중의 권리는 하늘로부터 종손이 받았다는 소위 '종권신수설(宗權神授說)'을 확립시켜 왕의 권력이 하늘에서 왔다는 '왕권신수설(王權神授說)'을 자연스럽게 받아들이도록 유도한 것이다.

사람의 머리는 하늘을 향하고 있지만 다리는 땅을 딛고 있듯이, 하늘에서 오는 초월적인 권위도 중요하지만 땅으로부터 오는 현실적인 힘도 중요한 법이다. 즉 경제력의 힘을 말하는 것이다. 이를 위해 조선조에는 재산 상속 제도를 종손에게 유리하게 만듦으로써 그들의 권위에 힘을 보태주었다. 조선 초에는 딸을 포함하여 모든 자식들에게 비교적 균등하게 재산이 상속되었다. '분재기(分財記)'라는 기록을 보면, 여성은 시집가면서도 자기 몫의 재산을 가져갈 수 있었고, 죽을 때는 마음대로 상속할 수 있었다. 그러나 조선 중엽 이후에 여성들은 시집갈 때 아무 재산도 가져갈 수 없었다. 이렇게 조선은 공자의 고향인 중국보다 훨씬 철저한 유교 국가로 세워졌고, 이후 500년 동안 계속되는 가운데 우리 민족의 의식구조와 가치관에 확실하게 뿌리박히게 된 것이다. 이런 전통을 바탕으로, 조선조는 유교 가운데서도 비교적 실용적인 양명학은 멀리하고 철저한 위계질서와 대의명분을 강조하는 주자학을 선호하게 된 것이다. 또한 세상 모든 사람을 평등하게 사랑해야 한다는 겸애설(兼愛說)을 주장한 묵자(墨子)의 가르침을 혐오하게 만든 것이다.

우리 문화의 뿌리가 유교에 있고 유교는 가족의 윤리를 강조함으로써 국가 통치의 근간을 삼았다는 점을 바탕으로 하면, 앞에서 살펴본 우리 문화의 네 가지 특성들을 별 무리 없이 이해할 수 있다.

3. 한국 기독교 문화의 특성과 그 뿌리

이제 앞에서 살펴본 우리 문화의 전반적인 특성 가운데 자리하고 있는 한국 기독교 문화의 특성을 다시 한번 홉스테드가 제시한 네 가지 기준을 중심으로 차례대로 살펴보자. 첫째, '권력 거리'라는 기준에 따르면 한국 문화는 다분히 권위적인 문화로 분류되었다. 이에 비해 한국 기독교 문화는 과연 전반적인 대한민국 문화에 비해 더 권위적인가 혹은 덜 권위적인가? 정확한 데이터가 없어 확신할 수 없는 대목이다. 그리고 사람마다 견해가 다를 수 있다. 그러나 개인적인 느낌으로는 한국 기독교의 문화가 결코 한국 전반의 문화보다 덜 권위적이라고 생각하지 않는다. 다시 말하면, 교회에서의 목회자의 권위가 가정에서의 부모 혹은 국가에서의 실권자의 권위보다 오히려 높은 것은 아닌가 생각된다.

한국 교회에서 목회자의 권위는 '하나님이 기름 부어 세운 종'이라는 표현에서 잘 알 수 있다. 목회자가 갖는 권위의 원천을 하나님으로 설정했을 때 목회자에게 이의를 제기하고 반발하는 신도는 자동적으로 하나님에게 맞서는 자가 될 수밖에 없는 까닭에 한 순간에 '믿음이 없는 자'로 전락하고 만다. 이는 종권신수설(宗權神授說)이나 왕권신수설(王權神授說)과 같은 맥락에서 목권신수설(牧權神授說)이라 부를 수 있을 것이다. 이런 풍토에서 목회자도 평신도와 같이 하나님 앞에선 똑같이 어리석은 양에 불과하다는 생각보다는, 목회자는 어리석은 양떼를 거느리는 목자라는 주장이 더 많은 지지를 받는 것은 당연하다 생각된다.

평신도와 목회자 사이에 이렇게 높은 벽은 곧 한국 교회에서 권력의 거리가 심히 크다는 점을 의미한다. 따라서 목회자가 하는 일에는 특별한 자신의 이익과 상치되지 않는 한 이의를 제기하는 일은 금기에 속한다. 최근 논란이 되고 있는 대형 교회 목회자의 목회 세습이나 한국 교회의 성장이 멈춘지 상당한 시간이 흘렀는 데도 목회자 지망생의 숫자는 줄지 않는 것도 목회자가 갖는 초법적인 권력과 연관이 있다 생각된다.

둘째로 한국 교회는 집단주의적인가 혹은 개인주의적인가 하는 질문에 답하는 것은 그리 어려운 일이 아니다. 한국 교회는 전형적으로 무엇보다 '우리'를 앞세우는 집단주의적 성향이 뚜렷하다. 전 세계적으로 유래가 없을 만큼 강한 한국 기독교의 개교회주의의 뿌리가 바로 여기에 자리하고 있는 것이다. 이런 까닭에 교단이나 교계가 연합하는 사업이나 행사는 겉치레로 그치는 경우가 많다. 한국 기독교의 극심한 개교회주의는 그밖에도 여러 가지 부작용과 밀접한 관련을 갖는다.

'우리'라는 집단 내에선 이성적 판단이 그 힘을 잃는 경우가 많다. 우리의 결속을 해치지 않는 한 우리 안에 속한 구성원들은 모두가 좋은 사람이다. 같은 사람이 밖에서 아무리 나쁜 짓을 해도 우리 집단 안에서 내적 규율만 잘 지킨다면 그는 좋은 사람이다. 교회법뿐만 아니라 실정법에도 저촉되는 범죄 행위임에도 불구하고 담임목사에 대한 지지를 그치지 않는 비이성적인 행위는 이런 맥락에서 이해될 수 있다. 우리 집단 내에서는 논리적으로 조목조목 따지기보다는 '좋은 게 좋은 거여' 하며 대강 넘어가기를 좋아하는 우리 민족의 습관이 교회 내에서는 '은혜롭게'라는 말로 화려한 변신을 해낸 것이다.

은혜와 함께 우리 교회를 지탱하는 힘은 같은 교회에 출석하는 성도들

사이의 끈끈한 인간적 유대관계이다. 새신자 등록에서부터 구역 모임을 비롯한 이중, 삼중의 튼튼한 끈으로 얽어매는 것은 짧은 시간 내에 완벽한 우리 사람으로 만들기 위한 노력으로 보인다. 이렇게 우리에 편입된 사람들끼리는 따뜻한 정이 흐른다. 그러나 문제는 그 따뜻한 정이 우리라는 울타리를 넘지 못한다는 사실이다. 다른 교회나 교단이 아무리 큰 어려움을 당해도 잘 돌아보지 않는 것은 우리 일이 아니기 때문이다. 말세의 징조 가운데 무정(無情)하게 된다는 표현이 연상되는 대목이다.

집단주의 사회에서는 분명히 개인의 개성이나 인권이 존중되기 어렵다. '모난 돌이 정을 맞는다' 는 속담이 힘을 얻게 되는 조직이 바로 집단주의라는 점에서 특별한 경우가 아니면 '은혜롭게' 라는 표현으로 대강대강 넘어가는 우리 교회의 회의는 바로 한국 교회가 지극히 집단주의적일 뿐 아니라 자신의 의견을 분명히 밝히고 이에 따라 행동하기 어려운 여성적 문화를 지니고 있다는 사실을 잘 보여 준다. 집단주의 사회에서는 항상 남을 의식해야 한다. 남의 생각이 어떤지 빨리 알아채서 맞추어나가는 노력은 이런 조직에서 생존을 위한 필수적인 기술이다. 이를 갖추지 못하고 자신의 의견을 강하게 표출하는 경우 그 집단에서 소외되기 쉽다. 따라서 자신의 의견을 발표하는 경우에도 다른 사람의 눈치를 살피고, 직접적으로 말하기 보다는 빙빙 돌려 말하는 경우가 많다. 이런 집단에서는 눈치와 체면이 발달하게 된다. 눈치나 체면이 꼭 부정적인 것은 아니라 해도, 집단주의적 성격이 강한 우리 교회 조직에서 눈치는 곧 '아첨' 으로 그리고 체면은 곧 '허세' 로 이어지는 경우가 많다.

마지막으로 불확실성 회피 정도라는 기준으로 한국 기독교 문화를 살펴보면, 한국 교회는 자신과 다른 불확실성의 회피 정도가 전반적인 한국 사회보다 높다는 점을 부인하기 어렵다. 한국 교회의 문화는 지극히 자기 교회 중심적인 동시에 배타적이라는 뜻이다. '우리끼리' 라는 배타적 의식이 강한 조직은 필연적으로 폐쇄적인 성격을 띠게 된다. 조선 말 대원군이 주창한 쇄국 정책과 북한이 고집한 '우리식 사회주의' 의 결말이 어떠했는지 참조할 필요가 있다. 살아 있는 조직이란 밖으로 열려 있어 다른 조직과 교섭하는 가운데 외부 환경의 변화에 능동적으로 적응해 나가는 것을 의미한다. 어떤 개인이나 조직도 혼자서는 존재할 수 없다. 폐쇄는 곧 죽음 혹은 파멸을 의미한다. 한국 교회가 성장을 멈추고 후퇴하는 요즘의 현상도 이런 맥락에서 이해될 수 있다.

불확실성 회피 정도가 높은 조직일수록 우리와 남을 편가르는 것에 익숙하게 된다. 한국 개신교의 역사상 유래가 없을 정도로 극심한 교단 분열이 그 증거다. 이런 조직일수록 자신만이 기준이 되기 때문에 조금이라도 다른 생각이나 모습을 보이는 경우, 그 누구라도 남이 될 수밖에 없다. 약한 자에 대한 긍휼과 사랑을 강조하면서도 장애인이나 혼혈아는 교회에서 환영받지 못하고 심지어 함께 예배드릴 수 없다는 생각이 지배적인 한국 교회에 이율배반적인 현실은 나와 다른 모든 사람은 남이라는 극심한 배타적 폐쇄주의로만 이해될 수 있다. 나와 남을 나누는 성향이 극도에 이르면 이분법적 사고로 발전하게 된다. 이런 지경에 이런 조직에서는 양극단만 존재할 뿐 중간이 위치할 자리는 찾기 어렵게 된다. 그리고 협상과 타협을 통한 융통성은 곧 변질이라는 이름으로 타도의 대상이 되기 쉽다. 요즘 우리 교계가 진보와 보수의 양 극단에서 방황하는 가운데 중도적인 의견을 가진 다수의 성도들은 침묵을 지킬 수밖에 없는 현실도 불확실성 회피 정도가 높은 우리 교회 문화의 관점에서 이해하면 큰 무리가 없어 보인다.

이상에서 살펴본 한국 기독교 문화의 특성은 전반적인 한국 사회 문화의 특성과 거의 완전히 일치할 뿐 아니라, 오히려 더 심한 것으로 보여진다. 따라서 한국 기독교 문화의 뿌리 또한 한국 사회의 전반적인 문화의 경우처럼 전통적인 유교에서 찾아야 할 것 같다. 유교 가운데서도 배타성이 강한 주자학에 그 뿌리를 두고 있는 것으로 보인다. 이런 관찰이 사실이라면 유교의 토양에서 과연 기독교 문화가 싹트고 꽃 피울 수 있을까 하는 강한 의문에 맞닥뜨리게 된다.

4. 한국 교회 문화를 위한 제언

이 장에서는 문화의 네 가지 특성을 중심으로 한국 기독교 문화가 제대로 꽃피기 위한 새로운 방향을 제안하고자 한다.

1) 문화의 힘은 특별하다

노벨 경제학상 수상자로 널리 알려진 갈브레이드(1983) 교수는 세상의 권력을 세 가지 유형으로 나눈다. 첫 번째는 불복종하는 상대에게 형벌을 가할 수 있는 능력에서 나오는 공권력(condign power)이고, 두 번째는 재화에 해당하는 보상을 약속하는 보상적 권력(compensatory-power)이며, 그리고 마지막으로 조건화된(conditioned) 권력이다. 이 세 종류의 권력을 국제적인 관계에 적용해 보면, 공권력은 무력으로 상대를 굴복시키는 군사력이나 경찰력을 의미하고, 보상적 권력은 수령한 재화에 상품이나 서비스로 보상하는 경제력으로 해석할 수 있다. 세 번째 조건화된 권력은 다름 아닌 문화의 힘을 말한다. 조건화된 권력이란 용어는 파블로프(Pavlov)의 조건 반응(conditional response) 실험을 연상시킨다. 즉 개에게 음식 (무조건 자극)을 줄 때마다 종을 울리면(조작된 조건 자극), 나중에는 음식을 보면 침을 흘리듯 (무조건 반응) 종소리만 들어도 개는 침을 흘린다는(조건 반응) 것이다. 전 세계를 뒤덮은 정보통신망을 통해 자유롭게 국경을 넘나드는 엄청난 양의 양상, 음향, 그리고 문자 정보들은 개에게 주어지는 음식과 같다. 그러나 이 음식에는 영상과 음향, 그리고 문자 정보만이 담겨 있는 것이 아니다. 그 내용과 함께 제작자의 문화를 감추고 있는 것이다. 이 문화에 일단 길들여지고 나면 스스로 찾아 나서지 않고는 견딜 수 없는 중독 단계에 이르게 된다는 점에서, 조건화된 권력은 곧 문화의 힘을 의미하는 것으로 해석할 수 있다.

군사력과 경제력, 그리고 문화력은 몇 가지 점에서 중요한 차이를 보인다. 첫째는 필요한 투자와 그 효과에서 큰 차이를 보인다. 군사력을 활용하기 위해서는 막대한 인력과 무기를 투여하여 전쟁에서 승리해야 한다. 그 과정에서 치르게 되는 손실 또한 만만치 않다. 그리고 나서는 패전국이나 식민지로부터 땅이나 값싼 원료 등을 전리품으로 챙기게 된다. 둘째, 경제력의 승리를 위해선 값싼 원료와 뛰어난 가공 기술을 바탕으로 하는 품질 대비 가격 경쟁력이 필수적이다. 이를 위해 후진국의 재화를 끌어오게 된다. 반면 문화적 권력의 경쟁력은 새로운 아이디어 개발에서 판가름 나게 된다. 물론 이 아이디어를 뒷받침할 수 있는 문화 산업이 필요한 것은 사실이다. 그러나 이 투자를 걷어 들일 수 있는 효과는 군사력이나 경제력과 비교할 수 없을 만큼 큰 것이다. 손쉬운 예로, '쥬라기 공원'이란 영화 한편으로 우리나라 자동차 제작 3사의 일 년 소득을 걷어 들였다는 스티븐 스필버그 감독을 들 수 있다. 그러나 이는 겉모습만 국한된 피상적인 분석이다. 수출된 자동차들은 모두 소비자의 소유로 넘어갔지만, '쥬라기 공원'의 소유권은 여전히 제작자에게 남아 있다. 또한 첫 번째 개봉에서 큰 화제를 모아 명작의 대열에 올라선 만큼 이미 재상영하여 많은 소득을 올렸을 뿐 아니라 앞으로도 여러 차례 재상영될 것이다. 이는 이미 폐차되어 버렸을 자동차를 다시 수출하는 자동차의 운명과는 전혀 다르다. 그러나 여기에서 '쥬라기 공원'이라는 영화를 통해 관람자의 머리 속에 '미국이라는 나라는 기발한 아이디어와 이를 뒷받침할 수 있는 뛰어난 기술을 가진 굉장한 나라'라는 인식이 심어지게 된다는 사실을 놓친다면, 이는 문화적 권력이 갖는 심대한 영향력을 제대로 인식하지 못한 것이다. 한번 깊이 인상 지워진 미국에 대한 이미지가 뒤를 잇는 미국 문화와 상품 소비에 긍정적으로 작용하게 되는 것은 물론이다.

두 번째 차이점은 효과의 성격이다. 군사력은 본질상 강제성을 지닐 수밖에 없다. 그리고 그 효과의 지속기간은 승전국 군대가 주둔하는 기간으로 한정되는 경우가 많다. 한편, 경제력은 높은 품질과 가격 경쟁력을 앞세운다는 점에서 군사력보다는 훨씬 유연하고, 그 효과의 지속 기간도 길다. 그러나 문화적 권력과는 비교할 수 없다. 장기간에 걸친 조작력과 설득력을 바탕으로 하는 문화적 힘은, 일단 길들여지고 나면 소비자가 스스로 찾아 나선다는 점에서 자발성이 강하다. 자발적으로 참여하여 얻어낸 정보를 통해 형성된 이미지의 효과는 장기적일 수밖에 없다.

마지막이지만 가장 중요한 차이점은 효과를 받아들이는 쪽의 반응이다. 공권력의 행사는 무력을 동원한 강제성을 띠게 되는 만큼, 그 과정에서 상대의 저항에 부딪칠 가능성이 높다. 침략 당한 약소국에서 끊임없이 벌어지는 저항 운동과 자주 국방 노력 등이 그 증거가 될 수 있다. 경제력의 경우에 있어서도, 강도는 덜하지만 경제적인 종속에서 벗어나려는 후진국의 끊임없는 노력에 맞설 수밖에 없다. 선진 기술을 따라잡아 자립 경제를 이루려는 치열한 경쟁을 '소리 없는 전쟁'으로 부르는 이유가 여기에 있다. 그러나 문화의 힘의 경우는 영향을 받는 대부분의 소비자가 자신이 통제받고 있다는 사실을 눈치 채지 못한다는 특징을 갖는다. 이는 장기간에 걸쳐 세련된 조작과 연출에 노출된 결과이다. 따라서 문화적 침략에 대해 걱정하는 소리가 없는 것은 아니지만, 이를 공권력이나 경제력의 경우처럼 피부에 닿도록 실감하고 대비하는 사람이 드문 것은 사실이다.

문화가 이렇게 특별한 힘을 가지고 있는 만큼 한국 교회는 문화에 대한 특별한 관심과 노력을 경주해야 한다. 그러나 문화의 힘은 길고 큰 시각으로 보아야만 제대로 파악할 수 있다는 점에 주목해야 한다. 짧은 시간 내에 현실적인 소득에만 집착한다면 문화에 대한 투자는 어리석은 일일 수밖에 없다. 당장 예배 출석 인원의 증가만을 목표로 하는 근시안적 시각에서 벗어나 멀리 높게 바라보아야 한다. 우리 교회 좌석에서는 멀리 떨어져 있다 해도 신성모독적이고 다분히 외설적인 세속 문화와의 전쟁에서 기독교 문화는 최전선에서 분투하고 있다는 사실을 간과해서는 안 될 것이다.

2) 문화는 물처럼 흐른다

문화는 끊임없이 변하는 현실에서 구현되는 것인 까닭에 흐르는 물처럼 계속 흐르고 변화하지 않으면 안 된다. 고여 있는 물이 썩는 것처럼 변화하지 않는 문화 또한 그 생명력을 잃고 만다. 성경에 바탕을 둔 기독교 문화 또한 급변하는 현실에 맞추어 매번 새롭게 변신해야 한다. 이런 변신에 있어 명심해야 할 점은 물이 높은 데서 낮은 데로 흐르듯 문화 또한 높은 곳에서 낮은 곳으로 흐르기 마련이라는 점이다. 여기에서 문제가 되는 것은 수준이다. 숫자는 문제 되지 않는다. 아무리 수와 양이 많다고 해도 흐르는 방향은 수준에 따라 결정된다는 사실이다. 약 100여 년 전 우리나라에 기독교가 전파될 때, 기독교는 영혼 구원의 복음이었을 뿐 아니라 당시 조선 사람들에게는 충격적일 만큼 높은 수준의 문화이기도 했다. 새로운 의학이나 교육 등과 같은 가시적인 문화보다 더 큰 영향을 미친 것은 전통적인 군주제 사회에서 사람 취급받지 못했던 여성과 어린이, 그리고 상민들을 향한 평등주의에 입각한 관심과 배려였다고 생각된다. 유교 문화권에서 생명과 같이 중시되던 조상에 대한 제사 문제로 입교하지 못하는 사람들까지도 기독교의 인권 존중과 평등 박애주의는 긍정적으로 평가되어 기독교가 이 땅에 자리 잡는 데 큰 역할을 한 것으로 평가된다. 이 과정에서 특별히 여성들의 활약은 눈부신 바 있다. 그 숫자는 적었지만 더 높은 수준의 기독교 문화가 조선 사회로 유입되던 시절의 얘기다.

그러나 요즘 한국 교회는 세속적인 사회 문화의 유입을 막아내는 데 급급하고 있는 실정이다. 그리고 그 노력들이 그리 성공적인 것 같지 않다. 그 이유는 자명하다. 한국 교회의 문화 수준이 전반적인 사회 문화에 미치지 못하고 있기 때문이다. 사회가 세속화될수록 보다 정결한 문화에 대한 갈급함이 더한 법이다. 불법이 판치는 세상일수록 정의로운 문화를 찾는 법이다. 무정한 세태일수록 사랑이 넘치는 세상을 꿈꾸는 사람이 늘어나는 법이다. 한국 교회 문화가 다시 수세에서 벗어나 이 사회에 영향을 미치기 위해서는 하루빨리 그 수준을 높여야 한다.

3) 문화와 공동체, 그리고 커뮤니케이션

　문화는 공동체라는 조직을 전제로 한다. 개인적 삶의 방식을 문화라고 부르지 않는 것도, 문화는 근본적으로 공동체를 그 근거지로 하기 때문이다. 그리고 공동체는 커뮤니케이션 없이는 존재할 수 없다(without communication, without community). 따라서 문화와 공동체 그리고 커뮤니케이션은 상호 영향을 주고받는 삼각편대인 셈이다. 따라서 한국 교회 문화의 문제점을 해결하기 위해서는 한국 교회라는 공동체와 그 안에서 행해지는 커뮤니케이션의 행태를 살펴보아야 한다.

　한국 교회라는 공동체의 특성을 단순히 정리하는 일은 불가능할 만큼 복잡한 일임에 틀림없다. 따라서 여기에서는 앞에서 논의한 유교적 전통과 연계된 부분만을 지적하고자 한다. 조선시대 가부장적 전제 정권의 통치를 위해 '제사권의 종손 독점'과 '재산 상속권의 종손 우대 정책' 두 가지 전략을 사용하였다는 점은 앞에서 말한 바와 같다. 이 가운데 요즘 공동체로서의 한국 교회의 특성은 두 번째 전략, 즉 재정에 대한 관심과 밀접한 관련을 갖는 것으로 보인다. 다시 말해 한국 교회에서 자본주의적 성향이 급격히 강화되고 있다는 뜻이다.

　대부분의 교회가 바라는 바는 교회 성장이고, 대교회가 바람직한 모델로 자리 잡고 있는 현실이 그 증거다. 개인적인 차원에서 성도들이 원하는바 또한 축복 일변도인 교회가 많다. 여기에서 특별히 문제가 되는 것은 교회 성장은 곧 양적 성장을 뜻하고 축복 또한 물질적 축복에 국한 된다는 사실이다. '구름떼같이 몰려 든 부자들로 가득한 크고 화려한 교회당'이 꿈이 되어 버린 한국 교회는 지극히 자본주의적 공동체(capitalistic community)가 아니라고 할 수 없다. 한국 교회의 커뮤니케이션은 지극히 유교적이다(confucian communication). 장유유서의 전통이 살아 숨 쉬며 위계질서에 따라 발언권이 주어지고 목회자나 장로의 발언에 이의를 제기하는 일은 상당한 불이익을 감수하지 않으면 안 되는 모험이다. 궁핍한 자나 장애인의 한숨에 귀를 기울이는 일도 드물다. 회의는 서로 의견을 가진 성도들의 지혜를 모으는 자리라기보다는 당회의 결정 사항을 통고받는 자리에 그치는 경우가 많다. 그 밑바닥에는 나와 다른 의견을 용납하지 못하는 배타적 이기주의가 자리하고 있다.

이상의 논의를 정리해 보면, 한국 기독교 문화가 어려움을 겪고 있는 이유는 자명하다. 유교적인 커뮤니케이션과 자본주의적 공동체에서 기독교적 문화가 꽃피기를 바라는 것은 나무에서 물고기를 구하는 것과 같은 어리석은 일이다. 따라서 기독교 문화의 창달을 위해선 기독교적인 커뮤니케이션과 기독교적인 공동체 부흥이 우선되어야 한다.

5. 글을 맺으며

한국 기독교 문화는 그 토양의 부실함 때문에 짧은 시간 내에 아름답게 꽃피기 어려운 실정이다. 그러나 결코 포기할 수 없을 만큼 기독교 문화 창달의 사명은 막중하다. 이제부터라도 christian communication, christian community, 그리고 christian culture를 염두에 둔 장기적이고도 포괄적인 전략 수립이 시급하다. 반짝거리는 유형의 문화에만 눈길을 빼앗겨서는 안 된다. 문화란 삶의 방식에서 나오는 까닭이다.

이를 위해서 우선 우리 주위에 숨어있는 희망의 씨앗들을 찾아보아야 한다. 예를 들어 성터 교회에서 시행 중인 극빈자를 위한 부채탕감과 공과금 대납 운동은 한국 교회에 스며든 천민적 자본주의에 대항하는 좋은 본보기다. 희년의 진정한 의미가 개인적 축복에 그치지 않고 인간적 정이 넘치는 공동체 부활이라는 데 동의한다면 우리 현실에서 이를 어떻게 실현할 수 있는지 구체적인 연구가 계속되어야 한다.

대규모 학원가와 고시촌이 밀집한 지역, 노량진에 위치한 강남 교회에서 학생들을 위해 새벽 밥을 제공하여 새벽 기도회가 성황을 이루게 되었다는 소식도 많은 것을 생각하게 하는 좋은 예라고 생각된다. 우리 교회 성도들만을 생각하는 배타적 이기주의로는 불가능한 일이다. 이 외에도 우리 교계 곳곳에 잘 알려지지 않은 멋진 시도들이 적지 않은 것으로 보인다.

이런 경험들을 서로 나누고 더 많은 지혜가 모이기 위해선 남녀노소, 빈부귀천, 그리고 상하구분 없이 말 통하는 커뮤니케이션이 필수적이다. 성경은 "그 친구와 이야기함 같이 여호와께서는 모세와 대면하여 말씀"(출 33: 11) 하셨다고 적고 있다. 또한 세미한 음성까지 들으시는 하나님의 민감한 경청이 교회에서 이루어져야 한다. 이처럼 막힘없이 흐르는 물 같은 커뮤니케이션이 가능할 때만 교회 문화는 곧 목사의 문화라는 오명에서 벗어날 수 있을 것이다.

Christian Culture – Christian Communinity – Christian Communication
Christian Culture – Capitalistic Community – Confucian Communication

권혁률 기자 (CBS 보도부)

1. 들어가는 말: 시루떡과 용광로

발제자인 박영근 박사는 한국 문화라는 토양에 떨어진 복음의 씨앗이
이 땅에 온전히 뿌리내리고 풍성하게 열매 맺기를 간절히 소망하는 마음
으로 글을 시작하였다. 논찬자 역시 같은 심정이다.

어떤 학자가 한국의 문화를 일컬어 시루떡 문화라고 표현하였던 것이
생각난다. 샤머니즘 위에 불교가, 다시 그 위에 유교가 한층 한층 덧씌워
지듯 쌓여 한국의 문화가 형성됐다는 것이다. 다시 말해, 불교가 샤머니
즘을 구축하면서 한국 문화의 중심을 차지한 것이 아니라, 샤머니즘적
요소를 그대로 온전시킨 가운데 불교가 지배적 문화인 것처럼 자리 잡았
다는 것이고, 유교 역시 불교를 쫓아내거나 흡수 통합한 것이 아니라 그
바탕 위에 융성하였다는 것이다.

결국 조선 시대 한국 사회를 유교가 지배한 듯 하지만 그 바탕을 파보
면 특히 민초들일수록 불교적 요소가 문화적으로 여전히 큰 영향을 미치

고 있었던 것이며, 거기서 또 한 걸음 더욱 깊게 파들어가면 고대부터의 샤머니즘적 요소가 한국인의 정신에 깊은 영향력을 미치며 자리잡고 있음을 알 수 있는 것이다.

120년 전 이 땅에 들어와 천만 신자로 크게 융성한 우리 개신교(이하 기독교) 역시 용광로처럼 한국의 전통문화를 융합시켜내면서 이 땅에 뿌리내렸다기보다는 기존 문화의 시루떡에 기독교라는 한 층위를 더하였을 뿐이라는 분석이 가능하다. 따라서 한국의 기독교를 이야기할 때 전통문화의 특성과 한계를 함께 고려하지 않을 수 없는 것이다. 실제로 옥한흠, 홍정길, 이동원 목사 등 한국의 개혁 복음주의자들로 구성된 '한국 교회의 미래를 준비하는 모임'이 21세기를 앞둔 장기적 선교 전략 모색을 위해 한국 갤럽에 의뢰한 조사 가운데 종교적 성향 분석 결과를 보면 우리나라 기독교인 가운데 기독교적 종교 성향을 가진 사람은 57%에 불과하고 나머지 신자들은 유교와 샤머니즘, 심지어 불교적 성향까지 생활 속에서 다른 종교의 영향을 깊게 받고 있는 것으로 나타나 기독교 신앙의 뿌리가 기대만큼 깊지 않음을 보여 주고 있는 실정이다.[1]

한국 기독교는 한국 사회의 문화 속에서 게토화되어서는 결코 안 되며 전통 문화의 긍정적 요소를 적극 수용하여야 한다. 그러나 그것이 전통문화 속에 녹아있는 샤머니즘이나 불교, 혹은 유교적 요소까지 무분별하게 수용해 기독교 신자면서도 무속적 신앙 양태를 보이는 식의 종교 혼합주의로 귀결되는 것이어서는 곤란하다. 결국 한국 기독교는 전통문화의 긍정적 요소를 적극 수용하는 가운데 기독교 신앙의 주체성을 굳건

---

1) 한국 교회 미래를 준비하는 모임, 『한국 개신교인의 교회활동과 신앙의식』 조사보고서, 두란노, 1999, pp57-60.

하게 확립해야 하는 이중 과제를 안고 있다.

2. 우리 문화와 한국 기독교 문화의 특성: 여성적 집단주의?

박영근 박사는 우리 문화의 특성을 분석하기 위해 인류학자인 홉스테드의 분석틀을 사용하였다. 그 결과 한국 문화의 특성은 권위적이며 집단적이고 여성적이면서 배타적인 것으로 정리하였다. 한국 기독교의 문화 역시 이 같은 한국 문화의 전반적 특성과 크게 다를 바 없이 목권신수설(牧權神授說)이라는 표현이 나올 정도로 권위주의적이며 극심한 개교회주의로 표출되는 집단주의적 성향을 나타내는 것으로 분석하였다. 또 집단 안에서 자신의 의사를 분명히 밝히지 못하는 여성주의적 문화, 불확실성의 회피 정도보다 오히려 '우리끼리' 식 배타주의가 한국 교회의 문화적 특성이라는 것이다. 결국 발제자는 한국 기독교 문화의 뿌리 또한 한국 사회의 전반적인 문화의 경우처럼 전통적인 유교에서 찾아야 하며 유교 가운데서도 배타성이 강한 주자학에 그 뿌리를 두고 있는 것으로 결론 내리고 있다.

논찬자는 발제자의 이 같은 분석에 기본적으로는 공감하며 많은 시사점을 얻을 수 있었다. 그러나 세부적으로 살펴볼 때, 홉스테드의 분석틀을 원용해 분석하다 보니 다소 도식적으로 적용시켰다는 느낌을 주는 부분도 있어 다음과 같은 측면에서 보완할 필요가 있다고 본다.

첫째, 한국 교회가 과연 '여성주의적 문화' 인가 하는 점이다. 교회 안에서 자신을 숨기는 기독교인 개인을 보면 이 같은 분석은 타당하다. 그러나 얼마 전 개최된 서울 시청 앞 집회나 기독교 관련 프로그램을 다룬 방송사 앞에서의 격렬한 항의 시위 모습을 지켜본 이들은 한국 교회가

'여성적'이라는 분석에 동의하기가 어려울 것이다. 한국 교회는 많은 경우 자신의 주장과 입장을 강요하는 '남성적 문화'의 전형을 보여 주고 있는 것이다. 상당수 기독교인들의 경우에는 개인의 일상생활에서도 자신이 믿는 '교리적 신조'에 대한 확신이 지나친 나머지 주위사람들과의 조화와 타협을 앞세우기보다는 내 기준으로 상대방을 강요하는 남성적 문화 행태를 보이고 있는 실정이다.

둘째, 한국 기독교 문화를 '우리를 앞세우는 집단주의 문화'로 규정한 홉스테드나 발제자의 기본 취지에는 논찬자도 공감하지만 한국 기독교 문화의 현실을 설명하기 위해서는 보다 세밀하고 복합적인 설명이 필요하다는 생각이다.

한국 기독교 문화는 개인과 그 개인이 속한 개교회공동체라는 차원에서 분석할 경우에는 분명 집단주의 문화라고 할 수 있다. 그러나 한 차원을 높여 그 개교회와 천만 신앙인 공동체인 한국 교회와의 관계 차원에서 볼 때는 분명 또다른 차원의 개인주의, 즉 개교회주의라고 규정할 수밖에 없다. 개인주의적 본질을 바탕에 깐 집단주의라고 할까? 발제자는 이 같은 괴리 현상을 해결하는 접점으로 한국 사회의 '가족' 중심주의를 제시하였다. 한국 사회 문화에서 개인주의와 집단주의가 '가족'이라는 범주에서 만난다면, 한국 기독교 문화에서는 개인주의와 집단주의가 '개교회'를 통해 만난다고 할 수 있을 것이다.

그러므로 한국 기독교 문화는 유교적 가족주의가 갖는 한계를 그대로 드러내고 있다 할 것이다. 이렇게 보면 한국 교회의 유난스러운 대형 교회 선호 풍조는 과거 대가족제도 하에서 자신의 힘 있는 배경으로서 보다 힘 있고 큰 가문을 선호했던 역사적 경험과 맥락을 같이 하는 것은 아닌지.

3. 한국 교회 문화를 위한 제언: 자본주의적 한국 교회의 유교적 커뮤니케이션?

논찬자는 발제자의 문화에 대한 통찰력에서 많은 시사점을 얻었다. 발제자는 갈브레이드 교수의 '조건화된 권력' 개념을 빌어 문화의 힘을 설명하고 있는 바, 그런 의미에서 기독교 문화의 힘은 특별한 정도가 아니라 '특별한 중에서도 특별하다' 고 표현해야 할 것이다. '쥬라기공원'을 통해 우리는 미국이라는 나라가 "뛰어난 기술력을 가진 굉장한 나라"라는 이미지와 미국 문화와 상품에 대한 긍정적 소비지향성을 낳는 정도에 그친다. 하지만 우리는 보수 기독교의 영향력을 통해 민족간 대화와 협력을 강화하기 위한 노력보다는 한미동맹의 맹목적 유지를 더욱 절실하게 받아들이는 이데올로기적 가치지향성의 변화까지 목도하게 되는 것이다.

최근에는 이 같은 지향성이 우익 단체와 연대한 서울 시청 앞 집회 같은 정치적 행동으로 발전되고 더 나아가 '새로운 기독교 시민운동'을 내세운 정치적 결사 움직임으로까지 이어지면서 '한국적 기독교 파시즘'의 탄생 우려까지 자아내고 있는 실정이다. 따라서 우리는 이 같은 현실의 한 바탕을 이루는 한국 기독교 문화와 기독교 커뮤니케이션의 올바른 내용을 정립하고 수준을 향상시키는 노력이 얼마나 중요한지 새삼 절감하게 된다. 이런 전제 아래 발제자가 분석한 현실과 대안에 대해 천착해 보도록 하자.

먼저 박영근 박사는 한국 교회는 지극히 자본주의적 공동체이며 그 커뮤니케이션은 지극히 유교적이라고 지적하였다. 정말 옳은 지적이다. 하지만, 한국 교회에 대해 애정으로 많이 봐준(?) 지적이라는 생각도 든다. 한국 교회 안에는 아직도 아직도 근대 자본주의보다도 훨씬 뒤떨어진 중세적 요소가 많은 흔적을 남기고 있기 때문이다.

여기서 어느 중견 언론인의 칼럼 일부를 찬찬히 곱씹어 보자.[2]

중세를 암흑기라고 부른다. 인간의 이성(理性)이 제 빛을 발하지 못하던 시절에 빛의 부재인 '암흑'이란 단어를 붙였으리라.

최초 르네상스기의 문화사학자인 요한 호이징거는 "중세의 삶은 두 극단을 오락가락했다"고 기록하였다.

종교와 집단의 이념 앞에 쉽게 감복해 무릎 꿇는가 하면 쉽게 절망하며 무릎을 꿇기도 했다는 것이다. 근대를 지나 현대에 이르면서 인간의 이성이 해방되고 과학적 사고와 분석이 발달했지만 그 이전인 중세의 인간들은 감성만이 크게 발달해 있어 감동도 쉽게 하고 절망도 쉽게 했다는 이야기이다. 잔혹하거나 아니면 애정에 들뜨거나 둘 중 하나이지 차분한 심사숙고는 찾아보기 어려웠다고 전한다. 그래서 거룩한 십자군이 탄생하는가 하면 잔혹한 마녀 재판이 행해지기도 했고, 기사도(騎士道)가 융성해 신사가 숙녀를 예우했지만 성주가 꽃다운 여성들을 재산으로 삼아 정조를 유린하는 초야권(初夜權)도 생겨난 것이다.

성스런 종교행사 때 사람들은 모두 촛불과 횃불을 들고 나왔다 한다. 어른, 어린이 구별없이 모두 불을 밝혀 들었다 한다. 마녀 재판이나 죄인의 교수형에도 사람들은 몰려 나왔다. 아이들은 어른들을 따라 돌도 던지고 침도 뱉으며 세상을 배워나갔다.

중세는 당파와 당파심으로 가득찬 시대였다. 자기 가문이나 자기의 파벌, 자기가 속한 영주에게 맹목적인 충성을 다 했으나 그 당시 누가 그것을 맹목이라 했겠는가, 그저 정의로웠을 뿐이다. 그 정의로움은 자

---

2) 변상욱의 블로그(www.nocutnews.co.kr)중 2004년 9월 13일자 칼럼.

기 당파와 성주를 욕보인 자들에 대한 복수심으로 승화된다. 세속적 권력들의 싸움에 교회도 빠지지 않았다. 당파심과 그에 따른 복수심을 순결과 죄에 대한 증오라고 금칠해주며 민중의 감정을 자극하고 싸움터로 내몰았다.

"내가 정의라 믿고 부르짖는 것이 혹시 나의 독선과 오류는 아닐까?" 라는 이성적 사고는 결코 중세의 것이 아니었다.

중세 사회를 묘사한 글이지만, 논찬자는 이 글에서 오늘날 한국 교회의 한 단면을 읽는다고 하면 지나친 것일까? 가부장적 유교 문화의 산물인 '제사권의 종손 독점'이 종교개혁 이전 가톨릭의 '사제를 통해서만 하나님과 만날 수 있는 영적 독점'과 다를 바가 없다면, 오늘날 일부 부흥사와 권위주의적 목회자가 내세우는 '평신도와 구별되는 주의 종의 성스러운 영적 권위'와는 어떻게 다를까? 하나님과 세상, 하나님과 성도 사이에 사제가 존재하던 중세적, 가톨릭적 구도를 종교개혁이 만인제사장설로 타파하면서 하나님과 세상, 하나님과 성도가 직접 만나고 세상과 성도 속에 교회와 목회자가 존재하는 근대적, 개혁주의적 구도로 전환시킨 것이 이미 수백 년 전이건만 한국 교회는 지금 신중세적 교권주의 문화의 그늘에서 여전히 벗어나고 있지 못한 것은 아닌가?

문화인류학에서 말하는 문화 지체(文化遲滯; cultural lag)현상에 지금 한국 기독교는 심각하게 빠져 있다.[3]

---

3) 동서문화사가 펴낸 『세계대백과사전』에는 문화지체를 다음과 같이 설명하고 있다.
   "사회 변화에서 모든 문화영역 또는 서로 관련되는 문화의 어떤 부분이 다른 부분과 같은 속도로 변화하지 않은 결과 문화의 어떤 부분이 전체적인 변화 속에서 시간적으로 늦어지는 경향을 나타내는 현상. W.F. 오그번에 의하면, 어떤 일정한 문화 안에서 문화의 각 부분 사이에 나타나는 이러한 현상은 직선적 · 누적적으로 진보하며 빈번 · 신속하게 변화하는 물질 문화와 이러한 급격한 변화나 적응능력이 없는 비물질문화 사이에 특히 현저하고, 그 경우에 항상 이상적(異常的) · 병리적인 사회적 부적응을 일으킨다고 한다."

한쪽에서는 중세의 사제 못지 않은 맹목적 권위를 내세우는 권위주의적 목회자가 존재하는가 하면, 다른 한편에서는 자본주의적 첨단을 달리는 세련된 문화 사역을 앞세운 '8학군 기독교' 와 세속 사회의 재벌 못지 않은 복합 산업으로 운영되고 있는 '재벌식 교회' 가 번성하고 있는 실정인 것이다.

뿐만 아니다. 한국 기독교는 지금 정치적 극우 집단과 연대를 강화하는 듯한 움직임을 보이고 있다. 1930년대 유럽에서 유럽 사회의 세속화를 탓하며 "새로운 도덕적 에너지를 병든 몸에 주입함으로써 서구 문명을 근본적으로 바꿔야 한다"고 '기독교의 회복' 을 부르짖던 움직임이 결국 그 당시 독일 사회를 완전히 새로 작성하고자 했던 히틀러의 나치즘과 연결됐던 뼈아픈 과거가 지금 이땅에 되풀이될 수도 있다는 세미한 음성을 논찬자가 듣는다면 너무 민감한 것일까?[4]

4. 나오는 말: 올바른 기독교 문화의 정립은 커뮤니케이션의 회복부터

앞서 지적한 한국 기독교의 심각한 문화 지체 현상을 어떻게 극복할 것인가? 여러 가지 방안이 있겠지만 논찬자는 발제자가 기독교 문화의 발전을 위해 제시한 대로 기독교적 커뮤니케이션의 부흥이 중요한 활로의 하나라고 생각한다. 문화 지체 현상을 극복함에 있어 올바른 정보의 소통과 민주적 의사 결정의 활성화를 촉진하는 커뮤니케이션 활동처럼

---

4) 이와 관련해서 영국 버밍엄대 우스토프 교수가 지난 10월 14일 '숲과 나무 포럼' 에서 "독일교회가 남긴 교훈, 한국 교회를 생각한다" 라는 주제로 열린 강연 참조.

효과적인 방도는 찾기 어렵기 때문이다.

중세 종교 개혁 과정에서 출판 인쇄술의 혁명이 성서를 대중에게 안겨주면서 만인사제사상의 문화적 토양을 구축했다면 21세기의 디지털 혁명은 정보를 대중에게 안겨주면서 제2의 종교개혁을 촉발하고 있다. 사제의 말씀에만 의존하던 중세의 평신도들은 자신의 손에 주어진 성서를 읽을 수 있게 됨으로써 사제에 의존하지 않고도 직접 하나님의 말씀을 접하고 타락한 사제가 진리에서 벗어나 있음을 스스로 판단할 수 있게 되었다.

마찬가지로, 평신도들은 이제 인터넷과 케이블, 위성 방송 등 다양한 매체를 통해 담임목사뿐만 아니라 여러 목회자와 신학자의 다양한 말씀과 성서 해석을 접할 수 있게 되었다. 또 다른 교회의 선도적 사역프로그램 정보도 손쉽게 접할 수 있게 되었다. 뿐만 아니라, 과거에는 목회자와 장로들이 독점하던 교회 운영 관련 정보가 대중 교인에게도 소통되고, '찻잔 속 폭풍'으로 끝났을 만한 교회 내 비리, 갈등 정보도 인터넷 매체를 통해 전국, 아니 전세계에 실시간으로 전파되는 세상이 되었다. 교회 내 제반 문제는 과거처럼 당회(감리교는 기획위원회) 같은 밀실에서만 논의되는 것이 아니라 교회 홈페이지 내 자유게시판이나 인터넷대화방, 각종 블로그사이트를 통해 공개적으로 논의되고 치열한 공방이 오가는 시대가 되었다.

바야흐로 16세기 유럽의 종교개혁이 당시의 출판 인쇄 분야 커뮤니케이션 혁명과 궤를 같이 했다면 이제 현대 한국 기독교 문화의 혁명 역시 21세기 정보 통신 커뮤니케이션의 혁명과 호흡을 함께하며 새로운 미래를 준비하고 있는 것이다.

여기서 한 가지 더 생각할 바는, 21세기 정보 통신 문화의 혁명적 구호인 '유비쿼터스'(신은 어디에나 있다)가 선포하는 대로 기독교 문화와 기독교 커뮤니케이션 역시 기독교인의 삶 가운데 교회 생활이나 개인적 신앙과 관계된 측면에만 그 관심사가 그칠 수는 없다는 사실이다. 한 개인이 크리스천으로서 신앙 생활을 하지만 그 자신이 소속된 가정과 일터, 또 사회적 관계 속에서 총체적 삶을 살아가듯이, 기독교 문화와 기독교 커뮤니케이션 역시 관심 영역을 '교회'로 한정지을 수는 없다. 우리의 삶의 영역 어디에서나 함께하는 하나님의 손길처럼, 삶의 영역 전반에 기독교적 가치관에 입각한 기독교 문화와 기독교 커뮤니케이션에 관심을 가져야 한다.

그런 의미에서 논찬자는 세계 기독교 커뮤니케이션 협회(WACC)가 제시한 기독교 커뮤니케이션의 원칙을 되새겨 보면서[5] 말을 마치고자 한다.

첫째, 커뮤니케이션은 공동체를 만들어 간다.
둘째, 커뮤니케이션은 참여적이다.
셋째, 커뮤니케이션은 해방시킨다.
넷째, 커뮤니케이션은 문화를 지원하고 발전시킨다.
다섯째, 커뮤니케이션은 예언자적이다.

---

5) World Association for Christian Communication, 『Christian Principles of Communication』, 1986.

'문화 연구'의 '다원주의적 인본주의'에 관한 소고

마동훈 교수 (고려대학교 언론학부)

1. 기독교 관점에서의 '인간 커뮤니케이션'

'현대 문화가 요구하는 기독교적 커뮤니케이션' 이라는 주제에 접근하기 위하여 먼저 하나님이 규정하신 인간 커뮤니케이션의 본질에 대한 논의가 필요하다. 여기에서 '커뮤니케이션' 이란 개별 인간이 다른 인간과 의미(meaning)를 주고받는 행위이다. 그 커뮤니케이션은 다른 창조물들과는 달리 인간만이 갖고 있는 말하기와 글쓰기 행위, 즉 언어 행위에 의해 이루어진다. 하나님은 왜 유독 인간에게만 언어 행위의 능력을 허락하셨을까? 이는 아마도 하나님의 창조와 통치 섭리에 기인한 것으로 보인다. 우리는 태초에 하나님이 세상을 창조하시면서 그의 통치 섭리를 어떻게 규정하셨는지 다음 말씀에 비추어 짐작할 수 있다.

> 하나님이 가라사대 우리의 형상을 따라 우리의 모양대로 우리가 사람을
> 만들고 그로 바다의 고기와 공중의 새와 육축과 온 땅과 땅에 기는

모든 것을 다스리게 하자 하시고 하나님이 자기 형상 곧 하나님의
형상대로 사람을 창조하시되 남자와 여자를 창조하시고 하나님이
그들에게 복을 주시며 그들에게 이르시되 생육하고 번성하여 땅에
충만하라 땅을 정복하라 바다의 고기와 공중의 새와 땅에 움직이는
모든 생물을 다스리라 하시니라(창세기 1:26~28)

　　하나님은 다른 피조물들을 통제, 관리하고자 하는 목적으로 인간에게
인식, 사고, 의미 전달의 능력을 부여하셨으며, 그 중요한 매개체가 바로
언어 행위의 능력이라고 짐작할 수 있다. 인간 역사 속에서 이러한 언어
행위 능력, 즉 커뮤니케이션 능력은 역사 속에서 인간들에 의해 다양한
목적으로 활용되어 왔다. 개인, 조직, 혹은 국가 차원의 정치적, 경제적
이익의 대변과 협상, 그리고 성취를 위한 가장 효율적인 수단으로 커뮤
니케이션 능력을 활용해왔음이 사실이다.
　　그렇다면 과연 창조주이신 하나님은 인간에게 고유의 언어 행위, 곧
커뮤니케이션 능력을 부여하셨을 때 어떠한 구체적인 계획을 갖고 계셨
을까? 인류의 탄생부터 구원 사역, 그리고 마지막 왕국의 계획까지 치밀
하게 구상하신 하나님의 섭리 속에서 인간의 커뮤니케이션 능력이라는
한 하부 피조물의 위상은 무엇일까? 이에 대한 의미 있는 추론의 단초 중
하나는 아마도 하나님이 모세를 통해 이스라엘 민족에게 전달하신 십계
명에서 찾아볼 수 있으리라 생각된다(출애굽기 20:1~17). 우리는 바로
이 십계명의 내용이 이스라엘 민족의 출애굽 시대에서 21세기를 사는 오
늘날 우리 사회에 이르기까지 변함없이 구체적으로 적용될 수 있는 두
가지 관계에 관한 규범적 언명임을 잘 알고 있다. 이들은 첫째, '하나님
과 사람의 관계', 그리고 둘째, '사람 대 사람의 관계'에 대한 규범이다.

이러한 두 관계에 비추어 보면, 인간의 언어 행위 및 커뮤니케이션 능력의 존재 이유는 예배, 기도, 말씀 묵상, 찬양을 통한 하나님과의 관계 회복과 유지, 그리고 하나님 안에서의 인간들 간의 교제, 나눔을 통한 관계 회복과 유지에 있다. 이러한 두 가지 중요한 관계 회복과 유지에 의해 하나님은 이 세상과 다음 세상의 왕국을 기획하고 계시다는 것이다.

역사 속에서 인간의 커뮤니케이션 능력은 인간이 커뮤니케이션 채널, 구체적으로는 테크놀로지를 고안, 활용할 수 있는 능력의 발전과 함께 발달되어 왔다. 구두 의사 소통과 상형 문자의 시대를 거쳐, 커뮤니케이션 약호로서의 문자가 발명되었고, 16세기 이후 구텐베르크 인쇄술의 발명과 보급으로 인간 커뮤니케이션은 책, 신문, 잡지 등 인쇄 매체를 매개로 한 매스 커뮤니케이션의 시대를 맞게 되었다. 이어서, 19세기 초반의 사진, 그리고 전보, 전화를 시작으로 한 전파 커뮤니케이션 테크놀로지의 발달은 20세기에 이르러 라디오, 텔레비전, 영화 매체의 등장으로 소위 '방송(broadcasting)' 중심의 매스 커뮤니케이션 시대를 맞게 되었다. 20세기 후반 이후부터는 산업의 다각화와 디지털 테크놀로지의 발달에 힘입어 케이블, 위성방송 중심의 '협송(narrow-casting)', 그리고 웹 미디어 중심의 '점송(point-casting)' 커뮤니케이션 시대로 전이되고 있다. 즉 인간 커뮤니케이션 역사는 대인(interpersonal) 커뮤니케이션에서 매스 커뮤니케이션으로, 그리고 다시 디지털 테크놀로지에 힘입은 컴퓨터 중개(computer-mediated) 대인 커뮤니케이션 양상으로 변모해 오고 있다.

이상과 같이 약술한 커뮤니케이션 테크놀로지의 발달 역사를 지나오면서 하나님의 창조와 통제 섭리도 과연 모종의 변화를 겪어 왔을까 하는 문제에 대한 근본적인 질문이 필요할 것 같다. 물론 하나님의 말씀에 나타난 창조 및 통제 섭리에 비추어 볼 때 이 자리에 모인 모두가 동의하는 정답은 '아니다' 임에 틀림없다. 그럼에도 불구하고 우리의 인간 커뮤니케이션 환경은 변화하여 왔다. 사도 바울이 걸어서 다니던 전도 여행의 궤적을 오늘날은 초고속 전송망을 활용한 다양한 웹 미디어가 대체할 수 있는 테크놀로지 여건이 완성되어 있다. 수천 명이 광야에서 확성기조차 없이 가졌던 집회를 오늘날은 첨단 중계 장비에 의한 실시간 영상 예배가 대체하고 있는 사회에 오늘날 우리는 살고 있다. 전통적인 노방전도와 심방이 대화 방을 통한 전도 및 교제로 대치되고 있는 사이버 커뮤니티 속에 우리가 살고 있다. 복음의 본질적 내용(contents)은 변하지 않았지만 그 복음을 담는 용기(vehicle)가 크게 발전한 사회에 우리는 살고 있는 것이다. 이러한 맥락에서 결국 현대 문화가 요구하는 기독교적 커뮤니케이션의 문제는 우리가 사는 현대 사회의 커뮤니케이션 테크놀로지가 하나님 계명의 형태로 규정하신 '하나님과 사람의 관계', 그리고 '사람 대 사람의 관계' 의 복원과 유지 사명의 본질을 어떻게 계승하고 있는지, 혹은 부분적으로 파괴하고 있는지에 대한 역사적, 때로는 철학적인 성찰의 문제로 귀결된다.

이 글의 본론에서는 먼저 위의 커뮤니케이션 테크놀로지 발달 시기 중 매스 커뮤니케이션의 대표적인 확장 시기인 20세기 중반 이후 시기에 이 현상을 바라 본 대표적인 두 가지 학술적 관점-전통적, 그리고 비판적 커뮤니케이션론-의 연원, 하나님과 사람, 사람 대 사람의 관계를 바라보는 시각을 요약적으로 고찰하고자 한다. 이어서, 현대 문화 연구(cultural studies) 혹은 문화 이론(cultural theories)에서 바라보는 인간과 사회의 문제를 보다 상세히 개괄하고, 이 역시 하나님이 규정한 인간 커뮤니케이션 능력의 본질과의 관련성 측면에서 논의하고자 한다. 이와 같은 논의를 통해 부분적으로나마 현대 문화와 기독교적 커뮤니케이션의 전망 및 이에 관한 연구 방향에 관하여 언급하고자 한다.

2. 라자스펠드(Lazarsfeld), 아도르노(Adorno), 그리고 그 이후...

1930년 후반, 나치 정권의 전횡을 피해 미국으로 건너간 일련의 비판 사회 이론가들 중 라자스펠드(Lazarsfeld)와 아도르노(Adorno)는 당시 미국 사회에서의 라디오 매체의 위상과 수용자 상에 관한 연구와 논쟁을 전개한 바 있다. 라자스펠드(1944, 1968; 1954)는 컬럼비아 대학의 응용 사회과학 연구소를 중심으로 실증적 라디오 청취자 연구를 진행하였으며, 이 연구 전통은 1940~1960년대의 실증적 텔레비전 수용자 연구, 정치 커뮤니케이션 연구의 전통으로 이어졌다. 이러한 실증적 연구 전통은 1940~50년대 호블랜드(Hovland)를 중심으로 한 행태심리학자들의 탄환(bullet) 효과 이론과 50~60년대 클래퍼(Klapper, 1960)의 제한 효과 모델의 과정을 거쳐, 70년대 이후 미국 중심의 미디어 이용과 충족(uses and gratification) 및 의제 설정(agenda setting) 기능 연구로 이어지면서, 오늘날의 주류 커뮤니케이션 및 미디어 효과 연구(media effects studies)로 자리매김하게 된다.

이러한 관점에서 커뮤니케이션의 주체인 인간, 즉 수용자(audience)는 바로 효과(effects)가 발생하는 현장이다. 엄밀하게 말하면, 인간은 커뮤니케이션의 주체가 아닌 객체, 혹은 대상인 셈이다. 주류 미디어 효과 연구인 정치 커뮤니케이션, 설득 커뮤니케이션 연구의 초점은 그 현장 속의 수용자를 사회조사, 실험연구 등 다양한 실증적 방법론으로 분석, 검증하고, 그 결과를 매우 실용적인 정보로 포장하여 연구의 스폰서에게 제공하는 데 맞추어졌다. 이러한 측면에서 이 연구 전통은 행정적 연구(administrative research)라는 이름으로 불리기에 이르렀다.

라자스펠드 이후 주류 커뮤니케이션 혹은 미디어 연구 전통의 이론적 토대는 미국 주류 사회학 내부의 파슨스(Parsons) 등에 의해 주창된 구조 기능주의(structural functionalism) 이론에 있었다. 요약적으로 기술하면, 구조 기능주의는 인간을 사회 구조의 한 하부 시스템, 즉, 전체 시스템과 조화와 균형을 이루어 가는 객체로 파악하고 있다. 여기에서 인간은 더 이상 주도적으로 사회구조를 변화시킬 힘을 가진 존재가 아니며, 사회 구조, 즉 시스템에 의해 지배되는, 철저히 기능화, 객체화, 대상화된 존재로 이해된다. 사회 구조, 혹은 시스템은 생득적으로 보수적일 수밖에 없으며, 따라서 한 사회의 발전은 시스템의 효율적인 관리와 점진적인 보수를 통해 이루어진다고 본다. 한편, 주류 이론의 방법론적 토대는 비엔나(Vienna) 학파의 과학철학과 논리실증주의에 입각한 "가설연역적 모델(hypothetico-deductive model)"에 의한, 점진적 사회공학(piecemeal social engineering)으로서의(Popper, 1957) 사회과학 방법론에 있었다. 이러한 관점에서, 주류 이론에서의 수용자와 효과의 문제는 철저히 "분석(analysis)"되고, "설명(explanation)"되어야 할 대상이었다.

초기 아도르노를 계승한 또 다른 연구의 전통은 객체화, 대상화, 혹은 기능적으로 분화된 주류 연구의 인간상에 대한 부정에서 출발한다. 아도르노는 초기 라디오와 대중문화에 관한 그의 선언적인 논문(1939) 이후 프랑크푸르트로 복귀하였으며, 그 이후 호케이머(Horkheimer)와 함께 대안적, 비판적 미디어 수용자론을 전개해 간다(Adorno, 1944, 1968; 마동훈, 1997). 문화 물신론(fetishim)을 전제로 한 아도르노의 비판 문화이론 전통은 미디어 수용자 연구의 영역을 하나의 독립적 학제로 발전시키려는 노력을 처음부터 의도적으로 도외시하였다. 다만 프랑크푸르트 학파의 비판적 사회철학 전통의 범주 내에 안주하였을 뿐이었다. 서구 마르크시즘 내부의 중요한 한 전통을 이룬 프랑크푸르트 비판이론의 전통은 뒤에 알튀세(Althusseur), 그람시(Gramsci)와 조우하면서 유럽 대륙의 구조주의(structuralism), 후기 구조주의(post-structuralism) 전통과 접합되었으며, 이 전통이 영국의 "스크린 이론(Screen theory)"과 만나면서 구체적인 대중문화–텔레비전, 영화, 인쇄 매체–텍스트 분석의 전통을 이루었다. 이러한 과정 속에서 미디어 정치경제학(political economy)과 구조주의 연구 관점이 태동했다.

비판적 커뮤니케이션 연구 전통의 또 하나의 갈래는 영국의 근대 역사와 문화연구(Williams, 1958; Thompson, 1963; Hoggart, 1957) 전통과의 만남으로 이루어졌다. 이는 위의 관점들과 구별되어 문화주의(culturalism)라는 이름으로 불리우며, 버밍햄 현대문화 연구소(Center for Contemporary Cultural Studies, 이하 CCCS)의 "부호화/해독화(encoding/decoding)" (Hall, 1980) 연구 전통으로 이어졌다. 비로소, 대안적, 비판적 연구 진영은 긴 여정을 마치고 아도르노의 초기 관심이었던 수용자에 관한 또 하나의 "실증적" 연구의 토대를 마련하게 되었다. 이 연구 전통이 바로 문화연구 관점에서의 수용자 연구의 영역이다.

문화연구적 수용자 연구의 중요한 이론적 토대는 서구 마르크시즘, 갈등이론(conflict theories), 푸코(Foucault) 류의 "권력 관계(power-relations)" 이론에 그 연원을 두고 있다. 따라서 주요 관찰의 대상은 자연스럽게 인간, 즉 수용자를 둘러싼 모종의 경제적, 사회적, 문화적 권력 관계의 문제로 모아졌다(마동훈, 1997). 한편 문화연구적 수용자 연구의 방법론적 접근 전략은 주류 연구의 "분석"이 아닌 "관찰(observation)"의 전략, "설명"이 아닌 "기술(description)"과 "해석(interpretation)"의 전략에 있었다. 분석과 설명의 대상과 관찰, 기술, 해석의 대상의 차이는 연구자가 바라보는 수용자상의 문제와 직접 연관된다. 이러한 방법론상의 특성은 문화연구적 수용자 연구의 대상인 수용자가 상대적 자율성(relative autonomy)을 갖는 주체(subject)이며 연구자는 연구 대상을 관찰, 기술, 해석하는 과정에서 자기반향성(self-reflexivity)을 견지해야 한다는 전제(Gergen, 1994)를 반영하고 있다. 문화연구적 수용자 연구의 방법론적 전략으로 빈번히 차용되는 "민속지학(ethnography)" 방법론의 연원 또한 여기에 있다(마동훈, 2003). 이러한 두 가지 전통의 차이점들에 비추어 볼 때, 문화연구적 수용자 연구의 인식론적 토대는 필연적으로 구조와 시스템의 제약을 받고 있는 커뮤니케이션 행위의 주체인 인간의 자율적 사고와 행위를 강조에 둔 점이 분명하다. 즉, 관찰의 초점을 구조와 시스템 속의 인간상에서 상대적으로 자율적인 인간상으로 전이시키고 있다.

미디어 및 커뮤니케이션학사(學史)에서 아마도 가장 중요한 논쟁인 라자스펠드와 아도르노의 논쟁(Morrison, 1973; 2000) 이후, 수용자를 바라보는 두 가지 상이한 시각이 존재해 왔다고 보는 시각은 일면 타당하다. 그러나 실제로는 커뮤니케이션 및 저널리즘 학제를 성공적으로 출범, 발전시키는 데 성공한 미국 대학 중심의 주류 수용자 연구가 1950~80년대의 수용자 연구를 독점적으로 주도해 왔다. 그 첫째 이유는, 대안적 연구, 즉 아도르노의 전통이 본격적인 수용자 연구로 이어지기까지—짧게 잡아도 Hall(1980)까지—약 40여 년의 시간이 소요되었기 때문이다. 둘째, 한편 주류 수용자 연구는 저널리즘 스쿨 등을 통한 미국의 대학 등 공식적인 교육 및 연구기관 내부의 학제화로 인하여 빠른 시간 내에 응집력 있는 연구 분야로 성장하였다. 셋째, 주류 수용자 연구는 국가 기구, 방송사, 방송 테크놀로지 등 유관 산업 및 광고주의 연구비 후원에 의해 괄목할 만한 성장을 이루어 내었다. 이에는 시청률과 이에 상응하는 자유경제적 광고 시장 논리에 의해 운용되는 미국 상업 방송 제도가 크게 기여한 바 있다.

반면, 대안적 혹은 비판적 커뮤니케이션학, 특히 수용자 연구 분야가 주류 연구의 주목을 받게 된 것은 1980년대 초반 이후의 일이다. 이 문제의 중심에 미국 중심 커뮤니케이션 학회(ICA)의 하와이 학회(1983)와 JOC(Journal of Communication) 특집호에서 다룬 논쟁인 *Ferment in the Field*(1983)가 있었다. 이후 Curran의 『편서』(1991) 등에서는 정치 경제학, 구조주의, 문화주의 진영으로 비판 커뮤니케이션 연구 경향을 대별하여 설명하고 있다. 이 중 수용자의 문제에 상대적으로 가장 많은—보다 정확하게 이야기하면 집중적인—관심을 기울인 것은 흔히 문화주의라고 불리어 온 CCCS(Center for Contemporary Cultural Studies) 이후의 문화연구 진영이었다.

3. 문화연구의 인본주의적 세계관

문화연구의 연구 대상은 사회 속의 권력 관계의 문화적 형성(cultural formation)의 문제이다. 즉, 근대 사회의 문화적 형성 과정과 그 결과에 대한 탐구이다. 특정 시점의 특정 사회에는 특수한 권력 관계의 존재 기반이 있다. 그 존재 기반은 종교적 지도력(성직자 혹은 무당)일 수도 있고, 정치적 지도력(왕, 귀족 혹은 국가) 혹은, 물적(物的) 기반(지주 혹은 자본가)일 수도 있다. 그런데 누구나 성직자, 왕, 귀족, 국가 통치자, 지주, 자본가가 될 수 있는 것이 아니었다. 왕, 성직자, 귀족, 지주의 혈통은 따로 있었다. 앵글로 색슨, 남성, 고등교육 수혜자는 우월한 권력 관계에 위치할 확률이 크다. 이러한 권력관계의 유지, 세습이 관행으로 이루어질 수 있는 배경은 무엇인가? 그 관행의 전면에 있는 외재적 이유가 권력 관계의 정치경제적 형성(politico-economic formation)이라면, 그 배면의 내재적 이유의 영역이 바로 문화적 형성의 영역이다. 권력 관계의 정치경제적 규정, 혹은 형성이 국가와 경제체제의 직접적 작동 기재-예를 들면 법, 경제적 통제, 국가, 경찰, 군대-에 의해서 이루어지는 한편, 권력 관계의 문화적 규정과 형성은 간접적-많은 경우에는 상징적(symbolic)-작동 기재에 의해 이루어졌다. 정규 교육 제도, 교과서, 사회적 관습, 규율-예를 들면 새마을 운동, 국민교육헌장 등-체계, 미디어, 대중문화, 그리고 패션, 음식, 문화적 의식 등 '구별 짓기'(Bourdieu)의 사용 기재 등 다양한 작동 기재가 여기에 속한다. 양자는 밀접하게 연관되어 있어, 분리되어서는 설명이 불가능하다. 이 중에 '문화적 형성'에 관심을 갖는다 함은 권력 관계의 물적 소유, 착취 구조보다는 상부 구조 혹은 이데올로기 문제에 대한 관심을 의미한다. 문화연구에서는 일반적으로 양자가 근원적으로 분리될 수 없고, 늘 양자의 연관성하에서 관찰되어야 한다고 보고 있다.

이데올로기의 발현은 흔히 언어의 형식에 의존한다. 언어는 지표(index, 기호와 대상의 직접적 관계), 도상(icon, 간접적/직유적 관계), 상징(symbol, 간접적/은유적 관계)의 형식을 빌린다(Pierce). 이중 상징은 인간, 즉 수용자들 사이의 합의도(degree of consensus)가 가장 약한 언어 양식이다. 이는 의미의 해석 폭(spectrum of decoding)이 가장 넓다는 것과 같은 이야기이다. 이러한 특성으로 인해, 상징을 통한 권력 관계의 조작과 통제가 용이하다. 이것이 바로 문화연구의 관찰 대상이며, 한편 실천의 대상이다. 이러한 의미에서 문화연구는 필연적으로 '정치적'이다. 상징 언어를 통한 권력 관계의 조작과 통제의 정확한 설명을 위해서는 한 사회의 특수한 시공간적 특성을 고려하여야 한다. 이것을 바로 문화연구 대상의 '역사적 맥락(historical context)'이라고 한다. 역사적 맥락을 고려하지 않은 권력 관계의 문화적 형성에 관한 문화연구는 공허해지기 쉽다고 본다.

영국 버밍햄 CCCS의 문화연구는 왜, 어떠한 배경에서 출발하였는가? 2차 대전의 승전국임에도 불구하고 영국은 미국 중심의 세계 구도 편성에 의하여 점차 변방으로 밀려갔다. 유럽 내부에서조차 프랑스와 독일에게 대륙의 주도권을 빼앗겨 갔다. 경제적으로도 산업사회의 위기가 가장 먼저 노정되었다. 정치, 문화적으로는 근대 국민 국가 사회의 위기가 또한 노정되었다. 자본가, 귀족과 대비되는 노동자의 소외가 더욱 커 갔고, 젊은이들의 소외와 대안 문화의 대두가 이루어졌다. 지역 간 격차 또한 문제였다. 인종, 민족, 종교 문제도 만만치 않았다. 70년대 후반 이후 대처 보수당의 장기 집권은 보수-노동당의 양당 구조에서 사회 전반의 보수 권력 강화에 기여하였다. 이러한 조짐은 이미 19세기 말~20세기 초의 산업사회 중기 이후에 계속 있어 왔다. 노동자의 시각에서 바라 본 근대사회의 문화적 형성이라는 주제를 다룬 톰슨의 저술(1963)이 이를 잘 말해 준다. 호가트(1957)는 영국 북부 지역사회에서의 근대의 문화적 형성 과정을 또한 서술한 바 있다. 윌리암스(1958)의 19~20세기 초반 영국 사회의 문화 권력 변이를 다룬 문화사도 이 내용을 포함하고 있다.

이러한 CCCS 이전의 문제의식들이 CCCS의 영국 문화연구의 성격 규정에 영향을 끼쳤다. 화두는 '권력', '역사', '문화'의 문제였다. CCCS의 리더 격이었던 홀은 문화연구의 성격규정에 '역사', '문화'의 문제를 전면에 부각시켰다. 문학, 역사, 사회학, 페미니즘, 미디어, 교육 등 다학제적 연구 테마가 수용되었다. 모두 당대의 주류 학제의 수용이 아닌 비주류 학제의 수용을 중심으로 이루어졌다. 초기 CCCS의 프로젝트는 알튀세의 구조주의와 정통 마르크시스트 계열 정치경제학의 우산을 모두 극복하고자 한 시도로―물론, 알튀세, 정치경제학 모두 전적인 배제가 아닌 부분적 수용이기는 하지만―구상되었다. 구조주의의 반/비역사성에 대한 극복과, 정치경제학의 하부 구조(경제) 결정론에 대한 비판과 극복이 이론/방법론적 테제였다. 그 대신, CCCS는 그람시(Gramcsi)에 상대적으로 더 많이 의존했다. 문화적 '헤게모니(hegemony)', 헤게모니의 창출과 유지를 꾀하는 '유기적 지식인(organic intellectuals)', 문화의 능동적 '실천성(culture as praxis)'의 문제가 인식론적 기초를 이루었다.

전술한 바와 같이 초기 CCCS가 알튀세르의 영향력에서 완전히 자유로운 것은 아니었다. 알튀세의 구조주의 이데올로기론은 상부 구조(문화, 이데올로기)의 자율성을 인정함에도 불구하고, 그 자율성이 하부 구조(경제)의 중층적 결정의 예속하에 있다고 본다는 점에서 비판의 대상이 되어 왔다. 알튀세의 이야기를 쫓다 보면, 역사, 문화 속의 권력 개념에 대한 '대안적(혹은 대항적, 혹은 실천적)' 문제제기가 어려울 수밖에 없기 때문이다.

한편, 그람시의 헤게모니, 문화의 상대적 자율성, 능동적 실천성의 개념들은 상부 구조(문화, 이데올로기) 중심의 현상 분석, 대안 제시에 상대적으로 더 효과적인 전략적 개념들로 받아들여졌다. 그람시의 능동적 문화론에 기대어 설 때에, 하위 문화(sub-culture)는 더 이상 소수 문화(minority culture)가 아닌, 자율성과 능동성을 가진 '하나의 문화(one of many cultures)'로서 '문명으로서의 문화(culture as civilization)'와 동등한 대화를 나눌 수 있는(혹은 치열하게 경합할) 위상을 확보하게 된다. 이로 인하여 노동자, 젊은 세대, 여성, 유색 인종, 종교적 소수 집단 등 다양한 소수 집단의 이야기, 그들 주위의 '권력' 이야기가 특수한 역사적 맥락 속에서 차분히 점검될 수 있는 하나의 대안적, 지적 담론의 장이 CCCS를 중심으로 펼쳐지게 되었다.

CCCS가 자리매김한 이후 생산된 대표적인 연구 "위기 관리(Policing the Crisis, Hall, 1979)"는 70년대 영국 젊은이들의 지배 권력을 향한 저항(폭력)을 문제제기의 출발점으로 둔다. 여기에 인종, 세대, 정치 이데올로기가 보수 집권 정치 권력의 문화 정치의 핵심 개념으로 등장하고, 이에 미디어가 어떠한 방식으로 일조하였는가 하는 문제를 심층 해부, 두껍게 기술하기 시도하였다. 이러한 문제 제기는 후에 자연스럽게 헵디지(Hebdige)의 하위 문화 연구, 그로스버그(Grossberg)의 로큰롤 연구, 몰리(Morley)의 "Nationwide" 해독 연구, 이어서 텔레비전 통속 일일연속극 연구 등으로 이어졌다. 그 후 홀은 CCCS를 떠났고, 영국 문화연구는 이제 CCCS의 전유물이 아니다. '권력', '역사', '문화'라는 문화연구의 3대 핵심개념들도 다소 변용, 또는 대치되어 왔다. 예를 들면, 현대 대중문화 소비에서의 '즐거움'을 통한 저항 속의 '권력', '역사', '문화'의 위상은 향후 (영국)문화연구의 방향성과 관련한 흥미로운 논의 주제이다.

문화연구의 방법론이 실증주의 방법론에 반(反)하는 방법론적 정향을 갖는 것은 아니다. 단, 문화연구 방법론은 논리실증주의, 자연과학주의에 기반을 둔 실증방법론과는 전통을 달리한다. 그 차이의 핵심은 일반화(generalization)보다는 특수화(particularization)를 지향한다는 데에 있다. 넓게 보지 않는 대신, 깊게 들어가고 텍스트와 컨텍스트를 함께 고려한다. 이른바 두껍게 관찰하고 쓰는 전략이 적극적으로 활용된다. 따라서 많은 경우 연구가설의 통계적 검증이 불가능하다. 역사적 컨텍스트에 가장 큰 관심을 둔다는 점에서 구조주의 기호학의 텍스트 중심 관찰, 분석과는 또한 차별화된다. 기호학은 체질적으로 텍스트 고립적인 관찰에 용이하다. 그러나 이에 의해 컨텍스트가 가볍게 다루어질 소지가 있다. 따라서, 역사적 맥락성을 결여하기 쉬운 방법론적 특성을 갖는다. 특수화, 그리고 역사적 맥락의 복원을 위한 전략으로 민속지학 혹은 사람연구 방법론의 채용이 유용하다. 인류학자들의 민속지학 방법론은 실증연구 진영의 질적 연구방안인 참여관찰, 혹은 심층인터뷰 방법론과 다르다. 첫째, 철저하게 귀납적이다. 때에 따라서는 이론적 우회점이 모호할 정도이다. 둘째, 다양한 형식의 방대한 자연발생적 자료를—예를 들면, 사진, 서신, 기억의 구술, 공식/비공식 문서, 메모, 집기 등등—수집, 정리, 분류, 목록화하여 활용한다. 이를 상호 체크하며, 보완적으로 활용되도록 한다. 이것들이 모두 두껍게 기술하기 위한 원자료이다.

최근 역사(인류)학의 미시사(micro-history, 슐룸봄) 접근방법이 문화연구 방법론의 전형이라고 보인다. 첫째, 인류학의 민속지학적 방법론보다 역사적 맥락성을 더욱 강조한다는 점에서 그러하다. 또한, 연구 테마가 사람들의 '일상'을 다루고 있다는 점에서, 정치권력을 유지하는 사회

시스템을 넘어선다는 점에서, 정치적인 성향을 갖는다는 점에서 그러하다. '고양이대학살' (단턴)에 묘사된 프랑스 대혁명 시기의 보통사람의 일상 속의 권력 관계를 미시사적으로 관찰한 연구는 그 대표적인 사례이다. 미시사적 접근은 외재적으로, 거시적 차원의 제도, 법, 규범의 관찰에서 들어나는 권력관계가 아닌, 내재적으로 잠재되어 있지만 보통사람들의 삶의 현장의 주변에 밀착되어 있는, 그리고 그들이 겪어 온 권력 관계의 조명을 위한 방법론적 전략으로 활용되고 있다.

4. '인본주의'를 넘어서

지금까지 커뮤니케이션학의 두 가지 전통을 초기 라자스펠드와 아도르노 이후의 전개 과정을 중심으로 간략히 살펴보았다. 전자가 미디어, 커뮤니케이션, 그리고 더 넓게는 사회 구조 혹은 시스템 속의 인간상을 다루었다면, 후자는 구조와 시스템으로부터 상대적으로 자유로운, 자율적 인간상을 전제로 하고 시작되었음을 알 수 있었다. 후자의 전통은 인간 해방의 기치 하에, 이들을 속박하는 미디어, 커뮤니케이션, 한 걸음 더 나아가 사회구조의 제약을 적극적으로 극복하고자 하는 하나의 인본주의적 문화 운동으로 자리매김하고 있다. 그 중심에 60년대 버밍햄 그룹이 있었다. 다시 말하면 현재의 정치적, 역사적 문화연구 전통은 인간을 시스템으로부터 자유롭게 하고자 하는 문화운동의 학문적 실천 장이었다. 이를 실증적으로 설명하기 위한 다양한 이론적, 방법론적 모색 또한 있어 왔다. 이는 1990년대 이후 미디어를 매개로 한 서구의 동양에 대한 시각과 관련된 오리엔탈리즘(orientalism) 논쟁, 탈식민주의 논쟁, 현대 커뮤니케이션 테크놀로지의 권력 작용, 자본과 문화의 전지구화(globalization) 시대에서의 새로운 권력 관계의 문화적 형성 문제 등 다양한 연구 문제로 이어지고 있다.

문제의 초점은 이러한 문화이론, 혹은 문화연구의 흐름을 기독교적 관점에서 어떻게 조명해야 하는가 하는 점에 있다. 필자의 관점에서 볼 때, 과거 그리고 오늘날의 문화연구는 철저히 다원주의적(pluralistic) 세계관에 바탕을 둔 지극히 인본주의적(humanistic) 학제라는 점을 강조해야 할 것 같다. 전술한 바와도 같이 문화연구의 중요한 전제 중 하나는 다양한 현대 문화—특히 소수, 하위 문화—의 양상을 '하나의 문화(one of many cultures)'로 인정하고, '문명으로서의 문화(culture as civilization)'를 거부하는 점이다. 다시 이야기하면 급진적인 다문화주의(radical multi-culturalism)의 특성을 갖는다. 문화연구 진영의 이러한 다원주의적 입장은 알튀세와 그람시의 이론적 세례를 받은 한편, 방법론적으로는 논리실증주의적 결정론을 부분적으로 거론하면서 다양한 커뮤니케이션 주체들의 현장의 목소리에 주목하며 더욱 공고화되었다. 문화연구 전통은 현대 사회의 구조와 시스템에 의해 주변부화, 파편화, 객체화되어 가는 인간의 모습에 주목하였고, 이를 둘러싸고 있는 중층적 권력 관계의 정치경제학적, 그리고 문화적 형성 과정을 분석하고자 시도하였다는 점에서, 즉 그 초기부터 구조로부터의 인간 해방을 주창하는 적극적 현실 정치참여 의식을 갖고 출발하였다는 점에서 기존 주류 미디어, 커뮤니케이션학에 대한 대안으로서의 충분한 존재 당위성을 갖는다.

한편, 기독교적 관점에서 조망할 때 문화연구의 이론적, 방법론적 지향점은 인간 해방의 전략을 철저하게 다원주의적 인본주의에서 찾고 있다는 명백한 한계를 갖고 있다. 따라서 하나님의 세상과 인간에 대한 창조 섭리와 성경적 세계관은 문화연구적 세계관에서 철저히 배제되어 있다는 것이 필자의 입장이다. 현대 문화연구를 공부하면서 필자가 자주 떠올리는 것은 1970년대 중남미의 해방신학과 이를 배경으로 한 종속이론(dependency theory)과 문화제국주의(cultural imperialism) 논쟁이다. 이는 당시 미국 중심의 발전 사회 이론(sociology of development), 커뮤니케이션 분야의 확산 이론(diffusion theory)에 기반한 정치, 경제, 문화 패권주의에 대한 대안으로 프랑코 등이 제시한 새로운 세계관이었다. 80년대 이래의 (탈)식민주의, 오리엔탈리즘 논쟁도 실상 이와 맥을 같이 한다. 70년대 중남미라는 특수한 시공간적 배경하에서의 새로운 신학적 해석에서 출발한–사실 이 문제는 예수가 이 땅에 계셨던 시절에도 유대인의 해방 문제와 관련하여 거론되었던 문제이기도 하지만–종속이론이 더 이상 보수 신학에서 받아들여지고 있지 않는 이유는 그 전제가 이 땅에서의 열방의 정치적 회복을 열망한 인본주의적 세계관에의 지나친 의존 때문이었다. 결국, 인간 자신이 만든 구조와 시스템에 예속된 인간 해방의 열쇠를 인간 자신에게서 찾고자 한 것이다.

근대 사회의 구조, 시스템이 규정한 권력 관계의 문제, 즉 인간 조건의 불평등과 갈등의 문제는 사회 정의(justice)의 차원에서 반드시 분석되고 연구되어야 할 대상임에 분명하다. 그러나 문화연구가 지향하는 그 사회 정의의 구현 수단은 여전히 완벽하지 못한 인간의 자율적 의지의 영역에 전적으로 의존함으로써 스스로의 문제해결 능력을 크게 제한하고 있음이 사실이다. 바로 이 점이 다원주의적 인본주의의 속성을 생득적으로 타고 난 문화연구적 커뮤니케이션, 미디어 연구의 명백한 한계이다. 그럼에도 불구하고, 현대 문화이론, 문화연구는 다음의 몇 가지 측면에서 이 땅에서의 기독교적 커뮤니케이션의 구현을 위해 시사하는 바가 있다고 생각된다.

첫째, 문화연구의 다원주의적 세계관이 문제가 되는 이유는 우리가 사는 세상이 유일신이신 하나님의 절대적 섭리에 의해 창조, 운용된다는 기독교 교리상의 진리와 충돌할 소지가 크기 때문이다. 즉, 기독교적 세계관에서는 또 다른 하나의 문화, 혹은 또 다른 하나의 진리를 인정하기 힘들기 때문이다. 한편, 이 진리의 문제가 해결된 이후, 인간이 사는 다양한 모습으로서의 다원주의는 인정될 수 있다. 즉, 다양한 문화적 조건 하에서의 기독교 문화의 존재는 실재로 역사, 공간적으로 존재해 왔으며, 기독교 선교 개념의 기초도 이에 바탕을 두고 있다고 볼 수 있기 때문이다. 현대 문화연구가 기독교에 시사해 주는 바가 있다면 그 첫째는 바로 이러한 차원에서의 다원주의적 사고의 가능성과 활용에 있다고 생각한다.

둘째, 현대 문화연구는 결국 근대 사회의 문제를 다룬다. 사회의 근대(the modern), 근대성(modernity), 그리고 근대화(modernization)의 과정에서 파생한 권력 관계의 문화적 형성의 문제가 늘 문화연구적 관심사의 중심에 서 있었다. 여기에서 언급한 근대의 개념에 대한 정의에는 다소 차이가 있을 수 있지만, 문화사의 관점에서 일반적으로 근대성의 개념은 서구적 근대성(western modernity)을 의미해 왔다. 바로 이 서구적 근대성의 중요한 구성 요인 중의 하나가 바로 기독교적 세계관이다. 즉, 오늘날의 근대사회는 자본주의, 민주주의, 과학 기술, 근대 교육, 근대 언론 등과 함께 우리에게 다가온 기독교적 삶의 양식으로부터 자유로울 수 없다. 그럼에도 불구하고 오늘날의 문화연구를 포함한 다양한 사회학, 정치학, 경제학적 관점의 근대의 설명에서는 바로 이 중요한 기독교적 세계관의 문제가 상당 부분 도외시되어 왔음이 사실이다. 영혼의 문제를 배제한 채 가시적인 근대의 문제에만 과도한 관심을 집중해 온 셈이다. 우리 사회의 경우에도 서구적 근대성을 경험한 지난 한 세기의 경험, 그 역사 속에서의 권력 관계의 설명에서 수입된 서양 종교였던 기독교 세계관의 유입 문제를 배제할 수는 없다고 생각된다(마동훈, 2002). 이는 기독교 관점에서의 하나님 중심 문화연구의 재구성을 위한 필수 과제이다.

셋째, 문화연구적 수용자 연구가 지향하는 민속지학적 연구방법론은 기독교 관점에서의 인간 커뮤니케이션과 문화연구에 여전히 가장 유용한 방법론이라고 판단된다. 민속지학적 접근은 연구 대상인 인간을 객체화하여 이를 치밀하게 '설명'하고자 하는 '분석'의 논리실증주의, 과학주의적 방법을 지양하고, 대상에 몰입하여 이를 '관찰', '기술', '해석'한다는 측면에서, 다분히 맥락주의적이고, 총체적이며, 역사적인 접근이다. 하나님 창조 섭리 속의 인간 위상에 비추어 볼 때, 연구 대상인 인간을 기술의 중심에 위치지우는 민속지학적 접근 방법은 기존의 주류 인간 커뮤니케이션 연구 방법론의 한계를 극복하는 방법론적 유용성을 갖는다고 생각된다.

참고문헌

Adorno, T., *On the Fetish-Character in Music and Regression of Listening*, 1939.

Adorno, T. and Horkheimer, M. *Culture Industry: Enlightenment as Mass Deception, from Dialectic of Enlightenment*, 1944, 1968.

Curran, J. *Mass Media and Society*, 1991.

Gergen, G. *Realities and Relationships*, 1994.

Hall, S. *Encoding/Decoding*, 1980.

Hoggart, R. *The Uses of Literacy*, 1957.

International Communication Association, *Journal of Communication, Special Issue-Ferment in the Field.*, 1983.

Klapper, J. *The Effects of Mass Communication*, 1960.

Lazarsfeld, P. *People's Choice*, 1944, 1968.

Lazarsfeld, P. *Votin*, 1954.

Morrison, D. *Adorno vs. Lazarsfeld*, 1973, 2000.

Popper, K. *The Poverty of Historicism*, 1957.

Thompson, E. P. *The Making of English Working Class*, 1963.

Williams, R. *Culture & Society*, 1958.

마동훈, 『뉴미디어, 일상생활, 사회이론』, 한국사회와 언론 10, 1997, pp.114~135.

마동훈, 『텍스트 해석론』, 1997, pp.161~184.

마동훈, 『개신교와 근대적 삶』, 2002, pp.159~188.

마동훈, 『초기 라디오와 근대적 일상』, 언론과 사회, 2003, pp.55~91.

"'문화연구'의 '다원주의적 인본주의'에 관한 소고"에 관한 논찬

박상진 교수 (장신대 기독교교육학과)

1. 기독교적 커뮤니케이션의 한계와 구현을 위한 세가지 시사점

발제자 마동훈 교수는 먼저 하나님이 규정하신 인간 커뮤니케이션의 본질에 대하여 논하고 있는데, 십계명에서 추론할 수 있듯이 '하나님과 사람의 관계'와 '사람 대 사람의 관계'를 위해 커뮤니케이션이 존재하는 것으로 설명하고 있다. 즉 인간의 언어 행위 및 커뮤니케이션 능력의 존재 이유는 하나님과의 관계 회복과 유지, 그리고 하나님 안에서 인간들 간의 관계 회복과 유지에 있다고 본다. 발제자는 커뮤니케이션의 내용으로서의 복음은 변하지 않았지만 그 복음을 담는 용기는 역사적으로 크게 변해왔다고 지적하면서 이를 구두 커뮤니케이션 시대, 문자 커뮤니케이션 시대, 인쇄매체 커뮤니케이션 시대, 전파 커뮤니케이션 시대, 그리고 오늘날 디지털 테크놀로지에 힘입은 웹 미디어 커뮤니케이션 시대로 구분하여 설명하고 있다. 발제자는 현대 사회의 기독교적 커뮤니케이션의 문제는 과연 오늘날의 커뮤니케이션 테크놀로지가 커뮤니케이션의 본질이라고 할 수 있는 '하나님과의 관계', '인간과 인간의 관계'에 어느 정도 공헌하고 있는지 아니면 파괴하고 있는지의 문제라고 규정하고 있다.

발제자는 이러한 '기독교 커뮤니케이션'의 관점에서 특히 라자스펠드를 중심으로 한 전통적 주류 커뮤니케이션 이론과 아도르노를 계승한 비판적 커뮤니케이션 이론을 고찰하고 있으며, 이어서 비판적 커뮤니케이션 연구의 한 갈래로 이해할 수 있는 문화연구(cultural studies) 역시 기독교적 관점에서 탐구하고 있다. 오늘날의 미디어 효과 이론(media effects studies)으로 이어지는 주류 커뮤니케이션 이론은 구조 기능주의에 근거하고 있는데 여기에서 커뮤니케이션의 수용자로서 인간은 커뮤니케이션의 주체가 아닌 사회구조에 의해 지배되는 기능화, 객체화, 대상화된 존재로 이해된다. 이에 반해서 비판적 커뮤니케이션 이론에서는 이러한 주류 연구의 인간상에 대한 부정에서 출발하여 대안적, 비판적 미디어 수용자론을 전개하고 있다. 특히 CCCS를 중심으로 한 문화연구적 수용자 연구는 분석이 아닌 관찰, 설명이 아닌 기술(description)과 해석 방법을 강조한다. 이는 수용자가 상대적 자율성을 갖는 주체이며, 연구자는 연구 과정에서 자기반영성(self-reflexivity)을 견지해야 한다는 전제를 반영하는 것이다. 발제자는 이러한 문화연구적 수용자 연구의 인식론적 토대는 커뮤니케이션 행위의 주체인 인간의 자율적 사고와 행위를 강조하는 것으로 이해한다.

발제자는 문화연구방법론이 일반화보다는 특수화(particularization)를 지향하고 역사적 맥락(historical context)을 강조한다고 본다. 그리고 문화연구의 연구방법론으로서 민속지학적 방법(ethnography)이나 미시사(micro-history) 방법을 주목하고 있다. 이러한 접근 방법은 문화현상을 있는 그대로 기술하고, 내재적으로 잠재되어 있던 보통사람들의 삶의 현장을 드러내 준다는 점에서 긍정적으로 평가하고 있다. 그러나 발제자는 기독교적 관점으로 볼 때 이러한 문화연구의 경향이 "다원주의적(pluralistic) 세계관에 바탕을 둔 지극히 인본주의적(humanistic)"임을 지적하고 있다. 다양한 소수, 하위문화의 특수성을 인정한 나머지 '급진적인 다문화주의(radical multi-culturalism)'의 성격을 띠고 있다. 발제자는 이를 기독교적 세계관의 관점으로 조망하면서 문화연구의 이론적 근저에는 '다원주의적 인본주의'라는 명백한 한계가 있음을 비판하고 있다.

발제자는 문화연구가 이러한 한계성을 지니고 있음에도 불구하고, 기독교적 커뮤니케이션의 구현에 세 가지 시사점을 던져 주고 있다고 본다. 첫째, 문화연구가 기초하고 있는 다원주의적 세계관은 유일신을 믿고 절대적인 진리를 믿는 기독교적 세계관과 충돌할 수밖에 없는 문제를 지니고 있다. 그러나 이 진리의 문제가 해결된 이후에는 시간과 공간 안에서 기독교 문화가 갖는 다양성을 설명하는 도구가 될 수 있다는 점이다. 둘째, 문화연구는 다른 사회과학과 마찬가지로 근대성, 특히 서구적 근대성을 다룰 수밖에 없는데, 이 근대성의 중요 요인인 기독교적 세계관의 문제를 도외시하는 경향이 있다. 기독교 세계관은 하나님 중심 문화연구의 재구성을 위해서는 필수적이라고 할 수 있다. 셋째, 문화연구의 방법론 중 민속지학적 방법은 기독교 관점에서의 인간 커뮤니케이션과 문화 연구에 가장 유용한 방법론이 될 수 있다. 발제자는 민속지학적 방법은 인간을 객체화하고 이를 분석하는 기존의 주류 커뮤니케이션 연구방법론과는 달리 연구 대상인 인간을 기술(description)의 중심에 위치 지우고 맥락적, 총체적, 역사적으로 접근한다는 점에서 기독교적 문화연구에 공헌할 수 있다고 보고 있다.

2. 다양한 문화현상과 기독교 커뮤니케이션의 대안

　발제자의 글은 기독교적 관점에서 어떻게 커뮤니케이션과 문화 현상을 이해할지를 선명하게 보여 주고 있다. 무엇보다 발제자는 '기독교적인 관점'으로 커뮤니케이션을 분명하게 정의하고 있다. '사람 대 사람의 관계' 외에 일반적인 커뮤니케이션에서는 결코 고려할 수 없는 영역인 '하나님과 사람의 관계'를 커뮤니케이션의 본질로 보고 있다. 발제자는 창조주이신 하나님이 인간에게 언어 행위, 곧 커뮤니케이션 능력을 부여하실 때에 어떤 계획을 가지고 계셨는지에 대한 질문을 던지면서, 구약의 십계명에서 그 해답의 단초를 찾고 있는데, 그것은 성경적인 커뮤니케이션에 대한 확고한 견해로 보인다. 발제자는 커뮤니케이션의 정의와 정체성에 대한 성경적인 관점뿐만 아니라 커뮤니케이션의 역사에 대해 성경적인 관점에서 접근하고 있다. "커뮤니케이션 테크놀로지의 발달 역사를 지나오면서 하나님의 창조와 통제 섭리도 과연 모종의 변화를 겪어 왔을까?" 이 질문에 대해서 발제자는 마치 신학자 칼 바르트가 자연신학에 대해서 "아니오(Nein)"를 외친 것처럼 "아니다"라고 답하고 있다. 복음의 본질적 내용(contents)은 변하지 않았고 그 복음을 담는 용기(vehicle)가 변하였을 뿐이라고 말한다. 이는 영원한 하나님의 진리의 불변성을 강조하는 기독교 신앙을 고백하면서, 커뮤니케이션의 변천에 따라 다른 방식의 모양으로 그 복음이 전파되어야 함을 인정하는 융통성을 지니고 있다. 이는 발제자의 분명한 신앙 고백을 담고 있는 것으로서 복음을 문화와 동일시하는 자유주의 신학이나 과정 신학의 입장에서 있지 않음을 보여 준다. 리처드 니버의 『그리스도와 문화(Christ and Culture)』에서 나타나는 다섯 가지 모델 중 '문화의 그리스도(Christ of

Culture)'에 속하지 않음을 분명히 하는 것이다. 동시에 복음과 문화를 대립적인 것으로 이해하는 '문화에 대립하는 그리스도(Christ against Culture)'의 모델에도 찬성하지 않고 있음을 보여 준다.[1] 발제자는 문화와 커뮤니케이션에 대한 자신의 신학적 입장에 대해서 구체적으로 언급하고 있지는 않지만 기독교적 세계관의 입장에서 접근할 것을 강조하고 있는 것으로 보아 어거스틴으로부터 칼빈에 이르기까지 지니고 있는 관점으로서 리처드 니버가 개변주의자(conversionist)로 부르는 '문화의 변혁자 그리스도(Christ the Transformer of Culture)'모델에 속한다고 볼 수 있을 것이다.

발제자는 비판적 커뮤니케이션 연구의 한 갈래로 '문화연구적 수용자 연구'를 소개하면서 이러한 연구가 커뮤니케이션 행위의 주체인 인간의 자율적 사고와 행위를 강조한다는 점에서 높이 평가하면서도, 이러한 문화연구가 지니고 있는 인본주의적 세계관, 다원주의적 세계관을 비판하고 있다. 발제자가 지적하고 있듯이 문화연구 전통은 현대 사회의 구조와 시스템에 의해 주변부화, 파편화, 객체화되어 가는 인간의 모습에 주목하였고, 그 초기부터 구조로부터 인간 해방을 주창하는 적극적 현실 정치 참여 의식을 갖고 출발하였다는 점에서 기존 주류 미디어, 커뮤니케이션학에 대한 대안으로서의 충분한 존재 당위성을 갖는다. 그러나 발제자는 사회정의를 지향하는 듯 보이는 이러한 문화연구의 전제(presupposition)를 파헤치면서, 그것이 지니는 비기독교적 세계관을 드러내고 있다. 바로 다원주의적 인본주의 세계관이다. 논찬자는 "문화연구가 지향하는 사회정의의 구현 수단을 완벽하지 못한 인간의 자율적 의

---

1) 리처드 니버, 김재준 역, 『그리스도와 문화』, 서울: 대한기독교서회, 1998.

지의 영역에 전적으로 의존함으로써 스스로의 문제 해결 능력을 크게 제한하고 있다"는 발제자의 지적에 전적으로 동감한다. 비록 문화연구적 수용자 연구가 주류 연구에 대한 대안적 연구지만, 커뮤니케이션과 문화 현상에 대한 기독교적 대안 연구가 다시 필요함을 절감한다.

발제자는 문화연구적 수용자 연구가 지향하는 민속지학적 연구 방법에 주목하면서 이를 기독교 관점의 인간 커뮤니케이션과 문화 연구에 가장 유용한 방법론이라고 판단하고 있다. 논리실증주의와 과학주의 한계, 즉 인간을 객체화하고 도구화하고 분석의 대상으로 이해하는 한계를 극복하고 인간의 자율성을 인정하고, 주체화하며, 커뮤니케이션과 문화 현상을 있는 그대로 기술한다는 점에서 기독교적 접근의 방법으로 유용할 수 있다. 사실 이 세상에는 다양한 '기독교 문화 현상'과 '기독교 커뮤니케이션 현상'이 존재한다. 예컨대 교회 안의 경우만 보더라도 예배와 설교, 교육, 행정, 심방, 상담, 대인관계, 교제 등의 커뮤니케이션과 문화 현상이 존재하며, 교회 생활의 모든 영역에서 이러한 현상을 경험하게 된다. 그런데 과연 예배시간에 예배가 이루어지고 있는가? 과연 설교는 설교로서의 기능을 수행하고 있는가? 학생들이 교회 학교에 와서 한두 시간 앉아 있는 동안 도대체 어떤 일이 일어나고 있는가? 교회 행정의 중심이라고 할 수 있는 당회와 제직회에서는 과연 어떤 커뮤니케이션 현상이 있는가? 이러한 기독교 커뮤니케이션 현장에 대한 연구가 너무나 필요하다고 생각한다. 이러한 연구에 있어서 가장 유용한 방법은 발제자가 지적한 대로 민속지학적 연구방법이 될 것이다. 공식적이고 명목적이고 규범적인 것이 아닌 실제로 이루어지고 있는 커뮤니케이션 현상을 있는 그대로 기술하고, 그것을 역사적, 맥락적, 총체적 문화현상을 드러내 주는 것이 필요하다. 표방된 기능이나 역할과는 전혀 다른 현상이 파악될 수도 있다. 교회 안에서 실제적으로 이루어지는 커뮤니케이션의 형태가 기독교적 커뮤니케이션이 아닌 다른 어떤 것일 수도 있다. 이러한 민속지학적 연구는 다양한 문화적 차이를 노출시킴으로써 문화적 간격을 이해하는 데에도 일조할 것이다. 세대 간 문화적 차이, 계층 간 문화적 차이, 지역 간 문화적 차이, 성별 문화적 차이, 그리고 교역자와 평신도 사이의 문화적 차이 등을 드러내고, 서로를 이해하는 데에 공헌할 수 있다.

3. 다양한 기독교 세계관에 대한 관심

논찬자는 발제자 글의 대부분에 대해 동의하면서 단지 두 가지 점에 있어서 질문을 제기하고자 한다. 첫째는 발제자의 기독교적 세계관 이해에 관련된 것이고, 둘째는 민속지학적 방법이 지니는 한계에 관한 것이다. 이 두 가지에 대해서도 기본적인 입장에는 이견이 없으나 더 깊은 논의를 위해서 더불어 생각해야 할 점이 있다고 여겨진다.

먼저 발제자는 글의 처음인 '기독교 관점에서의 인간 커뮤니케이션' 에서부터 마지막 '인본주의를 넘어서' 에 이르기까지 기독교적 세계관으로 접근하고 있고, 여러 차례 '기독교 세계관' 에 대해 언급하면서 다른 어떤 접근보다 자신의 연구를 위한 접근 방법으로 여기고 있다. 그런데 '기독교적 세계관' 또는 '기독교 세계관적 접근' 이 과연 무엇을 의미하는가? 이는 보다 깊은 성찰을 요구한다. 발제자가 커뮤니케이션의 본질에 대해서, 그리고 오늘날 문화연구(Cultural Studies)의 성격에 대해서, 그리고 연구방법론에 대해서 접근할 때에 한결같이 사용하는 '안경' 이 있다면 바로 '기독교 세계관' 이라고 할 수 있다. 특히 문화연구가 인본주의적 세계관을 지니고 있음을 지적하고 이를 비판하는 것은 기독교 세계관적 비판이라고 할 수 있다. 발제자는 인본주의적 세계관은 다원주의적(pluralistic) 성격을 지니는 데 반하여 기독교적 세계관은 유일의 절대적인 관점을 의미하는 것으로 이해하고 있다. "기독교적 세계관에서는 또 다른 하나의 문화, 혹은 또 다른 하나의 진리를 인정하기 힘들기 때문이다"라는 표현도 이를 반영하고 있다. 그런데 과연 기독교 세계관은 하나이고 또 하나이어야 하는가? 물론 하나님의 관점의 절대성을 인정하여야 하지만 '기독교 세계관' 역시 '하나님 관점이 무엇인지에 대한 인간의 관점'인 이상 단수가 아닌 복수일 수 있음을 인정하여야 하지 않을까? '기독교적 세계관'에서 '기독교'가 지니는 다양한 스펙트럼을 이해하고 각각의 상이성과 다양성을 인정하고 서로 간에 대화하면서 진정한 '기독교'의 의미를 추구해야 하지 않을까? 물론 성경이라고 하는 계시(revelation)의 절대적 기준이 경전으로서 존재하지만 이에 대한 다양한 해석의 가능성만큼 '기독교'의 다양한 의미가 있을 수 있다면 적어도 '성경의 주된 메세지'인 복음을 놓치지 않는 범위 안에서 '기독교 세계관'의 다양성을 인정해야 할 것이다. 역사적으로 기독교 세계관은 화란 개혁 교회를 중심으로 한 '신 칼빈주의' (Neo-Calvinism) 신학 운동의 결과이기에, '화란 개혁주의 세계관' 또는 '신칼빈주의 세계관'으로 부르는 것이 보다 정확한 표현일 것이다. 만약 다양한 '기독교 세계관' 중에 한 부분으로서, 또는 한 입장으로서 자신의 관점을 동일시할 수 있다면, 다른 다양한 기독교 세계관들에 대한 관심과 이로 인한 해석의 차이를 통해 보다 풍성한 논의가 이루어질 수 있을 것이다. 이는 하나님의 관점은 절대적이지만, 내가 이해하는 '기독교적 세계관'은 절대적이지 않을 수 있음을 인정해야 교조주의나

권위주의의 오류에 빠지지 않을 것이다.[2]

또한 기독교 세계관에 근거한 문화연구에 대해서 한 가지 더 언급할 수 있는 것은 과연 기독교 세계관적 접근이 이미 형성되어 있는 문화이론이나 연구 결과에 대한 비판(critic)만이 아닌 '적극적인 의미'에서 문화연구를 수행할 수 있는 근거와 기초가 될 수 있을 것인가에 관한 문제이다. 발제자는 서구적 근대성의 중요한 구성 요인 중의 하나로 '기독교적 세계관'을 들고 있고, "기독교 관점에서의 하나님 중심 문화연구"라는 표현을 사용하였는 데 이것이 어떻게 가능할 지에 대한 보다 구체적인 논의가 필요할 것이다.

4. 민속지학적 연구방법에 대한 기독교적 접근

발제자는 문화연구의 방법론으로서 '민속지학적 방법'(ethnography)에 주목하고 있음을 알 수 있다. 민속지학적 방법은 실증연구와는 달리 귀납적이며 총체적이며 역사적이며 맥락인인 특성을 지니기에 인간을 객체화하여 분석하고 설명하려는 논리실증주의나 과학주의적 방법과는 달리 기독교적 관점에서 문화를 연구하는 데에 유용한 방법론이 될 수

---

2) '기독교 세계관'에서 '관(觀)'은 바라본다는 뜻을 지닌 '시각적 의미'를 담고 있다. 마치 이론(Theory)이 극장(Theater)과 어원을 공유하고 있듯이, 관객석에서 무대를 바라보는 개념으로 생각하는 경향이 있다. 어떤 안경을 쓰고 바라보면 그렇게 보인다는 식으로 말이다. 객관주의적 인식론에서는 앎의 주체와 객체가 분리되어 있듯이 이런 시각주의적 관점은 자신의 존재(being)의 참여 없이 논리(logic)로만 접근하려는 경향이 있다. 진정한 의미의 기독교적 세계관은 삶과 분리된 앎으로서의 인식론이 아니라, 존재론적 인식론(ontologic-epistemology)을 의미하며, 시각적이 아닌 참여적(participatory)인 성격을 지닌다.

있을 것으로 기대하고 있다. 사실 민속지학적 방법은 연구대상을 있는 그대로 기술(description)하는 데에 목적이 있고, 다른 관점으로 그들을 규정하고 판단하는 것이 아니라 내부의 관점을 이해하고 그들의 관점에서 그들의 문화현상을 보려는 접근이라고 할 수 있다. 이런 특성으로 인해 발제자가 인식하고 있듯이 '하나님의 창조 섭리 속의 인간의 위상에 비추어 볼 때, 연구 대상인 인간을 기술의 중심에 위치지우는 민속지학적 접근 방법'은 기독교적 관점에서 인간 커뮤니케이션과 문화를 연구할 때 가장 유용하게 사용할 수 있으리라 기대할 수 있다.

그런데 과연 어떤 전제나 가정을 가지고 접근하는 것이 아니라 그 문화의 다양성을 존중하며 접근하는 민속지학적 연구방법과 분명한 전제를 지니고 접근하는 '기독교적 접근'이 서로 충돌하지 않을 수 있을까? 민속지학적 연구방법은 이믹(emic)한 접근으로서 외부의 관점을 가지고 들어가는 것이 아니고 그 문화 내적 기준을 존중하는 접근이다.[3] 그렇기 때문에 분석(analysis)하거나 어떤 규범(norm)의 입장에서 판단하는 것이 아니라 기술(description)하는 것이 중요한 것이다. 그런데 기독교적 접근방법은 에틱(etic)한 접근으로서 '기독교'라는 웅장한 이야기 (meta-narrative)를 가지고 들어가기 때문에, 그 문화에 대한 판단을 할 수밖에 없다. 구지나프(Goodenough)와 같은 문화인류학자에 의하면 문화는 "공유되고 있는 인간학습의 소산으로서, 현상세계의 경험을 조직하는 표준(standards) 또는 규칙(rules)"이라고 정의될 수 있다.[4]

민속지학적 연구방법은 그 표준과 규칙을 존중하고 그것을 있는 그대

---

3) emic 또는 etic이라는 말은 언어학적 용어인 phone(음성)과 phoneme(음소)에서 나온 것으로, 각각의 형용사형인 phonetic과 phonemic으로부터 온 것이다.

4) W. Goodenough, *Cooperation in Change*, New York: Russell Sage Foundation, 1963.a

로 기술하는 것이다. 그 문화가 지니고 있는 종교나 가치, 신념들을 기독교적 관점으로 판단하는 것이 아니라 문화의 다양성과 상대성을 인정하고 현상을 기술하는 것이다. 이런 점에서 민속지학적 연구방법은 오히려 다원주의적 인본주의에 공헌할 가능성이 더 많은 것이 사실이다. 그럼에도 불구하고 이 방법을 기독교적 문화연구에서 연구방법으로 사용하고자 할 때는 '기독교적 접근방식' 이 이러한 민속지학적 연구방법의 본질을 어떻게 훼손시키지 않으면서 연구할 수 있을지에 대한 논의가 필요할 것이다. 이러한 심도있는 논의를 통해서만이 발제자가 '민속지학적 연구방법' 을 사용하는 문화연구가 '다원주의적 인본주의' 의 위험이 있다고 지적하면서도 '민속지학적 연구방법' 을 기독교적 관점의 문화연구에 가장 유용한 방법으로 판단하고 있는 '역설적 주장' 을 설명할 수 있을 것이다.

커뮤니케이션을 통한 기독교 문화 이해의 시도와 과제

김기태 교수 (호남대 신문방송학과)

1. 논평

이번 학술 심포지엄의 특성 중 하나는 신학자와 커뮤니케이션 학자와의 만남이었다. 물론 학자뿐 아니라 목회 현장의 목회자나 교회 학교 교사 그리고 여러 언론 현장 실무자들 간에 원활한 소통의 기회를 가진 것도 중요한 성과였다. 그 중에서도 "기독교 문화의 정체성과 커뮤니케이션"이란 주제의 section1은 가장 대표적인 양 진영 간의 만남을 시도한 발제와 논찬이었다. 아울러 학술 심포지엄의 전체 주제인 〈기독교 문화, 소통과 변혁을 향하여〉의 도입 부분에 해당되기도 하였다.

따라서 '기독교' 또는 '기독교 문화'와 '커뮤니케이션'이란 서로 다른 연구 분야를 전공하고 있는 연구자들이 아직은 익숙하지 않은 타 분야의 언어와 개념을 이해하기 위한 노력이 필요했던 터였다. 이런 서로 다른 영역 간의 만남이라는 현실은 발제와 논찬 그리고 방청석의 질문에 이르기까지 1장의 순서가 진행되는 전체의 분위기를 지배했던 기억이 논평의 글을 쓰는 이 시간까지도 생생하다. 무엇인가 조금 생경하면서도 기다려지는 게 있고 이질적인 언어와 개념의 출현으로 갑자기 막막한 느낌이 들다가도 다시 서로 소통의 가능성을 찾아 안도하는 순간의 연속이었다고나 할까.

사회자의 이런 느낌은 발제자들의 발표 원고에서도 그대로 나타나고 있었던 듯 싶다. 특히 두 번째 발제인 "'문화연구'의 '다원주의적 인본주의'에 관한 소고"라는 제목으로 발표한 언론학자 마동훈 교수의 논문에서는 이런 특성이 더욱 극명하게 드러났다. 마 교수는 실제 발표 현장에서도 이런 한계와 어려움을 여러 차례 강조한 바 있는데 그 한 예가 바로 다음 문장 안에 잘 드러나 있다. '…한편, 기독교적 관점에서 조망할 때 문화연구의 이론적, 방법론적 지향점은 인간 해방의 전략을 철저하게 다원주의적 인본주의에서 찾고 있다는 명백한 한계를 갖고 있다. 따라서 하나님의 세상과 인간에 대한 창조 섭리와 성경적 세계관은 문화 연구적 세계관에서 철저히 배제되어 있다는 것이 필자의 입장이다.'

즉, 비판적 커뮤니케이션 연구 분야 중 하나인 문화연구 전공자로서 이를 기독교적 문화관이나 세계관으로 접목시키기 위한 연구의 어려움과 한계를 토로한 셈인데, 이는 곧 앞으로 이와 관련한 연구의 과제와 방향을 아울러 제시하고 있다고 볼 수도 있을 것이다. 발제문의 끝 부분에 정리해 놓은 기독교적 커뮤니케이션의 구현을 위한 시사점이 이를 잘 말해 주고 있기 때문이다.

첫 번째 발제자인 커뮤니케이션 학자이자 현장 실천가인 박영근 박사의 발제문 "Christian Culture, Christian Community, and Christian Communication"은 이런 점에서 보면 훨씬 논의하기가 쉽고 내용이 현실적이다. 오늘날 한국 교회의 커뮤니케이션 특성을 매우 실감나게 설명하면서 동시에 이런 문제점을 극복하기 위한 대안 마련의 필요성을 강조하고 있기 때문이다. 왜 기독교 문화 정체성 논의가 커뮤니케이션으로부터 시작되어야 하는지를 설명하고 있는 셈인데 발제문의 마지막 부분에 들어 있는 다음의 글이 이를 잘 말해 주고 있다.

'…이런 경험들을 서로 나누고 더 많은 지혜가 모이기 위해선 남녀노소, 빈부귀천, 그리고 상하구분 없이 말 통하는 커뮤니케이션이 필수적이다. 성경은 "그 친구와 이야기함 같이 여호와께서는 모세와 대면하여 말씀"(출 33:11)하셨다고 적고 있다. 또한 세미한 음성까지 들으시는 하나님의 민감한 경청이 교회에서 이루어져야 한다. 이처럼 막힘없이 흐르는 물처럼 흐르는 커뮤니케이션이 가능할 때만 교회 문화는 곧 목사의 문화라는 오명에서 벗어날 수 있을 것이다.'

2. 제언 : 기독교와 커뮤니케이션 그리고 기독교 커뮤니케이션 연구

설교, 교육, 선교와 같은 교회의 가장 기본적인 활동들이 모두 커뮤니케이션 행위나 활동이란 차원에서 점검되고 분석되고 평가되어질 수 있다. 단순히 분석되고 논의되는 연구 수단으로서뿐 아니라 오늘날 커뮤니케이션은 성공적인 목회 활동을 위해 필수적으로 이해되고 활용되어야 할 매우 전략적인 개념이라는 데 특히 유의할 필요가 있다.

아울러 그리스도인 개개인의 영적 신앙 생활을 비롯하여 교회 내 신자와 신자, 목회자와 신자 그리고 교회와 신자, 교회와 사회와의 관계 등 신앙 생활의 대부분이 모두 커뮤니케이션이란 개념을 중심으로 논의될 수 있다.

한편 각종 미디어는 원활한 커뮤니케이션을 위해 인간이 만든 도구일 뿐이다. 따라서 미디어는 인간의 필요에 의해 적절히 사용될 때만이 제 역할을 다하는 중립적 존재이다. 오늘날 미디어의 영향력이 막강해져서 오히려 인간을 지배하고 조종하며 나아가서는 파괴까지 하게 된 상황은 분명 왜곡된 커뮤니케이션 질서와 다름 아니다. 따라서 교회의 미디어 대책은 왜곡된 커뮤니케이션 질서를 회복하는 일이기도 하다. 오늘날 인터넷, 텔레비전, 영화, 신문, 잡지 등 각종 미디어는 잘 사용하면 예배와 선교 그리고 친교를 위해 더없이 훌륭한 도구이지만 잘못 사용하면 인간과 사회 그리고 교회를 파괴하는 무서운 흉기로 돌변할 수 있는 양면적 존재라는 사실에 주목할 필요가 있다.

기독교 커뮤니케이션 연구는 신학과 커뮤니케이션학의 접합 속에서 이루어진다. 따라서 연구 성격상 학문간 연구가 절대적으로 필요한 분야이다.

기독교 커뮤니케이션 연구의 범주 및 과제를 전통적인 커뮤니케이션 과정 모델인 S-M-C-R-E 모델을 중심으로 나누어 살펴보기로 하자.[1]

먼저 송신자론으로 교회 내 다양한 커뮤니케이션 중 송신자에 관련된 부분의 연구 영역이다. 즉, 송신자의 신뢰도에 영향을 미치는 요인인 커뮤니케이션 기능(skill), 태도, 지적 능력, 시스템 내에서의 위치 등으로 나누어 살펴보면 다음과 같은 연구 과제들이 추출될 수 있다. 예컨대 교회 학교에서의 교사, 예배 중의 설교자나 사회자 등 송신자들의 신뢰도에 영향을 주는 요인으로서의 커뮤니케이션 능력과 태도, 그리고 지적 능력 등에 관한 연구를 들 수 있겠다. 남선교회나 여전도회 또는 각급 자

---

1) 김기태 외 『기독교 커뮤니케이션』, 서울 : 예영 커뮤니케이션, 2004, pp.36~38

치 단체 활동에서의 송신자들이 효율적인 의사소통을 하기 위한 실천 방안 마련 과제 등이 모두 여기에 해당되는 연구 영역인 셈이다.

다음으로는 수신자론으로 설교를 듣거나 교육을 받는 사람들에 관한 연구이다.

교회 내 각종 커뮤니케이션이 이루어지는 상황 속에서 수신자의 위치에 서 있는 사람들에 관련된 연구 영역으로 경청의 자세, 듣는 태도, 이해하는 능력에 관련된 연구 과제들이 여기에 해당된다. 예를 들면, 주보를 읽는 교인들의 이해 정도나 반응에 관한 연구를 비롯하여 열린 예배에 대한 교인들의 반응과 효과 그리고 교회 홈페이지 이용 행태 연구 등이다. 교회 밖으로 연구 영역을 확대하면 교회 언론 수용자 즉, 교계 신문 독자나 교계 방송 시청자 연구 등이 여기에 포함된다.

메시지론은 메시지를 구성하는 형식(form)과 메시지가 담고 있는 의미(mean)에 관한 연구 영역인데, 기독교 커뮤니케이션 연구에서는 주로 전자 즉, 메시지 형식에 관한 연구를 가리킨다고 볼 수 있겠다.[2]

즉, 어떻게 메시지를 구성하여 효율적인 커뮤니케이션을 할 것인가에 관한 연구 과제이다. 구체적으로 연구 영역을 설정해 보면 언어적 메시지와 비언어적 메시지에 관한 연구로 나누어 볼 수도 있다. 즉, 교회 안에서의 효율적인 언어 사용에 관한 연구나 각종 비언어적 메시지에 관한 연구들이 여기에 해당된다. 어떤 호칭과 용어를 사용할 것인가를 비롯하여 어떤 의상과 화장 그리고 제스처가 보다 효율성을 높일 수 있는 메시지로서의 표현 방식일까 등을 연구하는 영역이다.

채널론은 교회 안에서 어떤 통로를 이용하여 커뮤니케이션하는 것이

---

2) 메시지의 의미(mean)에 관한 연구는 신학의 연구 영역에 가깝다.

효율적일까에 관한 연구 영역이다. 또한 어떤 마이크를 몇 개나 어떤 상황에서 사용할 것인가를 비롯하여 TV화면을 통한 예배의 효용성 또는 주보나 회지를 통한 커뮤니케이션의 효용성 연구 등이 여기에 포함된다. 한편 라디오를 통한 선교와 TV를 통한 선교 그리고 인터넷을 이용한 선교와 신문·잡지나 책을 통한 선교의 비교 등도 모두 채널론에서 다룰 연구들이다.

마지막으로 효과론은 교회 안에서 이루어지고 있는 다양한 커뮤니케이션이 결과적으로 어떤 성과를 나타내고 있는지를 관찰하고 분석하는 연구 영역이다. 따라서 메시지를 주목하고 이해하는 정도와 같은 수준의 효과 연구도 이루어질 수 있고 궁극적으로는 교회 안에서 이루어지고 있는 각종 커뮤니케이션이 영적 성장에 어떤 효과를 나타내고 있는지를 찾아내는 연구 등이 여기에 해당된다고 하겠다.

물론 이 외에도 보다 근본적인 연구 영역으로는 커뮤니케이션에 관한 신학적 해석과 분석, 그리고 커뮤니케이션과 신앙 성장의 관계에 관한 연구 등이 이루어질 수 있겠고, 교회 미디어나 문화적 활용에 관한 지침을 주는 교회 미디어 교육과 문화 선교 관련 연구 등이 포함될 수 있을 것이다.

특히 최근에는 기독교의 현실 참여와 관련하여 각종 정치 사회적 쟁점에 대한 기독교적 입장 표명이나 의견 제시 차원의 언론 보도나 언론에 대한 반론 제기 등이 활발해지고 있어서 이에 대한 연구도 필요하다고 본다.

끝으로 기독교 신앙을 가지고 있는 커뮤니케이션 전공 연구자의 한 사람으로 기독교 커뮤니케이션 포럼이란 연구 공동체에 참여하여 이렇게 좋은 연구자들과 교류할 수 있게 된 것을 더 없는 기쁨으로 생각한다.

2장:
기독교 문화의 새로운 주체성

"그리스도인과 교회는 무엇보다 먼저 '기독교적' 문화를 창조하는 생산자여야 한다. 상업주의나 세속주의적 관심 속에서 만들어진 일반 문화를 수동적으로 향유하는 소비자이기 전에 자율적이고 능동적으로 기독교적 문화를 창조해야 하는 생산자임을 자각해야 한다. 이러한 문화 창작 활동은 예술 활동만이 아니라 사회, 정치 활동을 포괄하는 광범위한 문화적 활동이다.

한편 그리스도인과 교회는 문화 소비자로서 윤리적 책임이 있다. 좋은 영화를 선별하고, 좋은 음악을 고르고, 좋은 책을 선택하는 지혜가 필요하다. 그러기 위해서는 문화를 이해하고 해독하는 능력이 전제되어야 한다. 이를 위한 교회의 교육적 배려가 요청된다."

– 조용훈 교수

'주체의 죽음' 이후의 문화 주체

강영안 교수 (서강대 철학과)

이 모임을 준비한 주최측에서 나에게 준 과제는 문화의 소통과 변혁 사이에서 주체의 자리를 철학적으로 규정해 보는 일이다. 이 작업이 성공할 수 있을지 나도 처음부터 확신을 가질 수 없다. 왜냐하면 이 주제는 문화를 상호 소통과 변혁의 관점에서 볼 것을 전제해 두고 그 사이에서 소통과 변혁의 주체가 누구인가 규정해 보는 일이기 때문이다. 이런 방식의 구도 설정은 지금까지 우리가 접할 수 있는 기독교 문화론에서는 그 예를 쉽게 찾아볼 수 없다. 하지만 이러한 요청을 수용한 것은 내가 현대 철학 중에서도 특히 주체 문제에 관심을 두고 글을 써왔고 이런 방식의 논의가 그 나름대로 독특한 성찰이 될 수 있으리라 믿었기 때문이다.

1. 문화 개념, 소통과 변혁의 근거, 주체의 물음

세 가지 간단한 논의에서 이야기의 실마리를 찾아보자. 먼저 문화 개념을 어떻게 이해할 것인가 하는 것이다. 우선 나는 반퍼슨이 "문화는 명사가 아니라 동사"라는 주장에 동의한다.[1] 문화는 미술관에 전시된 그림이나 가게에서 팔리는 음반뿐만 아니라 그림을 그리고 음악을 기획하고 연주하며 판매하는 모든 과정의 활동 속에 존재한다. 여기에는 생각과 가치 지향이 포함된다. 삶을 세우거나 파괴하거나, 현실을 비판하거나 옹호하거나 순전한 향유를 지향하거나 아니면 어떤 정치적, 사회적 목적을 실현하고자 하는 의도가 있을 수 있다. 인간의 어떤 행위와 마찬가지로 문화도 가치 중립적일 수 없을뿐더러 형식상 거칠고 내용상 천박하다 하더라도 문화가 있는 곳엔 삶의 표현과 이해, 삶의 의미에 대한 추구와 무의미의 경험이 있다. 문화는 필연적으로 물질적 형태(문자, 형상, 소리, 형태, 재료)를 취하지만 문화를 만들고, 의미를 부여하고, 향유하는 활동의 핵심에는 언제나 의미 충족을 지향하는, 좀 더 노골적으로 종교적인 언어로 말하자면, 구원을 희구하는 정신, 영혼 또는 마음이 있다. 영혼이나 마음을 이야기한다고 해서 개인이 문화의 축이라고 말하는 것은 아니다. 문화는 영혼이나 마음이 그 활동의 핵심에 있으나 동시에 문화는 언제나 집단적, 공동체적 또는 사회적 성격을 띤다. 그러므로 문화 주체는 구원 또는 새로운 창조와 새로운 질서, 새로운 변화를 갈망하는 각 개인의 열망과 이 열망을 담아 실현하거나 방해하는 어떤 공동체 또

---

1) C.A. 반 퍼슨, 1975, 1985, 강영안 역, 『급변하는 흐름 속의 문화』, 서광사, 1994, 20면 이하 참조.

는 사회의 존재 속에서 형성될 수 있다고 우선 잠정적으로 가정해 보자.

이러한 소박한 수준에서의 문화 이해를 바탕으로 문화의 소통과 변혁이 어떻게 연결될 수 있을지 이 때의 주체가 어떻게 형식적으로 규정될 수 있을지 생각해 보자. 우선 소통과 변혁의 단위가 문제될 수 있다. 소통을 문화와 문화 사이의 소통으로 볼 것인가(예컨대 기독교 문화와 비기독교 문화, 한국 문화와 서구 문화), 어떤 특정 문화 안에서의 소통으로 볼 것인가(예컨대 기독교 문화 안에서의 여러 하위 단위 간의 소통)하는 문제가 있다. 변혁의 경우도 단위 문제가 동일하게 등장한다. 이와 관련해서는 세분화해 갈수록 복잡한 관계가 형성될 수 있고 만일 좀 더 실제적인 결과를 얻자면 그러한 세분화 작업이 필수적으로 수반되지 않을 수 없을 것이다. 그러나 편의상 기독교적 성격을 띤 문화와 비기독교적 문화 간의 소통과 변혁을 염두에 두자. 그렇다면 기독교적 문화와 비기독교적 문화 간의 소통과 변혁의 접합점은 무엇인가? 나는 그것이 하나님의 창조라고 생각한다. 어떤 문화라도, 그리고 문화를 어떤 방식으로 이해하든, 어떤 문화도 하나님의 창조를 그것의 존재론적 기반으로 하지 않는 문화는 없다. 왜냐하면 어떤 것이 기획되고 만들어지는 한, 그것은 하나님의 창조를 떠나 있을 수 없기 때문이다. 하나님의 창조는 문화 간의 상호 소통(communication)이 가능한 공통의 바탕(common basis)이다. 그러므로 신자이든 불신자이든 하나님의 창조를 통해 상호 소통의 기반을 공유한다. 예컨대 언어, 몸짓, 호악(好惡) 및 선악에 대한 의식, 질서와 혼란, 정의와 불의에 대한 의식 등은 이른바 '문화권'과 신앙의 차이를 넘어서 상호 소통의 통로가 될 수 있다. 이와 달리 우리의 의식적, 무의식적 활동 속에 내재한 죄의 지속적 영향은 단순한 문화 형성을 넘어서 문화 변혁을 요청한다. 불의로운 문화는 의로운 문화로, 이기적인 문화는 이타적인 문화로, 불신의 문화는 신앙의 문화로, 죽임의 문화는 살림의 문화로, 전쟁과 무관심의 문화는 평화와 사랑의 문화로의 전환을 요청한다. 예수 그리스도의 대속적 죽음과 하나님 나라의 오심은 이러한 변혁이 이미 시작되었고 지금도 지속되고 있으며 앞으로 있을 완전히 완성을 대망할 수 있는 사건이다. 여기서 소통과 변혁 사이에 있는 주체는 죄로 왜곡된 하나님의 창조세계를 회복하는 그리스도의 사역에, 지금, 여기에 참여하는 그리스도인들이다. 여기서 핵심은 어떻게 그리스도인들이 소통과 변혁을 짊어진 문화 주체로 전환될 수 있는가 하는 물음이다.

앞의 두 이야기를 전제한다면 이제 어떻게 문화 소통과 변혁을 담지한 기독교적 문화 주체의 모습을 그려낼 것인가 하는 것이 문제다. 가장 쉬운 길은 신약성경의 언어를 빌려 직접적으로 그리스도인의 정체성과 존재 양식을 그려내는 일일 것이다. 이 일을 잘 할 수 있다면 그 자체로 좋은 기여가 되리라 생각한다. 그러나 나는 우회로를 선택하겠다. 우회로란 다름이 아니라 현대 유럽 철학 안에서 이루어진 주체에 관한 논의를 말한다. 좀 더 범위를 좁혀 얘기하자면 주체의 의미가 무엇인가, 왜 주체가 문제되는지, 그래서 어떤 대안이 있는지, 그것이 어떻게 기독교적 문화 주체를 구상해 보는 일에 좋은 바탕이 되는지, 이런 것들을 살펴보고자 한다. 오늘 논의를 우리의 주제와 연관시켜 보고 그 언어를 통해 신약성경에서 그리고 그리스도인의 정체성과 존재 양식이 문화와 관련해 가질 수 있는 독특한 의미를 찾아보는 일이 내가 이 글을 통해 해 보고 싶은 일이다.

2. 근대와 탈근대/포스트모던의 주체 개념

현대 철학에서 주체의 문제가 제기된 것은 대체로 네 갈래로 잡아 얘기해 볼 수 있다. (1) 비트겐슈타인의 영향을 크게 받은 논리 실증주의자들, 그리고 그들을 비판하면서도 인식론적 의미에서 주체 비판을 시도한 포퍼의 경우가 하나라면 (2) 같은 빈(비엔나)에서 출발했으나 오히려 현대 프랑스 철학의 형성에 결정적 영향을 준 프로이트의 주체 비판이 두 번째 갈래이고 (3) 소쉬르의 구조 언어학, 러시아 형식주의, 프라하 구조주의의 영향으로 형성된 프랑스의 구조주의자들과 그들의 후예들(레비-스트로스, 푸코, 라캉 등)이 세 번째 갈래라면 (4) 정신분석학, 구조 언어학과 더불어 현대 프랑스 철학의 주체 비판에 결정적 영향을 제공한 하이데거의 근대 철학사 읽기를 또 다른 하나의 갈래로 볼 수 있다. 이것은 다시 (1) 비트겐슈타인으로부터 시작해서 빈의 논리 실증주의와 포퍼의 비판적 합리주의, 그리고 지난 몇십 년간 미국 철학계에서 발전한 유물론적 심리 철학에 함축된 전통적 형이상학적 주체 비판과 (2) 정신 분석학, 구조 언어학, 마르크스주의, 하이데거 철학 등의 영향으로 형성된 현대 프랑스 철학 안에서의 주체 비판을 크게 두 줄기로 나누어 볼 수 있다. 최근 국내 철학계와 인문 사회과학 분야에서 관심을 둔 주체의 문제는 현대 프랑스 철학의 주체 비판과 밀접하게 관련되어 있다.

'주체의 죽음'은 60년대 이후 프랑스 철학계에서 시작하여 유럽 철학계 전반으로 확산된 쟁점이 된 것이다. 푸코는 누구보다 강하게 '주체의 종말' 또는 '인간의 죽음'을 예고한 사람이었다. 그의 『말과 사물』은 이렇게 끝난다. "우리 사고의 고고학이 잘 보여 주듯이 인간은 최근의 산물이다. 그리고 아마도 인간은 종말에 가까워지고 있는 자일 것이다. 만일 그러한 [지식의] 배치가 나타날 때처럼 사라지게 된다면 우리가 가능성을 순간적으로 감지하는 데 불과한—그것의 형식이나 그것이 약속하는 것에 대해 인식하지 못한 채—어떤 사건이 18세기 말에, 고전주의 시대의 사고의 근거가 그러했던 것처럼 그 배치를 무너뜨리게 된다면 그 때 우리는 인간이 마치 해변의 모래사장에 그려진 얼굴이 파도에 씻기듯이 이내 지워지게 되리라고 장담할 수 있다."[2] 푸코의 논지는 '주체로서의' 인간의 출현은 근대의 새로운 '지식의 배치'를 통해 가능했고 그러한 배치의 변화 또는 전환으로 인해 그 결과로 산출된 주체로서의 인간도 종말을 고할 수밖에 없을 것이라는 것이다. 라캉의 경우는 주체의 죽음 또는 종말을 말하지는 않지만 주체는 그 자체 근원적 존재가 아니라 시니피앙 (기표)의 결과로서 구성된 주체임을 강조한다. 주체는 그 자신 스스로 자신을 생성시키는 존재가 아니라 타자를 통해서, 타자의 담론에 관여함으로써 주체가 된다. 타자는 나와 맞서 있는 타자뿐만 아니라 그와의 상호주관성, 즉 상호 인정, 금지와 허용을 담고 있는 문화의 규칙, 때로는 무의식과 상징적 질서일 수 있다. 주체는 그 자체가 자신의 근원이 아니라 언어, 법, 타자, 문화의 규칙 등을 통해 산출된 소산임이 여기서 강조된다.[3]

프랑스 철학 안에서의 주체 비판에는 정신 분석학과 구조 언어학, 마르크스의 사회 분석이 매우 강력한 영향을 주었다.[4] 하지만 철학적으로 가장 크게 영향을 미친 것은 서양 형이상학과 휴머니즘 전통에 대한 하

---

2) 미셸 푸코, 이광래 역, 『말과 사물』, 민음사, 1987, 440면.
3) 라캉에서 주체의 문제는 강영안, 『주체는 죽었는가』, 문예출판사, 1996, 5장 "라캉의 주체와 욕망" 참조.
4) 현대 프랑스철학에서 주체를 에워싼 논쟁에 대해서는 뤽 페리, 알랭 르노, 구교찬 외 역, 『68사상과 현대프랑스철학』, 인간사랑, 1996 참조.

이데거의 비판이었다. 하이데거는 『휴머니즘에 관한 편지』뿐만 아니라 『세계상의 시대』(Die Zeit des Weltbildes), 그리고 그의 유명한 『니체』 강의를 통해 특히 근대 이후의 서양의 형이상학 전통과 그것이 근대 세계를 형성한 결과를 다시 읽어 내고 있다. 하이데거에 따르면 '근대' 라는 시대는 세계를 하나의 '상' 또는 '표상' 으로 만들어 버린 시대이다. 근대는 자연과 역사를 포함해서 존재자 전체가 하나의 체계적인 그림으로, 하나의 표상, 즉 '앞에 세우고' 닦달하는 대상물로 전락해 버렸다는 데 그 본질이 있다고 본다. 세계는 내가 세우고 짜 맞추고 필요할 때면 임의로 변형할 수 있는 한낱 대상에 지나지 않는다. 따라서 사물의 의미는 인간에게 표상되고 짜 맞춰지는 가운데, 비로소 확인될 수 있다. 과학과 기술, 예술과 문화, 종교의 의미는 인간의 자기 표현과 현실 지배의 원리에서 이해된다. 이 모든 것은 하이데거에 따르면 "인간이 주체가 됨으로써" 가능하였다.

"인간이 주체가 되었다"는 것은 단적으로 말해서 인간이 존재하는 모든 것을 근거 짓는 기반이 되었다는 말이다. 인간을 에워싼 모든 대상들은 그 자체로 의미 있는 것이 아니라 인간이 그것을 인식하고, 이해하고, 장악하고, 마침내 그것을 이용할 때 비로소 의미를 얻게 된다. 인간은 여기서 세계에 대해서 '주체' 로서 당당히 자기 주장을 하는가 하면 세계는 인간에 대해서 '저 편에 주어져 있는' 하나의 '대상' 으로서 자리를 굳히게 된다. 따라서 인간의 존재 의미는 그의 '주체됨', 즉 사물을 장악하고 지배하고 이용한다는 점에서 찾을 수 있다면 세계의 존재 의미는 그의 '대상성', 즉 인간에 대하여 대상으로 등장하고 지배될 수 있다는 점에서 찾을 수 있다. 따라서 인간 존재의 최상의 형태는 세계를 관조하고 명상하는 '관조적 삶(vita contemplativa)' 이 아니라 현실을 가공하고 노동하는 실천적 삶(vita activa)이 된다. 인간 이성도 여기서는 현실을 관조하고, 존재의 소리에 귀 기울이는 수용적 이성이 아니라 현실을 지배하고 이용하는 능동적 이성 또는 권력 이성이 된다. 하이데거는 이러한 변화가 가장 첨예하게 철학적으로 대변된 예를 데카르트에게서 찾는다.[5] 요컨대 하이데거에 따르면 데카르트의 코기토, 즉 "나는 생각한다" 또는 '생각하는 나' 라는 것이 모든 존재를 떠받치고 있는 기반이 되었다는 것이다. 이것은 라이프니츠, 독일 관념론을 통해 강화되고 전혀 다른 모습이긴 하지만 마침내는 니체 철학으로 귀결되었다는 것이 하이데거가 근대 주체의 역사를 읽어내는 방식이다. 이러한 주체 생성의 결과는 인간의 삶을 담고 있는 주변 세계로부터의 단절(일종의 고향 상실)을 가져왔다는 것이 하이데거의 주체 비판에 깔려 있는 생각이다.

하이데거의 해석과는 별개로 현대 철학에서 논의되고 '주체의 죽음' 또는 주체 해체를 가장 분명하게 볼 수 있는 것은 니체의 경우이다. 니체는 여러 곳에서 "주체는 허구다"라는 주장을 하고 있다.[6]

허구란 거짓되다는 뜻이 아니라 만들어낸 결과, 즉 힘의 연관 속에서 산출된 결과라는 뜻이다. 주체는 그 자체가 근원이 아니라 특별한 의도에 따라 만들어진 것, 구성된 것임을 니체는 강조한다. 이로써 니체가 겨냥한 것은 데카르트 이후의 근대 형이상학을 비판하자는 것이었다. 데카르트의 잘못은 니체에 따르면 "사유하는 것은 하나의 행위이며 모든 행위에는 행위 주체가 있다"는 명제에서 출발하여 사유하는 주체도 존재한다고 믿은 것이다. 사유 작용에는 그 작용을 뒷받침해 주는 '그 무엇' 이

---

5) Heidegger, Nietzsche: *Der europaische Nihilismus* (G.A. 48권) Frankfurt a.M.: Klostermann, 1986, 190면 이하 참조.
6) Friederich Nietzsche, *Der Wille zur Macht*, Stuttgart: Kroener, 1964, 485면.

있어야 하고 그 무엇이 바로 '사유하는 자아'로 생각했다는 것이다. 이것은 '문법적 관습'에서 비롯된 것일 뿐 행위와 작용이 있다고 해서 반드시 행위와 작용의 주체가 있다고 생각할 필요가 없다는 것이다. 변화 가운데, 그 자체는 변화하지 않고 존재하는 어떤 존재를 변화 배후에서 찾고자 한 의지에서 비롯된 것일 뿐 아무런 다른 근거가 없다는 것이다. 이와 같은 비판의 연장선상에서 니체는 실체 개념, 인과성 개념 등을 비판한다. 그의 비판은 단지 서양 형이상학에 대한 비판일 뿐 아니라 동시에 서양 도덕을 함축하고 있다.

다시 한번 '주체'란 말의 연원을 기억해 보자. '주체'는 영어의 subject, 독어의 dasSubjekt, 불어의 le sujet를 번역한 말로 한국에서는 1920년대 일본을 통해 번역, 수입되어 그 후로는 주로 역사의 주체, 노동의 주체 등 세계 안에서의 인간의 능동적이고 자발적이며 의식적인 활동의 당사자라는 뜻으로 주로 쓰이게 되었다. 그러나 이것이 반드시 자명한 일이 아님은 서양의 저 말들이 인식론적 의미로는 '객관'과 대립되는 '주관'이란 말로 번역 사용되는 것이 일반적이었고 문법적 용어로는 '술어'와 대립되는 '주어'로 번역 사용되었다는 것을 보더라도 알 수 있다. 특히 '주체'라는 번역 용어는 근대철학적인 주체 개념을 반영하고 있다. 왜냐하면 대부분의 서양 언어에서 우리가 '주체'라고 번역하는 말들의 어원이 된 라틴어의 수브엑툼(subiectum)은 원래 '무엇에 종속된 것', '어떤 것에 깔려 있는 것'이란 뜻을 지니고 있었다(이 말은 다시 희랍어의 hupokeimenon으로 거슬러 올라간다). 그러므로 존재론적 의미에서는 이 말을 이 세계를 창조하고 주인으로 다스리는 하나님에 대해서는 쓸 수 없는 말이었다. 오직 인간과 인간을 포함한 피조물들에 대해서 쓸 수 있는 말이었다. 그런데 하이데거가 '근대'라는 시대와 관련해서 "인간이 주체가 되었다"는 말로 표시할 때, 이 때 주체는 더 이상 어떤 무엇에 깔려 있는 것이 아니라 다른 것들을 '떠받쳐주는 기반, 근거, 기초'란 뜻을 갖게 된다. 따라서 하이데거가 "인간이 주체가 되었다"고 말할 때나 프랑스 현대철학자들이 이러한 주체는 죽었거나 죽을 수밖에 없다고 본 것은 인간이, 그것도 '나는 생각한다(cogito)'는 의식 주체가 더 이상 존재하는 것들을 떠받치고 그것들을 지탱하며 관리하는 주역을 맡을 수 없다고 보기 때문이다.

철학사적 관점에서 볼 때 주체의 문제는 두 가지 상호 관련된 사태와 연관되어 있다고 할 수 있다. 하나는 근거 또는 존재의 기반에 대한 물음이고 다른 하나는 그 기반을 무엇으로 보느냐 하는 것이다. 근대의 주체 철학은 '하나님'이나 '자연'보다는 인간을 존재의 기초 또는 기반으로 보고자 했고 인간의 다른 면보다는 사유하고 인식하는 자아에서 그러한 근거의 원천을 찾고자 하였다. 현대철학은 그러한 근거 물음과 근거 확인이 과연 정당한가 물은 것이다. 니체의 '허무주의'는 그러한 근거 또는 기반이 없다는 주장이며, 만일 근거 또는 기반이 필요하다고 하더라도 '정신'이나 '의식' 또는 절대화된 '자아'에서 찾을 것이 아니라 오히려 인간의 신체성과 사회성, 언어성, 관점의 다원성 등에서 찾아야 할 것이라고 본다. 이 점에서 푸코, 라캉, 들뢰즈, 데리다 등은 모두 니체의 후예들이다. 프랑스 철학자 가운데서도 이들과 확연히 구별되는 주체 개념을 내세운 철학자는 엠마누엘 레비나스, 폴 리꾀르, 그리고 최근 그의 저서가 활발하게 논의되기 시작한 장-뤽 마리옹 정도가 될 것이다. 특히 레비나스는 서양 주체철학 전통을 비판하고 오히려 니체와 가까운 측면이 있으면서도 주체의 주체다움은 타인을 수용하고 존경하고, 타인을 대신해서 고통을 짊어지고자 하는, 타인에 대한 연대성에서 찾아볼 수 있다는 사상을 펼친다. 주체는 수브엑툼의 원래 뜻대로 타인을 위해서 짐을 짊어질 수 있는 자, 타인의 아래에 서서 타인을 지탱해 줄 수 있는 자로 이해한다. 다음 절에서 레비나스의 주체 개념을 조금 더 자세히 살펴보고 그것이 우리에게 기독교적 문화 주체 개념을 형성하는 데 어떤 실마리를 제공해 줄 수 있을지 살펴보자.

3. 레비나스의 윤리적 주체 개념: 근대성과 탈근대성을 넘어서

레비나스는 '타자의 사유'만이 주체 상실 시대에 진정한 주체를 회복할 수 있는 길이라고 생각한 철학자이다. 레비나스에 따르면 서양 전통 철학은 대부분 전체성의 철학 또는 전쟁의 철학이었다. 모든 것을 '자기' 또는 '자아'의 영역으로 환원하는 철학이었다는 것이다. 여기서 타자, 즉 나와 다른 것과 나와 다른 사람은 배제되거나 또는 나의 틀 속에 한 부분으로 포섭된다. 타자는 기껏해야 나에게 필요한 사람이거나 아니면 나와 함께 사는 사람에 지나지 않는다. 타자로서 타자의 타자성은 서양 철학 전통에서는 인정받지 못했다는 것이 레비나스의 생각이다. 이러한 전통에 대해 레비나스는 하나의 대안으로 타자의 사유를 자신의 철학으로 제안한다.

레비나스는 '다른 이', 즉 타인은 결코 '나'로 환원될 수 없는 사람임을 강조한다. 다른 이의 존재를 그토록 강조한 까닭은 주체의 주체성을 올바르게 드러내기 위한 것이었다. 그는 주체의 존재를 절대화한 근대 관념론의 전통에 대해 매우 비판적이었지만 '주체의 죽음' 또는 '인간의 죽음'을 운위한 현대 프랑스 철학자들에 대해서도 비판적이었다. 주체를 절대화하고, 그런 의미에서 존재 전체를 주체의 권력에 귀속시키는 철학은 물론, 주체를 해체하고 파괴하는 철학도 앞의 것과 마찬가지로 개인의 인격성과 타자성, 인간 존재의 윤리적 의미를 제대로 알아주지 않는다. 그러므로 레비나스는 전체 속에 귀속될 수 없는, 이른바 '무한자'의 이념을 바탕으로 '주체성의 변호'를 시도하였다.

주체의 주체성, 즉 주체가 주체로서 자신의 모습을 갖출 수 있는 조건을 이론적 활동이나 기술적, 실천적 활동에서 찾기보다는 오히려 타인과의 윤리적 관계를 통해서 찾고자 한다. 그는 주체가 주체로서 의미를 갖는 것은 지식 획득이나 기술적 역량에 달린 것이 아니라 타인을 수용하고 손님으로 환대하는 데 있다고 본다. 헐벗은 모습으로, 고통 받는 모습으로, 정치적, 경제적, 사회적 불의에 의해 짓밟힌 자의 모습으로 타인이 호소할 때 그를 수용하고 받아들이고, 책임지고, 그를 대신해서 짐을 지고, 사랑하고 섬기는 가운데 주체의 주체됨의 의미가 있다는 것이다. 여기서 주목할 것은 자기성의 성립, 또는 개체성의 성립 없이는 타인의 영접과 타인에 대해 책임지는 윤리적 관계가 가능하지 않다고 본다. 자기성 또는 개체성은 먹고 마시고, 삶을 즐기는 가운데 발생한다는 것이 그의 분석이다. 한 개인이 먹고 마시고, 잠자는 것은 어떤 누구에게도 환원될 수 없는 개별적인 행위다. 먹을 것을 가져다 줄 수 있고, 잠을 잘 수 있도록 배려해 줄 수 있지만 아무도 남을 대신해서 먹어 줄 수 없고, 잠을 자 줄 수도 없다. 이것은 모두 한 개인의 신체를 통해 가능하다. 레비나스는 이러한 존재 방식을 '향유'라고 부르고 향유, 즉 즐김과 누림을 통해 하나의 개체가 개체로서 자기성을 확보한다고 본다. 인간은 레비나스에 따르면 신체적 존재로서 세계 안에 거주하는 존재이고 이런 의미에서 근본적으로 경제적 존재이다. 이것은 인간 존재의 '욕구'의 차원이다. 욕구는 '결핍'을 전제로 하고, 결핍은 인간의 집단적 노력과 경제 활동을 통해 충족될 수 있다. 욕구의 질서는 그 자체로 하나의 전체성을 형성한다. 이러한 전체성이 깨어지고 삶의 무한성을 가능하게 하는 차원을 레비나스는 '욕망' 또는 '형이상학적 욕망'의 차원으로 본다. 욕망의 차원은 개체를 넘어서 타자 또는 무한자와의 관계에 대한 욕망이다. 이러한 욕망은 전체주의, 민족주의, 또는 종교적 광신주의, 또는 쾌락주의나 세속주의를 통해 충족될 수 있는 것처럼 보인다. 하지만 레비나스는 인간의 욕망은 타자와의 열린 관계를 통해 그 의미를 발견할 수 있다고 본다.

레비나스의 타자의 사유 또는 타자성의 철학은 서양 철학 전통에 대한 비판을 담고 있다. 우선 무엇보다도 서양철학은 '존재론'이었다는 것이 그의 생각이다. 존재론은 존재하는 것의 존재에 관한 논의로 '존재'란 개념은 사물들이 사물로서 나타나고 의미를 얻을 수 있는 가장 보편적인 지평이다. 이 존재 지평을 어떤 사람은 물질로, 다른 사람은 역사로, 국가로, 민족으로, 또 다른 사람은 익명적 사건으로 이해한다. 존재 지평을 어떤 무엇으로 확인하는 데서는 철학자의 의견이 서로 다르지만 이러한 존재론적 사유에 공통된 것은 사물의 의미를 그것이 들어 있는 전체 속에서 파악, 이해하려고 하는 점이다. 이러한 뜻에서 존재론은 언제나 전체성을 지향한다. 그런데 존재론은 단지 철학 과목 또는 철학자의 책이름을 지칭하는 것에 그치지 않고 "인간 자체가 존재론"이라고 레비나스는 말한다.[7] 인간 자체가 곧 존재하는 것을 전체 틀 속에 집어넣고 이용하는 경향을 가지고 있다는 것이다. 타자는 여기에 동일자 또는 타자에

---

7) Emmanuel Levinas, *Totalite et Infini*, Den Haag: Martinus Nijhoff, 1961, 132쪽. 이하 이 책은 『전체성과 무한』으로 인용.

의해 언제나 지배된다.

이것에 대한 대안으로 레비나스는 타인의 고통을 짊어질 수 있는 책임적 주체 개념을 내어 놓는다. 주체가 타자를 '위한' 책임적 존재로 세워지는 모습을 레비나스는 후기 저작에서 '대속(la substitution)' 이라 부른다.[8] '대속' 은 자유로운 주체의 능동적, 자발적 활동을 일컫지 않는다. 마치 예수 그리스도처럼 "타인을 대신해서, 타인의 자리에 내가 세움받는 일"이 레비나스가 말하는 '대속' 이다. 대속은 좀 더 풀어 쓰자면 '자리 바꿔 세움받음' 이라고 할 수 있다. 나의 위치가 수동적이란 것이 여기서 중요하다. 내가 먼저 그렇게 세움받고 그 뒤, 그것을 나의 책임으로 개인적으로 수용해야 하는 행위가 뒤따른다. 나는 내가 타인을 대신해서 타인의 자리에 서기 이전, 내가 기억할 수도 없는 먼 과거에, 나의 의식과 나의 선택의 자유가 발동하기 이전에 벌써 타자에 의해서 타자를 위한 책임적 존재로 세움받았다. 이렇게 세움받았다는 것은 내가 타인의 요구와 부름에 응답할 뿐 아니라 타인을 위해, 심지어 타인의 책임을 대신해 고통 받을 수 있음을 뜻한다. 여기서 책임은 절대적 타율성이고 절대적 타율성으로서의 책임은 나의 자유의 한계를 초월한다. 이런 의미에서 책임을 레비나스는 이미 『전체성과 무한』에서 '무한 책임' 이라 부르고[9], 『존재와 다른 존재 사건을 넘어서』에서는 도스토예프스키의 말을 빌려 "우리들 각자는 모두 일에 앞서, 모든 일에 대해 책임이 있고, 나는 다른 모든 사람보다 더 많은 책임이 있다"는 말로 표현한다.[10] 나는 타인

---

8) 레비나스는 이 '대리' 또는 '자리 바꿈' 을(la substitution)을 Emmanuel Levinas, *Autrement qu'etre ou au-dela de essence*(다음부터『존재와 다른 또는 존재 사건을 넘어서』로 인용)의 가장 핵심 부분으로 삼는다. 125면 각주 참조.

9) 『전체성과 무한』, 223면 참조.

10) 『존재와 다른 또는 존재 사건을 넘어서』, 186면 참조.

보다 언제나 여분의 책임을 갖는다는 말이다.

책임은 여기에 머물지 않는다. 내가 타인의 책임을 대신하는 것은 심지어 그의 잘못에 이르기까지 범위가 확대된다. 만일 나의 잘못에 대한 책임을 묻는다면 1인칭 차원에서의 책임, 곧 나의 자유를 근거한 책임을 지면 되겠지만 타인의 잘못에 대한 책임은 나의 자유를 벗어난다. 나의 자유 이전에 나는 벌써 타인에 대해 책임적인 존재로 부름받았다면 나는 타인의 고통뿐만 아니라 그의 잘못에 대해서까지도 책임을 면할 수 없다. 이처럼 레비나스에 따르면 얼굴의 호소에 직면할 때 나는 타인이 하는 일이 나와 상관없는 일인 것처럼 손을 씻을 수 없다. "나는 수브엑툼(Sub-iectum), 곧 아래에서 떠받쳐 주는 자다. 나는 온 세상의 짐을 지고 모든 것에 책임을 지고 있다"[11]는 말처럼 나는 심지어 내가 질 수 없는 짐조차 짊어지도록 부름받았다. 주체의 이러한 대리 책임에 대해서, 그리고 '나 자신(le soi)'에 대해서 레비나스는 '속죄(expiation)'란 말을 붙인다.[12] 나는 타인의 잘못을 마치 나의 잘못처럼 짊어진다. 그러므로 레비나스가 말하는 '대치'는 형식으로 보면 자리바꿈, 또는 '자리 바꿔 세움받음'이지만 그 내용을 보면 타인의 책임 또는 죄책을 내가 대신 짊어지고 고통 받음으로 그것을 대신 속죄받는다는 뜻이다. 따라서 '대치'는 내용상으로는 곧 '대속(代贖)'이다. 타인에 대한 나의 책임은 그러므로 '대속적 책임'이다.

이 책임이 나의 자유로운 선택의 결과가 아니라 타율성에 의한 것임을 강조하기 위해 레비나스는 '선택받음'이란 용어를 사용한다.[13]

---

11) 『존재와 다른 또는 존재 사건을 넘어서』, "Le Soi est Sub-jectum: il est sous le poids de l'univers-responsable de tout.", 147면.
12) 『존재와 다른 또는 존재 사건을 넘어서』, 148면.
13) 『전체성과 무한』, 223면.

나는 특별한 사람으로, 특별한 위치에 세움받았다. 나는 내가 기억하기 이전에, 먼 과거에, 타인에 대한 인질로, 타인에 대한 대리자로, 타인에 대한 책임으로 선택받았다. 이 선택은 나의 선택과 무관하며 나는 이 선택을 단지 망각할 수 있을 뿐, 마치 요나가 하나님 앞에서 피할 수 없었듯이 피할 수 없다.[14] 내가 선택받았다는 사실은 나의 대속이 다른 어떤 타인이 대행할 수 없는 일임을 말해준다. 나는 타인을 대신할 수 있어도 아무도 내가 책임질 일을 대신 짊어질 수는 없다. 나는 이미 타인의 자리에, 타인에 대해서, 타인을 대신해 책임지도록 세움받았다. 그러므로 타인의 부름에 바로 나 자신이 답해야 한다. '오직 나 자신만이' 책임질 수 있다는 것은 나의 위치가 대단히 예외적임을 말해준다. 심지어 레비나스는 이런 대리적 주체를 '메시아'라 부른다. "나, 그것은 메시아이며, 메시아, 그는 곧 나이다."라고 말한다.[15] 메시아는 타인을 위해서 대신 고난받는 종이다. 레비나스는 예수 그리스도의 존재를 타인의 고난을 대신 짊어진 주체의 이념으로 파악한다.[16] '그리스도'는 '메시아'를 번역한 말임을 염두에 두면 레비나스의 윤리적, 책임적 주체는 각자가 모두 그리스도이다. 그러므로 레비나스가 타인의 고통과 잘못을 나의 고통과 잘못으로 수용하는 대속적 위치에 서는 모습을 그릴 때 예수 그리스도가 세상 죄를 자기 것으로 받아들임과 고통당함을 표시하는 용어인 '수용(l'assomption)'과 '수난(passion)'을 사용한 것은 우연이 아니다.[17]

---

14) 『존재와 다른 또는 존재 사건을 넘어서』, 165면.

15) Emmanuel Levinas, *Difficile liberté*, Paris; Albin Michel, 1963 & 1976, 129면.

16) Emmanuel Levinas, "Un Dieu Homme?" in: *Entre nous. Essais sur le penser-a-l'autre*, Paris: Grasset, 1991, 69~76면 참조. 『우리들 사이에』로 인용.

17) 『존재와 다른 또는 존재 사건을 넘어서』, 164면. 레비나스는 마치 '그리스도의 수난'처럼 "자기[책임적 주체]의 수난(la Passion du Soi)"이란 말을 쓴다. 149면 참조.

그런데 내가 어떻게 타인의 짐을 짊어지는 그리스도일 수 있는가? 실제적으로 물어보자면 대속적 책임이 어떻게 구체적으로 가능한가? 다시 묻자면 '타인에 의한 책임', 타인에 의해 선택되고, 지정되고, 쫓기고, 그래서 타인에게 사로잡히고, 심지어 인질이 되면서까지 핍박받은 타인이 어떻게 책임을 실현할 수 있는가? 그것은 자신의 책임을 '타인을 위한' 책임으로 구체화시킴으로써 실현될 수밖에 없다. 무엇보다 중요한 것은 타인에 의해 창조된 이 책임을 타인을 위한 책임으로 스스로 수용하는 일이다. 타인이 나를 부를 때 나는 그 부름에 대답해야 한다. 여기에는 두 가지 가능성밖에 없다. 부름을 수용하든지 아니면 거부하면서 타인을 자기 중심으로 환원하는 길밖에 없다. 부름을 거부하는 일은 나 자신의 일에 몰두하든지, 아니면 다른 일에 몰두하든지, 또는 어떤 핑계와 이유를 제안하는 일을 통해 가능하다. 『전체성과 무한』의 언어로 말하자면 나의 집 문을 꽁꽁 걸어 두고 타인으로부터 분리된 채 자기 중심주의로 살아갈 수 있다.[18] 이것은 책임으로부터의 도피이며 이 도피를 레비나스는 윤리적 의미의 '악'이라 부른다. 타인에 대한 책임을 거부한 책임이 이 악은 모든 윤리적 악의 근원이며 곧 '죄'로 나타난다.[19]

칸트가 윤리적 악의 근거를 인간의 자유에서 찾았다면 레비나스는 타인에 대한 나의 책임 유기에서 찾는다.

그렇다면 이 악과 반대되는 차원은 무엇인가? 그것은 선을 행하는 일이다. 좀 더 구체적으로는 타인의 호소를 수용하고 받아들이는 것이다. 타인의 수용은 자신의 문을 열고 타인을 영접하는 '환대(l'hospitalite)'

---

18) 『전체성과 무한』, 148~149면.
19) 『타인의 인간주의』, 81면.

로 나타난다. 타인을 나의 손님으로 대접하고 선행을 베푸는 일이다. 이
때 환대의 주체는 『존재와 다른 또는 존재 사건을 넘어서』의 표현을 따르
자면 철저하게 수동적인 존재로, 물질의 수용성이나 인식의 수용성 보다
더 수동적인 주체로 타인의 부름 앞에 "여기 제가 있습니다(Me voici)"라
고 말하면서 자신을 내어 놓는다. "여기 제가 있습니다(히브리어로
hineni)"는 이사야 6장 8절의 표현대로 "저를 보내소서"란 뜻을 담고 있
다.[20] 여기서 중요한 것은 나를 주격(Je)으로 내세우는 것이 아니라 대격
(me)으로, 목적어로 내어 놓고 나의 반응을 요구하는 부름에 응답한다는
것이다. 응답, 곧 환대 또는 책임은 '줌(le donner)' 이고 '자신을 희생함
(un s'offrir)' 이다. "주는 것, 즉 타자를 위한 존재란 자신의 입에서 빵을
꺼내어 자기는 금식하면서 타인의 허기를 채워주는 것이다."[21] 그러나 이
줌과 희생은 어떤 반대 급부를 기대하지 않는다. 만일 어떤 반대 급부를
기대한다면 그것은 순수한 줌이 아니라 주고받음의 거래가 된다. 진정한
선행에는 보상도, 반환도, 심지어는 감사로 되갚음도 없다. 우리가 타인
의 사랑과 은혜에 감사할 수 있지만 감사를 포함해서 그 어떤 형식의 반
대 급부도 나의 희생과 고통의 동기가 될 수 없다. 선은 이런 의미에서
'존재와 다른' 질서에 속한다. 선을 행하는 일은 존재 질서 속에 속한 거
래를 벗어나 있으므로 대차대조표를 작성하는 일과는 전혀 상관이 없다.

---

20) 『존재와 다른 또는 존재 사건을 넘어서』, 186면. 아브라함이 모리아 산에서 이삭을 바치는 얘
기와 관련해서 '히네니'란 표현이 세 번 사용되고 있다. 창세기 22장 1절, 7절, 12절 참조. 불
어의 "Me voici"는 원래 "(Tu) me vois ici"에서 온 말이다. Hineni와 관련해서 퍼트남은 예컨
대 아브라함의 경우 '유보 없이', '타인에 대한 동정' 또는 '타인에 대한 이해'를 전제하지
않고 즉각 반응을 보임을 강조한다. Hilary Putnam, "Levinas and Judaism," in: The
Cambridge Companion to Levinas. Edited by Simon Critchly & Robert Bernasconi
(Cambrdige: Cambrdige University Press, 2002), 33~62면 가운데 37~39면 참조.
21) 각각 『존재와 다른 또는 존재 사건을 넘어서』, 72면과 71면.

따라서 선을 행할 때, 선의 결과나 효용성에 대해 물을 수 없다. 만일 그렇다면 또다시 대차대조표를 작성하는 일이 된다. 참된 사랑에는 나의 계산이나 욕망이 개입될 수 없듯이 순수한 줌에는 계산이 개입될 수 없다. 그래서 레비나스는 이렇게 계산을 뛰어넘어 행하는 선을 "존재 안에서는 결손이고 시듦이며 어리석음이지만 존재를 넘어서는 탁월이며 높음"이라 부르면서 그 중심에 언제나 자기의 욕망을 두는 에로스의 사랑과 구별해서 이런 종류의 사랑을 '에로스가 결여된 사랑'이라 부른다.[22] 에로스가 상관없는 순수한 사랑은 나에게 갚을 가능성이 없는 사람을 사랑하고 원수를 사랑하는 사랑이다.[23]

이런 의미에서 레비나스는 그의 후기 철학에서 발전시킨 주체성의 의미, 즉 '수동성보다 더 수동적인' 주체, 타인의 짐을 대신 질 수 있는 책임적 주체를 하이데거의 '개방성'에 대한 또 다른 대안으로 제안한다. 레비나스 철학이 '타자의 사유', '타자의 철학' 또는 '타자의 형이상학'임은 틀림없다. 하지만 다른 편으로는 자아 또는 주체를 또 다른 계기를 통해 해소하거나 소멸시키는 것에 대해 그는 강력하게 반대한다. 하이데거를 비판할 때, 주체가 밖에 설 수 있으려면, 먼저 안으로의 복귀, 내면성의 구성이 선제되어야 함을 강조한 데서도 그와 같은 모습을 찾아볼 수 있다. 내면성을 지닌 주체의 성립 없이 안과 밖, 내재성과 외재성의 구별이 무의미하며, 초월에 대한 논의도 가능하지 않다는 것이 그의 생각이다. 성적(性的) 관계를 타자와의 관계의 전형으로 든 것도, 주체는 그 속에서

---

22) Emmanuel Levinas, *Dieu, la mort et le temps*, Paris: Grasset & Fasquelle, 1993, 252면.
23) 반대급부 없는 줌이 가능한가 하는 물음은 데리다가 다시 문제 삼은 물음이다. 이 물음에 대한 자세한 논의와 비판, 그리고 레비나스를 지원할 수 있는 대안에 대해서는 Jean-Luc Marion의 *Etant donne: Essai d'une phenomenologie de la donation*, Paris: PUF, 1997 가운데 특히 5권 참조.

자신의 자유를 희생하지 않으면서 동시에 유아론의 망령으로부터 벗어나 타자와의 관계가 가능하다고 보았기 때문이다. 진정한 휴머니즘이야말로 타인을 위해 책임질 수 있는 주체가 성립될 때 그 때 비로소 가능하다고 생각한다. 그러므로 그는 자유를 근거로 도덕적 책임을 근거지운 칸트와 정반대로 '자유에 앞선', 다시 말해 나의 자율과 능동적 행위에 앞서 나에게 부과된 책임의 의미를 드러내고자 한다. 대속적 책임은 타인을 대신해서 자율적으로 짐을 짊어지는 능동성을 가리키기보다 '타인의 자리에 놓이는' 수동성을 가리킨다. 타인을 위해, 타인 아래서, 타인의 짐을 짊어지는 수동적, 윤리적 주체는 타인 아래 종속되어 타인을 위해서 짐을 짊어지는 자(subiectum)로서 문자 그대로 참된 주체가 된다.

4. 주체의 물음에서 그리스도인의 존재론으로

그리스도인은 어떤 존재인가? 크리스치아노스(Christ-ianos), 문자 그대로 '그리스도를 따르는 이', '그리스도를 본받는 이'이다. 그리스도를 통해 그의 존재가 규정되는 이가 그리스도인이다. 그렇다면 그리스도는 누구인가? 나사렛 예수로 원래 하나님과 같은 분이나 자신을 온전히 비어 자신을 완전히 낮추어 종의 모습으로 우리 가운데 와 계셨으며 세상의 대속물로 그의 목숨을 버리시고 부활 후에는 성령 하나님을 통해 우리 가운데 현존하시는 우리의 '구주'시며 삶의 '주인'이시다. 그 분을 따르는 이로 산다는 것은 그 분을 구주로, 주로, 아니 한걸음 더 나아가 형으로 삼아, 세상을 회복하시는 하나님의 사역에 섬기는 이로서 온전히 참여하는 일이다. 만물의 의미 근거가 되어 의미를 부여하는 지배권을 형사하는 주재자로서의 주체가 아니라 레비나스가 말하는 타인의 짐과 세상의 고통을 함께 짊어지는 섬기는 이로서의 주체는 문화와 관련해서 그리스도인의 모습을 좀 더 철저하게 해석할 수 있는 실마리를 제공해 준다고 생각한다. 이와 관련해 세 가지를 생각해 볼 수 있다.

첫째, 문화 주체의 자리를 나 중심에서 타인 중심으로, 나의 필요 충족 보다는 타인의 필요 충족을 먼저 생각하는 주체로 바꿀 수 있는 가능성을 레비나스 철학에서 배울 수 있다. 물론 인간은 일차적으로 향유의 존재이다. 먹고 마시고 잠자며 자신의 욕구 만족을 추구한다. 대부분의 문화 생산과 소비는 레비나스가 말하는 '향유(jouissance)'의 차원에서 이해될 수 있다. 세계를 만드는 창조주의 역할을 자임하면서 자신의 창작 행위 자체를 즐기며 그로 인해 수반되는 경제적 이득을 기대할 수 있다. 비디오 아티스트 백남준이 "무엇 때문에 그렇게 열심히 창작에 몰두하느냐?"는 질문을 받았을 때 "돈 때문이죠"라고 웃으면서 했던 얘기가 생각난다. 그 이상의 것을 그가 생각할 가능성은 있지만 그의 말을 달리 해석할 필요는 없어 보인다. 무엇을 위한 창작이며 무엇을 위한 감상인가? 매우 도식적이지만 고전적인 답은 아리스토텔레스 이래 '자연의 모방'과 그것의 관조가 될 것이며 근대적 답은 자기 표현 또는 자기 창조가 될 것이다. 이것을 너머, 레비나스를 따르자면 문화는 근본적으로 타인에게, 타인을 위한 '줌(le donner; giving)'에 존립한다. 레비나스는 이렇게 말한다. "모든 문예 문화, 모든 도서관, 성경 전체가 전제로 깔고 있는 것은 모두 자기 이웃에 대한 사랑, 애욕이 결여된 사랑의 무게이다."[24] 또는 레

---

24) Emmanuel Levinas, "Determination philosophique de l'idee de culture," 레비나스, 『우리들 사이에』, 207면.

비나스는 이렇게 표현한다. "문화는 초월도 아니고 초월의 중립화도 아니다. 문화는 타인에 대한 윤리적 책임과 의무 가운데 초월이 초월인 그것과 맺는 관계(rapport a la transcendance en tant que transcendance)이다. 그것을 우리는 사랑이라 부를 수 있다."[25] 문화의 기초는 곧 이웃 사랑이란 말이다. 이웃 사랑은 레비나스에 따르면 타인의 얼굴과의 만남에서 시작된다. 타인의 얼굴의 만남은 나의 자기 존재 보존 추구를 문제시한다. 영화 〈필라델피아〉 가운데 흑인 변호사 조 밀러(Denzel Washington 분)가 에이즈에 걸린 변호사 앤드류 베겟(Tom Hanks 분)이 자신을 변호해 주길 원할 때 거부한다. 그러나 결국 그를 위해 변호해 주는 일에 나섰다. 이런 현상도 자기 보존적인 경향을 깨뜨리는 일종의 얼굴의 현현으로 해석될 수 있다.

둘째, 레비나스와 더불어 우리는 평화와 정의가 문화의 궁극적 비전임을 인정할 수 있다. 평화(화평, 평강, 행복)가 만일 궁극적 비전이라면 정의는 그것에 이르는 수단이다. 정의 없이 평화가 수립될 수 없다. 그런데 정의는 레비나스에 따르면 "대화 속에서의 타인의 접근"이며 "사회적 관계"이며 이 사회적 관계는 타인을 나와 평등한 존재로 보기보다 "나의 주인"으로 인정하는 데 존립한다.[26] 조금 길게 레비나스를 다시 인용해 보자. "타인을 [주인으로] 인정하는 것은 소유된 사물들의 세계를 너머 그에게 다가오는 것이지만 동시에 또한 선물을 통해(par le don) 공동체와 보편성을 세우는 것이다. 언어는 개인적인 것이 일반적인 것으로 이행하는 것이며 나의 것들을 타인에게 제공하는 것이기 때문에 보편적이다.

---

25) 『우리들 사이에』, 207-208면.
26) 『전체성과 무한』, 43-44면.

말하는 것은 세계를 공통적인 것이 되게 하는 것이며 공통의 장을 만드는 것이다. [타인과 더불어] 말을 서로 나누는 세계는 더 이상 분리된 세계가 아니라 내가 주는 세계, 곧 소통할 수 있는 것, 생각된 것, 보편적인 것이다."[27] 여기에 함축된 것을 모두 논의할 수 없지만 한두 가지만 언급하자면 타인과의 윤리적 관계는 타인과의 언어적 소통을 가능케 하며 이것은 더 이상 나와 타인이 분리된 세계가 아니라 상호 소통 가능한 세계로 만든다는 것이다. 그리고 여기서도 다시 강조되는 것은 정의를 위해서는 비움과 자기 내어줌이 있어야 한다는 것이다. '줌', '선물' –기독교 용어로는 '거저 줌' 곧 '은혜' –이 없이는 정의가 가능하지 않고 정의 없이 문화가 지향할 평화는 없다. 그래서 레비나스는 기독교 전통에서 예수 그리스도에게만 사용했던 대속 개념을 모든 사람에게 적용한다. 진정한 '나'는 메시아, 곧 자기를 비워 타인을 위해 고통 받는 자가 되는 것이다. 이를 통해 평화가 가능하다.

셋째, 기독교 문화의 중심에는 십자가가 있다. 십자가는 죽음과 희생 없이 새로운 삶이 가능하지 않음을 보여 준다. 다시 말해 살림은 나의 죽음을 요구한다. 옛 사람이 죽고 새 사람이 다시 태어나는 사건이 없이 살림의 주체가 될 수 없다. 레비나스는 주체가 처한 이런 상황을 '핍박', '사로잡힘', '볼모', '선택', '세움받음', '부름받음'[28] 등 여러 가지로 표현하지만 이것은 근대의 능동적 주체와 달리 책임적 주체의 '수용성보다 더 수동적인 수동성'을 표현하기 위한 것일 뿐 개인과 공동체 역사 전체를 바꿀 수 있는 사건이 결여되어 있다. 그래서 나는 레비나스보다 한걸

---

27) 『전체성과 무한』, 48-49면.
28) 이런 용어는 레비나스의 후기 저서 『존재와 다른, 또는 존재 사건을 넘어서』에 나오는 핵심 개념들이다.

음 더 나아가길 제안한다. 전환의 중심에는 예수 그리스도와 그가 짊어진 십자가 사건이 있다. 십자가는 하나님의 비우심, 낮추심, 버리심을 상징한다(빌 2:7-8). 이를 통해 십자가는 죄의 힘을 압도하고 선이 결국 승리함을 보여줄 뿐 아니라 우리의 영원한 소망의 근거가 성령 가운데서 예수 그리스도를 다시 살린 우리와 함께 하게 하시는 하나님임을 보여준다. 십자가 아래 있는 주체는 세계를 지배하고 타인을 자기에게로 환원하고 자기 향유에 빠질 수 있는 자기중심적 주체가 아니라 먼저 이웃의 유익을 생각하고(고전 10:33 참조) 짐을 서로 나누어 지고(갈 6:2), 자유를 자기 자신을 위해서가 아니라 사랑으로 서로 종노릇하는(갈 5: 13) 주체이다. 이 주체는 십자가에서 예수 그리스도와 함께 죽고, 그의 부활과 더불어 살아난, 세상과 함께 아파하는 마음, 곧 '그리스도의 심장'을 가지고 샬롬의 공동체를 회복하고자 삶을 살아가는 주체이다.

"'주체의 죽음' 이후의 문화 주체"에 대한 논찬

윤철호 교수 (장신대 조직신학)

　하나님의 창조, 좀 더 구체적으로 말해서 하나님의 창조 세계와 하나님의 형상으로 창조된 인간으로서의 인간성은 인간의 모든 문화들 간의 그리고 한 문화 안에서의 다양한 관계 단위들 간의 상호소통과 그를 통한 창조적 전진을 위한 공동의 존재론적 기반이다. 그러나 현실적으로 죄와 소외의 실존 속에 있는 인간의 제 문화들 간의 또는 한 문화 안의 제 관계 단위들 간에는 상호소통과 이해 대신 상호불통과 오해가, 창조적 전진 대신 파괴적 퇴보가 지배적인 현상일 경우가 많이 있다.

　그러므로 문화의 변혁이 요청된다. 문화의 변혁은 문화 간의 또는 문화 안에서의 상호소통과 이해의 회복과 창조적 전진의 지속을 목표로 한다. 그리스도인과 교회는 바로 이러한 문화의 변혁의 주체로서 하나님으로부터 부름을 받는다. 그리스도인과 교회는 차단 또는 왜곡된 문화 안의 소통 현상을 변화시켜 진정한 상호소통과 이해를 회복시키며, 그렇게 함으로써 문화를 하나님 나라를 향한 창조적 전진으로 이끌어야 할 책임이 있다. 그러나 때때로 불행하게도 그리스도인과 교회 안에도 심각한 의사소통의 왜곡과 파괴적 퇴보의 현상이 발견된다. 그것은 그리스도인과 교회가 종종 세상 문화들이 빠졌던 오류-의사소통의 왜곡과 파괴적 퇴보의 근본적 원인-에 빠지기 때문이다. 이 오류는 적어도 부분적으로 주체성의 문제와 본질적인 관련성이 있다.

강영안 교수의 본 논문의 주제는 자신이 밝힌 대로 "어떻게 문화 소통과 변혁을 담지한 기독교적 문화 주체의 모습을 그려낼 것인가"(2쪽) 하는 것이다. 필자는 이를 위하여 먼저 현대 유럽 철학에서의 주체에 관한 논의를 소개하고, 이 논의를 신약성서에 나타나는 그리스도인의 정체성과 존재 양식과 연관시킴으로써 기독교적 문화 주체를 구상하고자 한다.

필자는 현대 철학에서의 주체 비판의 여러 형태들을 소개하면서, 특히 하이데거와 니체의 주체 비판 내용을 비교적 자세히 소개한다. 그에 따르면, '주체'라는 말의 라틴어 어원인 수브엑툼(subiectum)은 '무엇에 종속된 것', '어떤 것에 깔려있는 것'이란 뜻을 지니고 있는데, 근대에서의 주체 개념은 더 이상 어떤 무엇에 깔려있는 것이 아니라 다른 것들을 '떠받쳐주는 기반, 근거, 기초'란 뜻을 갖게 되었다고 지적한다. 그러므로 그에 의하면, "하이데거가 '인간이 주체가 되었다'고 말할 때나 프랑스 현대철학자들이 이러한 주체는 죽었거나 죽을 수밖에 없다고 본 것은 인간이, 그것도 '나는 생각한다(cogito)'는 의식 주체가 더 이상 존재하는 것들을 떠받치고 그것들을 지탱하며 관리하는 주역을 맡을 수 없다고 보기 때문이다."(5쪽) 필자는 하나님이나 자연보다는 인간을 존재의 기초 또는 기반으로 보고 인간의 사유하고 인식하는 자아에서 그러한 근거의 원천을 찾고자 했던 근대철학의 주체 개념을 극복하는 새로운 주체 개념을 수립한 대표적인 철학자로서 엠마누엘 레비나스, 폴 리쾨르, 장-릭 마리옹을 꼽으면서, 그 가운데에서 특히 레비나스의 윤리적 주체 개념을 통해 근대성과 탈근대성 모두를 넘어서는 대안적인 기독교적 주체 개념을 제시하고자 한다. 강 교수가 소개하는 레비나의 윤리적 주체 사상의 요점은 다음과 같다.

레비나스는 주체를 절대화하는 근대 관념론 전통과 주체의 죽음을 표방하는 현대 프랑스 철학 둘 다를 비판한다. 그는 주체의 주체성을 타자와의 윤리적 관계를 통해 수립하고자 한다. "헐벗은 모습으로, 고통 받는 모습으로, 정치적, 경제적, 사회적 불의에 의해 짓밟힌 자의 모습으로 타인이 호소할 때 그를 수용하고, 받아들이고, 책임지고, 그를 대신해서 짐을 지고, 사랑하고, 섬기는 가운데 주체의 주체됨의 의미가 있다"(6쪽) 그런데 이처럼 타인에 대해 책임지는 윤리적 관계는 자기의 개체성의 성립을 전제로 한다. 레비나스는 개체성의 '향유'를 위한 욕구를 넘어서는 형이상학적 욕망을 말하는 데, 형이상학적 욕망이란 개체를 넘어서는 타자, 또는 무한자와의 관계에 대한 욕망을 의미한다.

레비나스는 타인의 고통을 짊어지는 책임적 주체의 모습을 '대속 (expiation)'이란 말로 표현한다. 이 대속은 자유로운 주체의 능동적, 자발적 활동이라기보다는, 예수 그리스도처럼 "타인을 대신해서, 타인의 자리에 내가 세움을 받는 일"이다. 여기서 책임은 나의 인식과 선택 이전에 나에게 주어진 것으로서 나의 자유의 한계를 초월하는 절대적 타율성이다. 책임적 주체는 타인의 고통뿐만 아니라 심지어는 타인의 잘못에 대하여도 책임을 져야 한다는 의미에서 '대속'적 존재이다. 즉 나는 타인의 책임 또는 죄책을 대신 짊어지고(sub-iectum) 고통 받음으로써 그것을 대신 속죄받는다.

이러한 대리적 주체로서의 나는 곧 '메시아'이다. 왜냐하면 메시아는 타인을 위해 대신 고난 받는 종이다. 예수 그리스도는 바로 타인의 고난을 대신 짊어진 주체로서의 메시아이다. 레비나스에게 있어서 윤리적, 책임적 주체는 각자가 모두 메시아(그리스도)이다. 죄 또는 악이란 타인에 대한 책임의 유기를 말하며, 선이란 타인의 호소를 수용하고 받아들이는 것을 말한다. 여기서 주체의 수용성은 능동적이라기보다 수동적인 것으로서, 타인의 부름 앞에 자신을 주격(Je)이 아닌 대격(목적격, me)으로 내어 놓는 것이다. 선은 '존재와 다른' 질서에 속하는 것으로서, 그 중심에 언제나 자기의 욕망을 두는 에로스가 결여된 사랑, 즉 순수하고 무조건적인 사랑이다. "타인을 위해 타인 아래서, 타인의 짐을 짊어지는 수동적, 윤리적 주체는 타인 아래 종속되어 타인을 위해서 짐을 지는 자(subjectum)로서 문자 그대로 참된 주체가 된다."(10쪽)

이와 같은 레비나스의 타자를 위한 윤리적 주체 개념에 기초하여, 강영안 교수는 결론적으로 그리스도인의 존재론의 성격을 세 가지로 제시한다. 첫째, 문화의 주체의 자리를 나 중심에서 타인 중심으로, 나의 필요충족보다는 타인의 필요충족을 먼저 생각하는 주체로 바꾸어야 한다. 다른 말로 하자면, 문화의 기초는 이웃 사랑이다. 이웃 사랑은 타인의 얼굴과의 만남에서 시작된다. 둘째, 문화의 궁극적 비전인 평화를 이루기 위해서는 정의가 요청되는 데, 정의는 타인을 나의 주인으로 인정함과 자기 비움과 내어줌에 있다. 우리가 그리스도처럼 자기를 비워 타인을 위해 고통 받을 때 평화를 이룰 수 있다. 셋째, 우리의 주체는 예수 그리스도의 십자가를 통해 거듭나야 한다. 십자가를 통하여 우리의 자기중심적 주체가 죽어지고 타자 중심적 주체로 다시 태어날 때 우리는 평화의 공동체를 회복하는 삶을 살아갈 수 있다.

본 논문에서 강 교수는 레비나스의 윤리적 주체 개념에 의지하여 문화 주체로서의 그리스도인의 주체성의 모습을 형상화하고자 하였다. 레비나스의 타자를 위한 윤리적 주체 개념과 그에 의거한 강 교수의 그리스도인의 주체성의 특징은 다음 몇 가지의 관점에서 비교, 분석, 평가될 수 있다.

첫째, 레비나스의 주체 개념은 존재론과 윤리학을 통합하는 존재론적 윤리학, 또는 윤리학적 존재론에 기초하고 있다고 할 수 있다. 레비나스는 근대의 존재론이 자아 중심적 존재론임을 비판하면서, 타자를 향하여 열려 있는 타자 중심적인 존재론을 주장한다. 타자를 향한 개방성은 인간의 존재론적 근본 조건이면서 동시에 윤리적 요청이다. 여기서는 나와 타자, 존재와 윤리가 분리되어 있지 않다. 타자를 위한 윤리적 실천이 곧 나의 존재됨이다. 이러한 레비나스의 실재관은 그리스도의 존재론적 구조를 "나 또는 우리를 위한(pro me, nobis) 존재 구조"로, 그리고 이러한 그리스도의 존재 구조 안에 참여하고 그리스도의 뒤를 따르는 그리스도인의 존재를 타자를 위한 존재(being for others)로 규정한 본회퍼의 타자 중심적, 윤리적 실재관과 유사하다. 물론 본회퍼는 레비나스와는 달리 기독교 신학 전통을 따라 신적 존재로서의 대속자 그리스도와 인간으로서의 피대속자 그리스도인과의 존재론적인 질적 차이를 분명하게 전제한다.

둘째, 레비나스는 인간 존재의 본질이 이성적 지식이 아니라 의지적 실천에 있다고 본다는 점에서 그리스 전통이 아닌 유대적 전통의 인간론을 따르고 있다고 할 수 있다. 이 점에서 그는 주체성의 자리를 인식적인 차원이 아니라 의지적인 차원에서 발견했던 폴 리쾨르와 같은 입장을 지니고 있다. 하지만 레비나스는 리쾨르보다 더 분명하게 근본적으로 인간의 주체성이 자신의 의지의 자유와 능동성에 의해 구성되는 것이 아니라 신적 선택과 부르심과 세우심에 의해 정초되는 수동적인 것임을 강조한다. 폴 리쾨르는 인간 주체의 의지의 오류와 왜곡, 즉 죄악의 가능성과 현실성을 깊이 인식한다. 이에 관한 레비나스의 생각은 어떠한가?

셋째, 레비나스와 리쾨르는 근대의 주체 개념을 비판하고 새로운 주체 개념을 제시하려는 공동의 과제를 수행하지만 이를 전개하는 방식에 있어서 차이가 있다. 레비나스의 철학적 인간학은 타자를 향한 욕망의 형이상학이라고 불릴 수 있다. 즉 그는 근대의 자아 중심적인 존재론을 비판하고 타자 중심적인 윤리적 존재론을 수립함으로써 문화 주체로서의 새로운 인간의 주체성을 수립하고자 한다. 반면 리쾨르는 새로운 주체성을 존재론적으로 수립하기 위한 과정이 해석학적이어야 한다는 사실을 강조한다. 리쾨르가 근대의 반성철학을 비판하는 이유는 해석학적 우회로를 경유하지 않는 반성철학의 절대적(선험적) 자아에 의한 직접적, 직관적 자아 인식 주장이 불가능한 가능성이기 때문이다. 따라서 그는 자신의 텍스트 해석학을 통하여 텍스트의 은유적 과정 속에서 의미론적 혁신(semantic innovation)에 의해 새롭게 탈은폐되는 세계와 그 세계 안에서의 새로운 존재양식을 전유함으로써만 새로운 주체성을 회복할 수 있음을 정당하게 주장한다. 레비나스가 말하는 타자를 향한 윤리적 책임자로서의 주체 개념은 리쾨르의 텍스트 해석학에 있어서 해석의 은유적 과정을 통해 개방되는 2차적 지시체로서의 새로운 존재양식이라고 할 수 있다.

한 걸음 더 나아가, 리쾨르는 일반적 텍스트 해석학에 기초하여 신학적 해석학 또는 성서 해석학의 특수성을 설명하고자 한다. 성서 텍스트에 의해 탈은폐되는 세계와 지시체는 하나님, 하나님의 말씀, 하나님 나라이며, 이 세계 안에서 그리스도인은 궁극적이고 종말론적인 차원에서의 자기 이해와 새로운 존재 가능성을 발견하고 전유한다. 이러한 의미에서, 리쾨르의 신학적 해석학은 단지 윤리적 차원으로 환원될 수 없는 종말론적 차원의 세계와 지시체를 향해 열려 있다. 신학적 해석학을 통하여 성서 텍스트가 계시하는 세계와 지시체를 전유함으로써 새롭게 창조되고 구성되는 주체는 신학적, 종말론적 주체라고 할 수 있다.

넷째, 강영안 교수가 결론 부분에서 레비나스를 넘어서 십자가 중심적 그리스도인의 주체성을 말한 것은 매우 적절하다. 레비나스의 주체 개념에 결여된 것을 기독교 신학의 관점에서 말하자면 구원론(칭의론)과 성령론이다. 기독교 신학의 일차적 관심은 우리가 하나님으로부터 타자를 향한 윤리적 주체로서 세워졌다는 데 있다는 사실에만 있는 것이 아니라 우리 자신이 스스로 헤어나지 못하는 죄와 악으로부터 우리를 구원하시는 하나님의 은혜에 있다. 십자가는 바로 이러한 하나님 은혜의 역사적 상징이다. 십자가는 예수 그리스도 안에서 우리의 죄와 악과 그 운명을 대신 지고 고통당하신 하나님의 자기희생적인 사랑의 궁극적인 표현이다. 인간은 그리스도의 십자가와 성령의 능력 안에서 죄악의 권세에 속박되었던 자기 중심적인 옛 자아가 죽어지고 죄 용서함을 받으며 그분의 부활과 더불어 하나님 중심적이고 타자 중심적인 새로운 자아로 거듭나는 지속적인 경험을 통해서만 하나님으로부터 이 세상에서의 문화의 소통과 변혁의 주체로서 끊임없이 새롭게 세워짐을 받는다는 사실을 우리 그리스도인들은 항상 잊지 말아야 한다.

포스트모던 문화와 기독교
－〈다 빈치 코드〉의 도전을 중심으로

송태현 박사 (한국외대 외래교수)

1. 포스트모더니즘의 도래

  기독교는 정신적인 진공(眞空) 속에서 수용되고 전개되는 것은 아니다. 기독교는 기존의 사상과 끊임없이 교류하며 대결하는 가운데 그 문화를 형성한다. 서양에 전파된 이래 기독교는 플라톤과 아리스토텔레스의 사상, 그리고 영지주의(靈知主義)와 상당한 관련을 맺으며 진행되어왔다. 동방 종교(페르시아와 메소포타미아 종교)와 플라톤의 영향을 받은 영지주의와 대결하면서 초대 교회가 자라왔다면, 토마스 아퀴나스로 대표되는 중세의 가톨릭 사상은 아리스토텔레스에 많은 영향을 받아 형성되었다.

  실증주의와 과학주의가 강력한 힘을 발휘한 현대에 이르러, 기독교는 이성과 과학의 권위를 앞세운 모더니즘의 도전에 맞서야 했다. 성경의 역사성(historicity)에 의문을 품고, 기독교의 초자연적(supernatural) 요소들에 대해 불편한 심기를 드러내는 신학적 모더니스트들의 도전에 기독교는 적절한 대응책을 마련하기 위해 부심하지 않을 수 없었다.

모더니즘의 충격이 채 가시지 않은 상태에서 오늘날 기독교는 포스트모더니즘이라는 사조(思潮)를 맞이하게 되었다. 포스트모더니즘은 이제 모든 학문과 예술 분야에 막강한 영향을 미치는 이 시대의 주된 사조로 자리를 잡고 있다. 이 사조는 한편으로 기독교를 비과학적이요 비합리적이라고 비판해 온 모더니즘의 무기인 과학과 이성 자체를 상대화시킴으로써 결과적으로 모더니즘의 기독교에 대한 공격을 무력화시킨 반면에, 다른 한편으론 모든 절대적인 진리와 거대 담론(metanarrative)을 거부함으로써 기독교 진리의 절대성도 위협하고 있다.

포스트모더니즘은 오늘날 우리의 사상과 문화가 자라고 있는 토양이다. 이 표현은 물론 포스트모더니즘만이 이 시대의 유일한 사조라는 말은 아니다. 모더니즘의 반격도 만만치 않으며 새로운 사조들에 별 관심을 가지지 않고 작업을 수행하는 사상가와 예술가가 여전히 존재하기 때문이다. 하지만 포스트모더니즘은 이 시대의 대표적인 사조로 자리 매김을 하고 있으며, 포스트모더니스트가 아닌 사람들도 이 사조의 영향으로부터 자유롭지 못할 만큼 생활 전반에 깊숙이 침투해 있다.

이 포스트모더니즘은 철학·사회학·문학·건축·미술·음악·영화·무용·신학·자연과학 등 거의 모든 학문 예술 분야에 큰 영향력을 미치고 있을 뿐 아니라, 매우 다양한 모습으로 전개되고 있어 그 특징을 포착하기가 쉽지 않다. 우선 포스트모더니즘에서 '포스트'의 성격이 무엇인지에 대해서 학자들은 아직 명확한 합의에 이르지 못하고 있다. 혹자는 단절을 강조하고, 혹자는 연속성을 더 강조한다. 그리고 '모더니즘'을 어떻게 규정해야 할지도 문제인데 이 역시 각 학문과 예술의 영역마다 차이가 있을 수밖에 없다. 예를 들어 문학에서 말하는 모더니즘과 철학에서 말하는 모더니즘을 동일한 것으로 보기는 힘들다. 이렇듯 '포스트모더니즘'이라는 개념은 매우 불분명하게 사용되고 있고, 그 총체적인 모습을 한 개인이 정확히 파악하기가 거의 불가능하기에 많은 논쟁이 야기되기도 했다.

포스트모더니즘이 모더니즘의 연속이냐 단절이냐 라는 문제의 상당 부분은 볼프강 벨쉬의 개념 구분으로 해결할 수 있다고 본다.[1] 벨쉬는 우선 17세기에 데카르트와 함께 시작한 근대(Neuzeit)와 모던을 구분한다. 또한 그는 모던도 근대적 모던과 근본적 모던(20세기 모던)으로 구별한다. 전자는 근대를 지속시키며 후자는 포스트모던과 연결된다고 주장한다. 벨쉬에 의하면 포스트모던은 근대와는 단호히 결별하지만 고유한 의미의 모던과 단절하는 정도는 훨씬 약하다. 단일성과 보편성이 근대와 근대적 모던의 특성이라면, 20세기 모던과 포스트모던의 특성은 다원성이다.

물론 이 구분이 문제를 말끔하게 해결해 주지는 못한다. 가령 문학에서 20세기 모던과 포스트모던 사이에 연속성도 존재하지만 불연속성도 존재한다. 특히 포스트모더니즘은 모더니즘의 귀족성과 난해성을 비판한다. 이런 요소를 감안한다면 움베르토 에코의 포스트모더니즘 개념을 고려해 보는 것도 도움이 될 수 있다. 에코 경우에는 포스트모더니즘을 시간적으로 파악하기보다 초시간적으로 파악하고자 한다. "나는 포스트모더니즘이 연대적으로 정의될 수 있는 어떤 경향이라기보다는 이상적인 어떤 범주, 더 정확히 말하면 Kunstwollen, 즉 표현의 방법이라고 믿는다. 따라서 모든 시대에는 그 시대의 매너리즘이 있을 수 있듯이 그 시대의 포스트모더니즘도 있을 수 있다. 나는 어떤 시대에든 이러한(포스

---

1) 볼프강 벨쉬, 『우리의 포스트모던적 모던 1』, 책세상, 2001. 제3장.

트모더니즘이나 매너리즘으로 표현되는) 위기의 순간이 있을 수 있다고 믿는다. 과거는 우리를 조건 짓고, 우리를 공격하고, 우리를 협박한다. 역사적인 아방가르드(나는 여기서 아방가르드를 초역사적인 범주로 보고 있다)는 과거를 청산하려고 한다."[2]

　우리는 이 양자의 주장을 상호보완적으로 파악하고자 한다. 포스트모더니즘의 많은 특성들이 이전에도 존재했다는 점에서 우리는 에코의 견해를 따르되, 기존의 문화와 사상에 대한 혁명적(전복적) 요소가 20세기 후반에 들어와 매우 일반화되었다는 점에서는 벨쉬의 견해를 따르겠다.

2. 『다 빈치 코드』와 포스트모더니즘

　우리는 여기서 현재 대중문화에서 가장 큰 반향을 불러일으키는 베스트셀러 소설인 『다 빈치 코드(The Da Vinci Code)』[3]를 통해 포스트모던 시대에 대중문화가 가하는 도전을 살펴보고, 이 도전을 어떻게 기독교적으로 대처해야 할지 고찰해 보겠다. 우리가 미국의 댄 브라운(Dan Brown)이 지은 이 작품을 선택한 것은 이 작품이 비교적 포스트모더니즘의 성격을 잘 드러낼 뿐 아니라 기독교와 관련하여 그리고 새로운 주체 형성을 위해 중요한 시사점들을 던져 주기 때문이다. 이 책은 작년 3월 영어로 출간된 후 미국에서 800만 부 이상 팔린 책인데, 올 여름 우리나라에서 번역 출간된 지 두 달 만에 50만 부 이상 팔린 화제작이다.

---

2) 움베르토 에코, 『장미의 이름 창작 노트』, 열린책들, 2002, pp. 98~101.
3) 댄 브라운, *The Da Vinci Code*, New York, Doubleday, 2003. 우리말로는 『다 빈치 코드』로 1, 2권이 베텔스만에서 역간.

이 소설은 루브르 박물관의 관장인 자크 소니에르가 살해되는 장면으로 시작한다. 밤중의 박물관 안에서 그는 총을 맞은 상태에서 기묘한 포즈로 누워 있다. 하지만 관장은 숨을 거두기 직전에 종교 상징학(우리말에서 기호학이라 번역되어 있으나 사실은 상징학symbology이다) 교수 로버트 랭던과 관장의 손녀인 암호전문가 소피에게 암호화된 메시지를 남긴다. 뜻밖의 사건에 휘말리게 된 랭던과 소피는 레오나르도 다 빈치의 그림에 담긴 단서들을 추적하며, 예수와 관련된 '충격적인 비밀'을 파헤쳐 나간다.

이 책은 우리에게 이미 잘 알려져 있는 움베르토 에코(Umberto Eco)식의 소설이다. 다시 말해 이는 추리 소설 형식으로 기호학(상징학)적 방법을 사용하여 특정 사건과 관련된 이야기를 풀어나가는 소설이다. 이 책은 전개 방식(살인 사건과 추리)에서 에코의 『장미의 이름』과 매우 흡사하고, 비밀 결사단의 계보를 추적하는 면에서는 『푸코의 진자』와 매우 유사하다. 『푸코의 진자』가 성당 기사단을 다루고 있다면, 이 책은 (성당 기사단의 모체인) 시온 수도원을 다루고 있다. 그런데 이 소설은 놀랄만한 내용을 다루고 있다. 그리고 그 내용은 매우 반(反)기독교적이다.

작가인 댄 브라운은 예수가 결혼을 했으며, 그 아내는 막달라 마리아라는 주장을 한다. 예수가 십자가에서 처형될 당시 막달라 마리아는 임신 중이었다고 한다. 아기의 안전을 위해 그녀는 아리마대 요셉의 도움을 얻어 예루살렘을 떠나 먼 곳으로 행했다. 그녀가 도착한 곳은 오늘날 남(南)프랑스 지역이다. 거기서 그녀는 딸을 낳았다. 그 딸의 이름은 '사라'이다. 사라를 통해 전해진 그리스도의 후손은 5세기경에 프랑스 왕가와 결혼하기에 이르고, 그 결혼을 통해 메로빙거 가계가 창조되었다. 시온 수도원이 지닌 주된 임무 중의 하나는 그리스도의 혈통을 보존하는 일이다. 이에 반해 바티칸은 그리스도의 혈통을 가진 사람을 없애려는 노력을 한다는 것이다.

유럽에서 전하는 '성배(聖杯, holy grail)'를 다룬 예술의 핵심은 바로 이러한 사실의 복구에 있다는 것이다. '최후의 만찬' 때 사용했으며, 예수가 십자가에서 흘린 피를 담은 그릇인 성배에 관한 전설은 사실상 왕족의 피에 대한 전설이라는 것이다. 성배가 그리스도의 피를 담은 잔이라는 것은 예수라는 왕족의 혈통을 품은 여자의 자궁, 즉 막달라 마리아라는 것이다. 나아가 작가는 이와 관련하여 성배에 대한 상징적 해석도 받아들이는데, 성배는 결국 신성한 여성, 신성한 여신을 나타내는 상징이라는 것이다. 잃어버린 성배를 찾는 기사들의 원정 전설은 잃어버린 신성한 여성을 찾기 위한 탐험 이야기라는 것이다.

댄 브라운의 이러한 이야기는 사실상 독창적인 연구에 토대를 둔 것은 아니다. 이 책 내용의 상당 부분은 『성전의 폭로(Templar Revelation : Secret Guardians of the True Identity of Christ)』(1998)와 『성배와 잃어버린 장미(The Woman with the Alabaster Jar)』(1993), 그리고 『성혈과 성배(Holy Blood, Holy Grail)』(1982)에 담겨 있는 내용을 되풀이한 데 불과하다. 『성전의 폭로』, 『성배와 잃어버린 장미』도 『성혈과 성배』의 주된 내용을 발전시킨 책이기에 결국 이러한 내용의 원형은 『성혈과 성배』에 담겨 있다고 말할 수 있다.[4]

위에서 소개한 이러한 책들이 다루는 내용의 공통점은 예수와 마리아의 관계, 예수의 후손, 성배에 대한 해석 이외에도 다음과 같은 점을 들 수 있다.

---

4) Michael Baigent et als., *Holy Blood, Holy Grail*, New York, A Dell Book, 1983.

1. 예수 이야기를 다루는 성경은 유일한 진리 체계가 아니다. 오히려 기존의 복음서는 (콘스탄티누스와 같은) 권력자에 의해 윤색된 역사적 허구이다. 그리스도에 대한 오리지널한 이야기를 담은 금지된 복음이 존재한다. 그 복음서들은 나그 함마디 문서에 콥트어로 기록되어 있다.

2. 예수는 원래 페미니스트로서, 자신이 죽은 후 교회의 지도권을 막달라 마리아에게 넘겨주었다. 성차별주의자인 베드로는 이 사실에 강한 불만을 품고 있었다. (댄 브라운에 의하면 다 빈치의 명작인 〈최후의 만찬〉은 바로 이러한 불만을 표현한 그림이다. 그는 예수 오른편에 앉아 있는 인물이 전통적인 해석과는 달리 요한이 아니라 막달라 마리아라고 주장한다) 가톨릭교회는 이러한 베드로의 정신을 계승하여 여자들을 정복하고, 여신을 추방하고, 신성한 여신을 숭배하는 이교도를 금했다.

포스트모더니즘의 가장 큰 특징은 다원성 강조와 그 논리적 귀결인 '억압된 것의 귀환'에 있다. 포스트모던 시대에 와서 그 동안 사회 제도, 관습, 정치권력, 문화권력 등에 의해 억압되어 왔던 요소들인 동성애, 여성성, 판타지, SF, 신화, 상징, 이미지, 상상력, 대중문화 등이 대대적으로 분출되기 시작한다.

우리는 『다 빈치 코드』에서 본 발표문의 주제와 관련하여 가장 중요한 요소인 '다원성'과 '억압된 것의 귀환'을 확인한다. 이 작품의 형식에서 드러나는 점은 '대중성의 강조' 혹은 '대중문화와 고급문화의 만남'이다. 다른 한 편으로 작품의 주제에서 중요한 점은 '반기독교성과 여성성 강조'이다. 이 모든 것들은 서양의 주류 문화(사상)에서 억압되어 온 요소이다.

3. 고급문화와 대중문화의 만남 : 대중성의 수용

『다 빈치 코드』는 굳이 분류하자면 장르 문학에 속한다. 장르 문학이란 특정한 체제와 유형을 밟으며 사건을 풀어나가는 소설로서 추리, 무협, 판타지, 공상과학(SF), 인터넷 소설 등을 포괄적으로 일컫는 말이다. 이는 일반적으로는 본격 문학과 구분되는 하위 문학으로 분류되어 오랫동안 진지한 논의의 대상에서 제외되어 왔다. 그런데 이 작품에서 다루는 주제는 서구 기독교에 대한 비판, 여성성 회복 등 매우 무거운 주제이다. 『다 빈치 코드』는 순수 문학과 장르 문학이라는 이분법적 구분이 더 이상 적절한 개념이 아님을 보여 주는 작품이다.

이런 부류의 선구적인 작품은 움베르토 에코가 지은 『장미의 이름』이다. 이 작품은 철학, 종교, 역사, 문학, 과학 등 방대한 지적 세계를 횡단하며 진실을 추구하는 추리 소설이다. 이는 진지하면서도 재미있는 소설이다. 이 작품이 성공한 뒤 에코 자신도 『푸코의 진자』, 『전날의 섬』 같은 소설을 계속적으로 집필해 나갔고, 다른 많은 작가들도 이러한 에코식의 소설 계열에 동참했다. 매튜 펄의 『단테 클럽』과 칼 마르크스의 『자본론 범죄』 등이 그 예들이다. 댄 브라운의 『다 빈치 코드』도 이러한 범주에 포함된다. 기실 이러한 부류의 소설들은 고급문화와 저급문화의 이분법 자체에 강력히 도전하는 문화이다. 이러한 이분법 해체의 과정과 의의를 간략히 다루어 보자.

서양에서 고급문화와 저급문화(대중문화)라는 두 개의 문화가 신분을 중심으로 이원적으로 형성된 후 오랫동안 양자 간에 문화적 대화나 접촉은 없었다. 엘리트는 고급문화를, 대중은 대중문화를 향유하며 양 진영은 각각의 독립된 문화를 발전시켜왔다. 오랫동안 '본격' 예술가들은 자신들의 예술에서 대중을 격리시켜왔다. 프랑스의 스탕달은 자신의 작품 『파르마의 수도원』을 '소수의 복된 사람(To the happy few)'에게 헌정했다. 아일랜드의 작가 조지 버나드 쇼는 전 인구의 10% 이상이 좋아하는 그림은 모두 불살라야 한다고 말했다. T. S. 엘리엇이나 제임스 조이스 같은 모더니즘 계열 작가들의 난해한 문학들은 대중의 접근을 아예 차단하고 예술적 귀족주의 속에 칩거한다. 이러한 전통 속에서 서양에서는 고급문화와 저급문화(대중문화)라는 두 개의 상호 이질적인 문화가 형성되었으며, 사회의 엘리트는 고급문화를 향유하고 '무식한' 대중은 대중문화를 즐겼다.

다른 한편으로 초창기(19세기)에는 피상적이고 '저속'했던 대중문화가 20세기를 거치면서 상당한 발전을 이룩하게 되었다. 가령 영화는 원래 대중예술의 장르로 출발했으나 이후 상당한 수준의 예술성을 드러내는 드레이어, 타르코프스키, 쿠로자와, 펠리니 같은 감독들을 배출하였다. 탐정소설 역시 흔히 대중소설로 분류되지만 벨기에의 조르주 심농(Georges Simenon)의 탐정 소설의 경우는 심리 · 사회적인 묘사로 인해 찬사를 받았고 "악, 불안, 공포, 현대 도시 등에 대한 자료"로서도 인정을 받고 있다.

20세기 중 · 후반기에 들어오면 고급문화와 대중문화 사이의 경계가 허물어지는 현상이 동시다발적으로 일어난다. 1950년대 이후 미술에서는 순수예술과 대중문화를 가르는 울타리를 제거하고 대중예술적인 요소를 적극 도입하고자 하는 팝 아트(pop art)가 상당한 세력으로 등장하기 시작했다. 음악에서도 둘 사이의 교류는 활발하게 전개되고 있다. 번스타인이 지휘하는 뉴욕 필하모니는 비틀즈의 음악을 연주하고, 플라치도 도밍고와 존 덴버, 박인수와 이동원, 조수미와 조성모 등 성악가와 대중가수가 이중창을 부르고, 파바로티는 다양한 대중가수들과 함께 '파바로티와 친구들'을 구성해 여러 차례 협연을 해 왔다. 포스트모더니즘의 선구자인 레슬리 피들러는 "경계를 넘어서고 간격을 메우며"(1969)[5]라는 글에서 전통적인 소설(문학 엘리트만의 기호를 만족시키는 난해한 모더니즘 소설)의 시대가 끝났음을 선포하고, 고급문화와 대중문화 그리고 순수문학과 대중문화 사이의 '경계를 넘어 양 진영 사이의 간격을 메우는' 작업이 새로운 시대, 즉 포스트모던 시대에 요구된다고 주장했다.

사실 그 동안 순수예술 진영은 자신들의 문화를 신성시해 왔고, 그렇게 함으로써 문턱을 높여 아무나 접근하지 못하게 막았다. 그리고 대중문화에 대해 경멸적인 태도를 유지하였다. 그런데 고급문화와 저급문화, 본격 순수문화와 대중문화의 구분은 문화의 본질에 바탕을 둔 구분이 아닌 역사적 산물이다. 그것도 계급적으로 구조화된 사회의 역사적 소산이다. 우리가 지향해야 할 사회도 계급적으로 구분된 사회가 아닌 민주화된 사회이다. 계급구조가 무너지고 새로운 질서를 요구하는 상황에서 계급 사회의 유산인 이 이분법적 구분을 터부시할 이유는 없다. 변화는 시대의 요청이다.

4. 기독교 비판 : 영지주의

『다 빈치 코드』는 포스트모던 역사관을 반영한다. 포스트모던 역사관은 역사란 공정하고 객관적인 기술이 아닌, 승자에 의해 쓰인 것이며 그

---

5) Reslie Fiedler, *A Fiedler Reader*, New York, Stern & Day, 1977.

속에는 승자(지배자)의 이데올로기가 깔려 있다고 주장한다. 서양에서 기독교는 타종교들에 대한 승자이며, '정통' 기독교는 '이단'에 대한 승자이다. 정통 기독교의 지배는 로마 제국의 기독교 국교화가 이루어진 후 중세 내내 이어져 왔다. 그리고 근대에 와서도 서구에서 기독교의 우세는 지속되었다. 그런데 작용은 항상 반작용을 낳는 법이다. 사실 어느 시기에나 정통 기독교에 대한 반대는 있어 왔다. 하지만 중세 때 정통 기독교를 벗어나는 가르침은 종교재판을 통해 철저히 응징 받았다. 근대에 와서 비로소 정통 기독교에 대한 비판이 어느 정도 자유롭게 전개되기 시작했다면, 포스트모던 시대에 들어와 정통 기독교에 대한 항거는 더욱 더 일반화된다. 『다 빈치 코드』의 등장 인물인 역사가 티빙은 소피에게 성경이 하나님의 말씀임을 부인하며, 성경(정경)이나 '그리스도의 초기 후손들을 밝힌 가계도'가 동일한 자격을 지닌다고 주장한다.

> "성서는 인간의 작품이란 말일세. 신의 작품이 아니고. 성서는 구름에서 기적적으로 떨어진 것이 아니야. 격동의 시기에 인간들이 만들어 낸 역사적인 기록이지. 그리고 그것은 수도 없는 변형과 첨가, 개정 작업을 거치며 진화해 온 것이라네. 역사는 결코 성경의 완벽한 판본을 가져본 것이 없어."[6]

티빙과 소피의 대화는 재개된다.

소피가 물었다.

"그리스도의 혈통을 보여 주는 문서화된 가계도가 뭐 그리 좋을 것이 있

---

6) 댄 브라운, 『다 빈치 코드 1』, 베텔스만, 2004, p. 354. 역자의 오역으로 인해 마지막 문장을 필자가 수정하였음.

나요? 그건 증거가 아닐 수 있어요. 역사가들은 가계도가 진짜인지 아닌지
당연히 의심할 거라고요."
티빙은 소리 내어 웃었다.
"역사가들이 성경의 진위를 놓고 이게 진짜요,
라고 말하는 것과 다를 바가 없는 일이지."
"무슨 뜻이죠?"
"역사란 항상 승자에 의해서 쓰인다는 뜻이오. 두 문화가 충돌했을 때,
진 쪽은 잊혀지는 법이지. 승자는 자신들의 이유를 정당화하고, 패자의
명예를 손상시키는 역사를 쓰기 마련이라오. 나폴레옹도 말한 적이 있지.
'역사란 합의된 우화에 지나지 않는다.' 그 본질을 볼 때, 역사란 항상
한 쪽의 설명일 뿐이라오."[7]

『다 빈치 코드』에 의하면, 신에 관한 이야기 나아가 세상의 모든 종교
는 동일한 것이며 문자적으로나 역사적으로 받아들여서는 안 되고 은유
로 받아들여야 한다는 것이다. 이 점은 랭던이 소피에게 다음과 같이 하
는 말에서 확인할 수 있다.

"소피, 세상에 있는 모든 믿음은 허구에 바탕을 두고 있어요.
그것이 믿음의 정의요. 우리가 증명할 수는 없지만 진실이라고 상상하는
것을 마음으로 받아들이는 것이오. 모든 종교에서 신은 은유와 암시,
과장을 통해서 묘사해요. 초기 이집트인부터 시작해서 현대의
일요예배학교까지 말이오. 은유는 우리가 받아들일 수 없는 것을 우리의

---

7) 댄 브라운, 『다 빈치 코드 2』, 베텔스만, 2004, p. 30~31.

마음이 받아들이도록 돕는 수단이오. 문제는 우리 자신의
은유를 말 그대로 믿기 시작할 때 발생하는 것이오."[8]

   티빙과 랭던의 이러한 말들은 작가가 기독교에 대해서 가지고 있는 관념들을 잘 보여 준다. 나아가 이는 오늘날 포스트모던 시대에 많은 사람들이 기독교 혹은 종교에 대해 지니고 있는 관념을 반영하고 있다. 『다빈치 코드』의 저자, 그리고 이 소설이 의거하고 있는 책들의 저자들은 소위 '정통' 기독교와는 다른 기독교, 즉 역사상 정통 기독교와 경쟁 관계에 있었던 영지주의(Gnosticism) 기독교야말로 오히려 참된 기독교임을 암시한다.

   신약성경에서 사도 바울과 요한이 경계하고 있는 영지주의는 그 후 교회사에서 혹은 문화사에서 완전히 사라져 버린 사상이라고 생각하기 쉽지만 사실은 그렇지 않다. 영지주의에 많은 관심을 가지고 있는 조지프 캠벨은 레반트(Levant : 동부 지중해 및 그 섬과 연안 제국)의 유산이 두 가지 큰 흐름을 통해 후대에 유럽으로 전달되었다고 주장한다. 하나는 지상의 정통 교회를 통한 흐름이고, 다른 하나는 지하의 다양한 그노시스 분파를 통한 흐름이다.[9] 이 영지주의는 다양한 신비주의 사상과 연금술 등을 통해서 전승되었다. 그리고 이는 낭만주의, 상징주의, 초현실주의 등의 문예 사조를 통해서도 계승되었다.[10]

   낭만주의 시인인 라마르틴이 〈인간〉이란 제목의 시에서 "인간은 하늘나라의 추억을 가지고 있는 추락한 신"이라 말했을 때, 그리고 상징주

---

8) 같은 책 p. 163.
9) 요셉 캠벨, 신의 가면 IV. 『창작 신화』, 까치, 2002, p. 177.
10) Serge Hutin, Les Gnostiques, Paris, PUF, 1992.

의 선구자인 보들레르가 시인을 무지한 군중들의 "야유 속에서 지상에 유폐"되어 있는 고독한 자라고 정의했을 때, 그들은 영지주의 사상을 표현하고 있었다.

『성혈과 성배』에서 시작하여 『푸코의 진자』를 거쳐 『다 빈치 코드』에 이르기까지 이야기의 주된 무대가 프랑스인 것은 우연이 아니다. 이는 영지주의의 계보와 관련이 있다. 특히 남프랑스는 영지주의의 중심지라 할 수 있는 지역이기 때문이다. 12세기의 남프랑스에 영지주의가 정착된 것은 카타리파를 통해서이다.[11] 당시 알비(Albi)는 카타리파의 본거지였다. 극단적인 이원론자인 카타리파는 물질을 죄악으로 간주했고 물질의 창조주인 구약성서의 신을 부정적으로 평가했고, 내세를 믿긴 했으나 그들의 내세관은 오히려 불교의 윤회관과 비슷한 것이었으며, 인간이 동물로 환생할 수 있다는 환생설을 믿었다. 그들에게 예수는 단순히 한 인간일 뿐이며, 그들은 예수 십자가 사건도 믿지 않았다. 그리고 그들은 막달라 마리아가 예수의 아내라고 생각했다. 결국 교황의 명령에 의해 알비 주민은 대대적으로 학살당했다. 그러나 남프랑스에서 영지주의는 '성배의 수호자'로 알려진 성당기사단 속으로 스며들었다. 성당기사단 역시 교황과 프랑스 국왕의 연합 세력에 의해 처절한 박해를 받았고, 살아남은 이들 가운데 상당수는 프리메이슨으로 합류했다.

로마 제국에 의해 박해를 받던 기독교가 테오도시우스 치하에서 공인된 것 자체는 축복이었다. 그러나 이후에 기독교가 로마 제국에 통제되고 나아가 기독교가 제국의 국교로 된 사건은 기독교계에 매우 부정적인

---

11) 카타리파에 대해서는 다음 문헌들을 참조할 것. Elmar R. Gruber & Holger Kersten, 『예수는 십자가에서 죽지 않았다』, 아침이슬, 2001, 350~359. ; Simon Cox, 『다 빈치 코드의 진실』, 예문, 232~240.

영향을 미쳤다. 기독교 국교화란 곧 기독교를 강요하는 것이며, 다른 종교를 선택할 자유는 주지 않는 것이다. 323년의 밀라노 칙령이 종교적 관용의 표방이라면, 이후의 기독교 국교화는 타종교에 대한 불관용을 의미한다.

그 동안 서구의 기독교는 강자의 입장에서 이단과 타종교를 짓밟아왔다. 그러나 종교 재판으로 비기독교성을 억누르는 것은 정당한 것도, 지혜로운 것도 아니다. 최근에 비기독교권(공산권, 이슬람권)에서 기독교에 대한 박해를 계속적으로 가하고 있다. 여기서 우리가 그들에게 박해를 멈추라고 요구할 수 있는 논거가 무엇인가? 기독교는 진리이며 공산주의와 이슬람은 비진리인데 비진리가 왜 진리를 박해하느냐고 따질 것인가? 사상의 자유, 인권, 그리고 종교적 관용을 요구해야 할 것이 아닌가? 그렇다면 우리는 과거에 기독교가 범한 죄악을 반성해야 하며, 더 이상 이와 유사한 실수를 되풀이하지 않도록 노력해야 한다.[12]

5. 여성성의 귀환

『다 빈치 코드』에서 여성성은 매우 중요한 주제이다. 살해당한 루브르 박물관장 자크 소니에르는 여성과 여신에 매우 큰 관심을 가졌던 도상학자였다. 그는 관장으로 재임하는 동안 루브르가 여신과 관련된 예술품들을 가장 많이 소장하는 박물관이 되도록 도왔다. 랭던은 『읽어버린 신성

---

12) 우리는 부시에게서 그러한 태도의 한계를 본다. 부시는 하나님이 자신에게 이라크 침공을 명령하셨다고 주장한다. 자신의 욕심을 하나님의 명령에 투사시키는 이런 식의 태도는 기독교에 대한 이슬람의 반감만 더할 뿐이다.

한 여성의 상징들」이란 가제의 책을 출간하려고 했다. 잔이 잃어버린 여신을 상징하며, 잃어버린 성배를 찾는 기사들의 원정 전설은 잃어버린 신성한 여성을 찾기 위한 금지된 탐험 이야기라고 주장하는 랭던은 소피에게 다음과 같이 말한다.

"잔이라는 것은 문자 그대로 여성스러움을 나타내는 고대 상징이고,
성배는 신성한 여성, 신성한 여신을 나타내는 것이오. 바로 교회가
제거하고 삭제시킨 개념들입니다. 여성의 힘과 생명을 창조하는 여성의
능력은 한 때 매우 신성한 것이었소. 하지만 이런 개념은 남성적인 교회의
성장에 위협이 되었어요. 결국 신성한 여성은 악마화되고 불결하다고
여겨졌소. 이브가 사과를 먹고 인류를 타락시켰다는 '원죄' 의 개념을
창조한 것은 신이 아니라 인간이었던거요. 생명을 주는 신성한 존재였던
여자가 이제 적이 된 겁니다."[13]

티빙은 예수가 원래 페미니스트라고 주장한다. 예수는 자신의 사후에 교회의 미래를 막달라 마리아에게 맡길 계획이었다는 것이다. 성차별주의자였던 베드로는 그 사실에 큰 불만을 느꼈다. 주인공이 아니라 여자 밑에서 조역을 담당하게 될 자신의 역할이 싫었던 것이다. 다 빈치의 프레스코화 〈최후의 만찬〉은 바로 이러한 다 빈치의 불만을 잘 표현한 작품이라는 것이다. 『다 빈치 코드』에는 다 빈치가 시온 수도회의 그랜드 마스터 중 한 사람으로서 여신을 숭배한 사람으로 그려져 있다. 그리고 그는 그 그림을 통해 신성한 여성에 대해 매우 놀라운 찬사를 보냈다는

---

13) 댄 브라운, 『다 빈치 코드 1』, pp. 365~366.

것이다.

영지주의 계열에서는 일반적으로 여성의 지위가 높다. 어떤 영지주의 문헌에 의하면, 여호와가 자신을 유일한 하나님이라고 선언하자 그의 어머니인 소피아로부터 건방진 애들처럼 굴지 말라는 꾸지람을 듣는다.[14] 영지주의 계열의 문헌들(빌립 복음서, 마리아 복음서)에서는 예수가 막달라 마리아를 제자들보다 더 사랑했으며, 이에 제자들이 예수에게 불만을 토로하는 장면이 나온다. 마르키온파, 몬타누스파, 발렌티누스파 등의 영지주의 집단에서는 여자들도 교회의 지도적 위치에 있었던 것 같다.

시온 수도회 역시 역사적으로 신성한 여성을 찬양해 왔다고 랭던은 주장한다. 그리고 시온 수도원에서는 여성이 영광스러운 지위를 차지해 왔으며, 여성 그랜드 마스터도 네 명이나 있었다고 한다. 예수 십자가 사건 이후 교회의 주도권은 베드로에게 넘어갔고, 결국 가톨릭교회는 여성성을 억압하는 가부장적인 종교를 발전시키게 된다. 『다 빈치 코드』에서 시온 수도회와 대립 기관으로 등장하는 가톨릭의 '오푸스 데이(Opus Dei)'는 가톨릭 기관 가운데서도 여성 차별이 매우 강한 집단으로 묘사되어 있다.

이 작품은 예수와 막달라 마리아의 결혼, 마리아의 교회 계승권 등을 통해 결국은 가부장적이고 남성중심적인 가톨릭을 비판하고, 여성을 존중해 온 영지주의와 시온 수도원을 부각시키고 있다. 여기에는 오랫동안 억압당한 여성을 회복하고자 하는 시도가 담겨 있다.

유대교 문헌에 따르면, 신은 아담과 똑같은 방식으로 즉 흙으로 최초의 여성인 릴리스(Lilith)를 만들었다.[15]

---

14) Timothy Freke & Peter Gandy, *The Jesus Mysteries*, New York, Three Rivers Press, 1999, p. 94.
15) 릴리스 신화에 대해서는 다음 문헌들을 참조할 것. Louis Ginzberg, 『성경의 전설들』, 크리스

아담은 그녀가 자신에게 복종하길 원했다. 하지만 릴리스는 남편인 아담에게 복종하기를 거부하고 동등한 권리를 요구했다. 그녀는 자신과 아담 둘 다 흙으로 만들어졌기 때문에 동등한 존재라고 주장했다. 아담은 이에 동의하지 않았다. 아담과 불화한 그녀는 결국 에덴동산을 도망쳐 나와 홍해 쪽으로 날아가 버렸다. 신은 세 천사를 보내어 릴리스를 다시 데려오게 했으나 그녀는 귀환을 거부했다. 대신 그녀는 그 벌로써 매일 한 명씩(모두 100명의) 자기 자식을 잃는 편을 택하였다. 이에 신은 아담의 갈비뼈로부터 아담에게 복종하는 여인인 하와를 만들었다.

여성에게 권력과 자신의 삶을 추구하는 '릴리스'와 순종적이고 자기희생적인 '하와'가 공존한다면, 남성중심의 가부장적 사회는 하와만이 여성의 참 모습인 것으로 강조해 왔다. 독일의 정신과 의사이자 심리분석가인 한스 요하임 마츠(Hans-Joachim Maaz)는 릴리스 콤플렉스에서 여성이 지닌 이 두 측면 가운데 릴리스적 특성을 억압하는 복합적인 심리를 '릴리스 콤플렉스'라 지칭한다. 그는 현대 사회의 많은 문제가 이 콤플렉스에서 기인한다고 지적한다. 그리고 그는 릴리스와 하와 사이의 진정한 화해를 주창한다.

6. 새로운 주체 형성의 길

위에서 우리는 『다 빈치 코드』에 나타난 포스트모더니즘적 요소로서

챤다이제스트, 2002, pp. 94~95. ; Hans-Joachim Maaz, 릴리스 콤플렉스, 2004, pp. 17~18. ; Brigitte Couchaux, "Lilith" in P. Brunel dir., *Dictionnaire des Mythes litteraires*, Monaco, Editions du Rocher, 1988, 958~964.

대중성, 영지주의 그리고 여성성을 지적하였다. 이 세 가지 요소를 새로운 주체 형성과 관련하여 재검토한 후 본 발표문을 맺고자 한다.

1) 오늘날 순수·본격예술이 '설 자리'를 잃었다면 그 이유는 무엇인가? 대중의 무지로만 치부해 버릴 것인가? 변화하는 시대와 사회의 흐름을 읽고 적절히 대응하기보다 난해성의 추구에만 함몰되지 않았는가? "무엇을 쓰려고 했는지 아무도 모르는 소설"을 쓰면서 대중문학 작가와 '천민' 독자를 비난만 하지는 않았는가? 예술을 향유하고 싶어 하는 대중에게 도무지 이해할 수 없는 작품들만 제시할 수는 없다. 그들이 이해하고 감상할 수 있는 작품을 전달해 주어야 한다. 그렇게 하지 않으면서 대중문화의 작가와 독자만 비난한다면 그것은 결국 문화가 엘리트를 위한 것이라는 주장밖에는 안 된다.

현실을 외면하고 난해성으로 치달은 고급문화가 결국 수용자의 외면을 초래했다면, 대중문화 역시 대중에 야합하거나 저속한 취향을 조장하지 않았는가? 상업주의에 영합한 작품들을 생산하지 않았는가? 일부 '순수예술가'들도 이러한 상업주의와 대중주의의 유혹에 넘어가고 있지 않은가? 대중문학은 진정으로 대중을 위한 문학이어야지 대중을 저속화시키는 문학이어서는 안 된다. 그리고 대중의 문화적인 수준이 점점 높아져 감을 염두에 두고 예술성 있는 작품을 지향해야 한다. 예술성과 대중성은 양립 불가능한 것은 아니다.

예술의 수용자는 본격문화를 위해 존재하지도 않으며 대중문화를 위해 존재하지도 않는다. 그는 양 진영 사이의 영토 싸움에 관심이 없다. 그에게는 오직 자신이 향유할 수 있는 문화가 필요할 뿐이다. 본격예술의 형식이든 순수예술의 형식이든 혹은 둘을 혼합한 퓨전예술 형식이든 예술가는 진정 감상자를 위한 예술, 미와 즐거움을 주며 정신적 세계를 넓혀

주는 예술을 지향해야 한다. 그리고 예술비평도 순수예술과 대중예술을 불문하고 그 작품이 과연 예술성이 있으며 '인간을 위한' 예술인지에 초점을 맞추어야 할 것이다. 더 이상 엘리트와 대중이라는 계급적 구분이 무의미해진 시대, 어떤 의미에서는 모두가 대중인 이 시대에 걸맞는 새로운 문화가 요청되고 있다. 기독교는 이러한 요청을 외면할 수 없다.

기독교 문화의 창작과 비평에서 우리는 엘리트와 대중이라는 이원적 분류 속에서 대중을 외면하고 엘리트만을 겨냥한 문화를 지향해서는 안 된다. 여기서 우리는 가장 단순하고 무식한 자도 이해할 수 있는 언어로 성경을 기록하였다는 칼뱅(Jean Calvin)의 성경관을 기억할 필요가 있다. 대중을 문화적으로 소외시키지 않으면서도 문화의 수준을 향상시키는 방식을 적극 모색해야 한다.

2) 타인을 존중한다는 것과 타인의 사상을 진리로 받아들인다는 것은 엄연히 다르다. 타인의 사상이 온전한 진리가 아니라고 평가할지라도 우리는 타인과 타인의 사상을 존중해야 한다. 다원주의 시대를 살아가는 우리의 자세는 종교재판관적인 혹은 십자군적인 전투태세가 되어서는 안 된다. 힘 있는 자가 힘을 사용할 때 상대방이나 주위에서는 그 기세에 눌려 침묵할 때가 있다. 그러나 침묵할 뿐이지 진정한 동의를 하는 것은 아니다. 개인이나 집단이 변화되는 것은 진정한 동의, 감화가 있을 때 가능한 것이다.

『해리 포터』 시리즈가 발간되었을 때 기독교 기관에서 적잖이 이 책을 정죄하였다. 기독교 전통이 강한 국가에서는 학교 도서관에 비치를 거부하거나 심지어는 불태우기도 했다. 최근에는 레바논에서 가톨릭 측의 대대적인 항의 때문에 서점에서 판매되고 있는 『다 빈치 코드』를 레바논 보안당국이 일제히 수거해 갔다고 한다. 우리는 이러한 사상 통제가 오늘날 같이 통신이 발달한 시대에 전혀 효과적인 것이 아님을 안다. '이교' 사상이 통용될 때, 그 집단에서 실정법을 어긴 경우에 그 내용에 대해서 처벌을 요구할 순 있어도 그 사상 자체의 확산을 강제적으로 막을 권리는 없다. 오히려 그 사상에 대해 학문적으로 충분히 연구하여 많은 사람의 공감을 얻는 정당한 비판을 가하는 것이 그 사상을 막는 데 훨씬 효과적이다. 또한 그러한 태도를 제3자가 바라본다면 기독교에 대해 더 우호적으로 평가하게 될 것이다.

『성혈과 성배』에서 『예수는 신화다』를 거쳐 『다 빈치 코드』에 이르기까지 이들 주장의 배후에는 초대 기독교회를 괴롭혔던 영지주의가 깔려 있다. 영지주의, 마니교, 카타리파, 성당기사단, 프리메이슨 등으로 이어지는 계보는 서구 문화에서 비주류 사상으로서 큰 역할을 감당한 것이 사실이다. 그리고 영지주의와 뉴 에이지의 관계도 규명할 필요가 있다. 양자는 신관과 인간관에서 매우 유사한 입장을 보이고 있다. 따라서 영지주의 계보에 대한 깊이 있는 연구가 요구된다. 그리고 이러한 사상의 보고(寶庫)인 사해 문서와 나그 함마디 문서를 복음주의 진영에서 어떻게 볼 것인지, 특히 정경론과 관련하여 구체적인 연구들이 필요하다.

이러한 문헌들에 대한 신학적 고찰과 아울러 문화사 혹은 예술사적인 고찰도 필요하다. 이러한 문헌들을—신학적이 아닌—인간학적으로 고려할 때 많은 통찰을 주고 있는 것은 분명하다. 특히 칼 융(Carl Gustav Jung)의 심리학은 이러한 문헌들을 적절히 고려하여 인간 심리에 대한 새로운 통찰을 제시하고 있다.

3) 『다 빈치 코드』에 들어있는 영지주의적 요소와 릴리스 신화는 여성

성에 관한 '정통' 기독교에 대한 비판이다. 여기서 우리는 다음과 같은 단순 논리를 피해야 한다. "남녀평등을 주장하는 것은 성경적 원리가 아니라 이교적 원리야. 봐, 영지주의가 그렇게 가르치잖아." 그러나 이단의 가르침에도 귀를 기울여야 할 때가 있다. 이단은 정통이 타락할 때 성행하며, 이단은 정통이 올바른 길을 걷지 않을 때 그 잘못을 비추어 주는 거울 역할을 종종 감당하기 때문이다. 우리는 기독교가 여성을 멸시하고 억압해 왔음을 솔직히 인정해야 한다. 성경의 원리에 입각해서가 아니라 우리의 관습과 편견에 의해 여성에게 정당한 지위를 부여하지 않았음을 반성해야 한다.

오늘날 우리 사회에는 페미니즘의 강력한 요구에 직면해 있다. 개신교 회도 마찬가지다. 교회 내에서 여성이 수적으로 다수를 차지함에도 불구하고 여성의 지위는 낮다. 일반적으로 여자는 섬기고 남자는 섬김을 받는다. 교회의 주요한 의사 결정 구조에서 여성 참여가 저조하다. 그리스도인의 가정과 교회에서, 그리고 현재 한국 사회가 여성에 대해 취하는 입장이 과연 성경적인가? 이러한 구조를 우리의 후손들에게 계속 물려줄 것인가?

보수적인 개신교 교단에서 현재 '여성 안수' 문제를 둘러싸고 많은 논란이 제기되고 있다.

모 교단의 총회장은 "기저귀 찬 여자가 어떻게 목사가 되느냐"는 발언으로 물의를 일으키기도 했다. 물론 '여성 안수'는 해당 교단 구성원들의 합의된 성경 해석을 토대로 삼아 결정할 문제다. 여기에 대해 제3자가 왈가왈부할 수는 없다. 하지만 그 합의 도출 과정은 해당 교단 이외의 사람도 납득할 수 있는 방식으로 진행되어야 한다. 그러한 발언은 그 교단뿐 아니라 나아가 온 기독교계의 권위를 실추시키는 발언이다. 얼마나 많은 이들이 그 발언을 전해 듣고 기독교에 실망했겠는가? 자신의 주장을 전하는 방식이 타자를 전적으로 부정하는 방식으로 전개되어서는 안 된다. 성경 말씀에 대한 합당한 해석을 제시하고, 자신의 의견에 찬동하지 않는 이를 설득하는 방식으로 접근해야 한다.

　근대적 주체는 이성 중심의 주체요, 의식적 자아 중심의 개별자 주체였다. 그리고 그 이외의 요소들은 배제하는 주체였다. 그 극단적인 모습은 관념론과 유아론에서 나타난다. 이 주체가 공동체적으로 적용될 때도 배타적인 성격은 여전하다. 이성적 사고 중심의 17세기 사회는 광인, 극빈자, 게으른 자, 걸인 등을 함께 수용 시설에(극빈원이란 이름으로) 감금함으로써 이들을 정상인(이성적 주체)의 사회로부터 배제하였음을 미셸 푸코의 『광기의 역사』가 잘 보여 준다. 프랑스 대혁명 기간 중에 '인간과 시민의 권리선언'이 선포되고 사회적 평등과 시민권이 강조되었지만, 결국 이 선언은 중산층 부르주아의 권리를 선포한 것이며 또한 여기서 인간과 시민은 여성을 배제한 남성들만의 집단이다.

　기독교 역시 배타적인 성격이 강하다. 이단과 타종교를 극단적으로 거부했을 뿐 아니라 여성들도 억압해 왔다. 대중성에 대해서도 그 긍정적인 요소를 고려하기보다 이를 세속성과 등식화시켜 부정적으로 평가해 온 것이 기독교의 일반적인 경향이었다. 타종교에 대해, 대중문화에 대해 배타적인 태도를 취하는 것이 신실한 신앙의 증표인 양 생각하기도 했다. 그러나 단군동상과 불상을 훼손하는 것이, 대중문화가 사단의 주된 무대인 양 이를 맹렬히 공격하는 것이 과연 진정한 신앙인의 태도인지 재검토해 보아야 한다. 우리는 서구에서 진행되어 온 '주체의 죽음' 논의에서 교훈을 얻어야 한다. 주체의 강조가 타인에 대한 배제로 이어질 때 그 주체는 극복의 대상일 수밖에 없다.

우리는 이 세상에 파묻혀 이 세상의 풍조에 함몰되는 그리스도인이 되어서는 안 된다. 우리는 '거룩한 세속성'을 추구하면서 이 세상 문화를 변혁시키고자 하는 열망을 간직해 나가야 한다. 종교 다원주의 시대를 살아가면서도 우리는 그리스도인의 정체성을 지키고 복음을 수호하며 성경적 원리가 이 땅의 문화 속에 구현되도록 노력해야 한다. 동시에 우리는 이러한 열망을 지니고 노력하되 먼저 타인의 인격을 존중하고 배려해야 하며, 섬기는 종으로서 겸허히 이 땅에서 기독교 문화를 일구어가야 한다.

"포스트모던 문화와 기독교"에 대한 논찬

정혁현 목사 (케노시스 대표)

송태현 교수의 글 〈포스트모던 문화와 기독교〉는 "포스트모더니즘의 도래"를 기정사실화하고, 댄 브라운의 베스트셀러 『다 빈치 코드』를 포스트모더니즘의 문학적 산물로 읽으면서, 포스트모더니즘이 기독교에 제기하는 문제를 반성적으로 짚어 본다. 나는 심포지엄의 주제에 대한 송 교수의 문학적이며, 분석을 통한 실증이라는 접근이 방법론적으로 흥미롭다고 생각한다. 하지만 오늘, 한국의 상황에서, 그리스도인의 시각으로 포스트모더니즘에 대해 질문하면서, 새로운 형식과 내용의 '기독교적' 주체 구성을 모색하는 주제와 관련해서 좀 더 구체화되었어야 할 몇 가지 문제를 지적하고 싶다.

첫째, 한국 사회는 포스트모던 사회인가라는 질문이다. 그리고 만일 한국사회가 포스트모던 사회라는 결론이 난다 할지라도, 그 의미가 근대화의 주체로서 모더니티의 전 세계적 확장을 주도한 미국과 서유럽의 포스트모더니즘과 같은 지시 대상을 갖는 기호일 수 있는가? 이러한 문제들에 답하기 위해서는 우선 몇 가지 개념들을 분명히 할 필요가 있겠다.

포스트모더니즘은 일반적으로 70년대 말부터 오늘날까지 이어지는 새로운 미학적, 문화적, 지적 형태의 실천을 기술하는 느슨한 개념이다. 이때 '포스트'는 연속성과 동시에 단절을 표시한다. 연속성은 20세기 초반의 모더니즘 운동, 즉 회화에서의 추상과 비구상의 실천, 근대 건축의 하이테크 기능주의, 문학 형식에서의 아방가르드적 실험에 대응한다. 20세기 초반의 모더니즘은 19세기의 사실주의에 대한 도전이자 실험적이고 아방가르드적인 기법으로 부르주아적 취향에 '충격'을 주려는 시도였다.[1] 미학적 전략은 다르지만 근본적인 비판의 실천이라는 의미에서 포스트모더니즘은 "후기" 모더니즘이다. 단절은 곧, '길들여진 모더니즘', 즉 국제적인 양식으로 제도화되면서 새로운 주류 경향이 된 모더니즘과 대응한다. 이런 의미에서 포스트모더니즘은 저항정신은 쇠퇴하고 부르주아 산업주의와 결합하여 엘리트를 선별하는 새로운 제도적이며 기득권적인 기준이 된 모더니즘의 권력을 해체하는 작업이며, 따라서 "탈" (post) 모더니즘이다. 리오타르에 의하면 "포스트모더니즘은 끝나는 상태의 모더니즘이 아니라 생성 상태에 있는 모더니즘이고 이 상태는 항구적이다."[2] 따라서 기획으로서 포스트모더니즘은 모든 중심화하는 권력에 대한 항구적인 비판이자 도전이다.

반면 포스트모더니티는 1980년대 이후 세계적 또는 지역적 변화의 양상을 포괄하는 개념이다. 포스트모더니티라는 새로운 사회를 낳은 사회적 양상들 중 반드시 지적되어야 하는 몇 가지는 다음과 같다. 첫째, 현

---

1) 케네스 톰슨, 사회적 다원주의와 포스트모더니티, 『모더니티의 미래』, 스튜어트 홀 외, 현실문화연구, 283.

2) 장 프랑수아 리오타르, 〈포스트모더니즘이란 무엇인가〉의 질문에 답하여, 『포스트모던의 조건』, 유정완 외 옮김, 민음사, 177.

실 사회주의의 붕괴와 그에 따른 확신의 상실이다. 공산주의로부터 도시 계획에 이르기까지 소위 인간의 '총체적인 기획'이 갖는 명백한 한계와 그 근거에 대한 회의가 힘을 얻기 시작하였다. 둘째, 경제적으로는 포드주의에서 포스트포드주의로 요약되는 대량생산 체제에서 유연적 전문화로의 이행이다. 그 결과 소위 노동자 계급의 주체성은 상실되었으며, 계급 자체가 파편화되고 분산되는 현실이 나타난다. 셋째, 공해, 쓰레기, 전쟁 등이 과학 기술의 진보와 경제 성장이라는 유토피아적 신화를 그 기반에서부터 침해하였다. 넷째, 정당, 의회, 노조 등 거대 중심의 정치가 붕괴되고 지역적 쟁점이나 제도를 둘러싼 투쟁이 활기를 띠는 미시정치가 성장하였다. 다섯째, 대중 매체에서 문자적 양식이 퇴각하고, 영화, 텔레비전, 그래픽 등 시각적 매체가 뚜렷한 우위를 점하게 되었다. 모던 사회의 합리적이고 통일적인 사회적 형식이 사라지고 그 대신 "파편적이고 다종다양하며 비결정적인 특성을 지닌 문화적 이미지 및 사회적 형식과 정체성이 등장"[3]하는 이유는 대체로 여기에서 파악된다.

포스트모던 사회는 아마도 이와 같은 포스트모더니티의 양상들이 나타나는 사회를 지칭할 것이다. 포스트모더니티는 이미 지구화 과정을 동반하기 때문에 우리는 세계 경제와 미디어 산업 그리고 금융 네트워크에 들어 있는 전 세계 모든 지역의 사회가 포스트모던 사회라고 할 수 있을 것이다. 이런 의미에서 한국 사회도 당연히 포스트모던 사회이다. 그러나 전 세계가 포스트모던 사회라고 말하는 것은 사실 아무런 의미 없는 언표이다.

여기서 두 번째 문제가 제기된다. 포스트모더니티의 혼종성은 이미 비

---

3) 케네스 톰슨, 위의 글, 278-279쪽.

대칭과 불균질이라는 속성을 포함하고 있기 때문에 한 사회를 포스트모던 사회라고 말할 때는 언제나 말하는 자의 위치와 왜, 어디서, 무엇을 보며 말하는가를 따져 물어야 한다는 것이다. 나는 우리가 한국이라는 맥락 속에서 그리스도인이라는 정체를 가지고 한국 교회와 한국 사회의 현실을 평가하면서 이를 토대로 자신의 정체를 재구성하려는 기획 속에서 말한다는 사실을 분명히 지적해야 한다고 믿는다. 이러한 위치 설정은 수많은 문제를 끌고 들어오지만, 맥락 없는 보편 담론 속에서 생산성 없는 말잔치를 규제하는 효과를 갖는다. 모더니티는 하나가 아니며 여러 가지 양태로 파악되어야 하는 데에 그 중요한 속성이 있다.

> 본래 근대 혹은 근대성이라 할 경우, 인류사 전체에 관해 문제가 되는 곳,
> 역사적으로는 서양을 중심으로 한 세계사 이해의 한 축이라 할 수 있다.
> 즉 서양 근대는 19세기에 이성 중심의 계몽주의적 이상을 산업자본주의
> 및 국민국가의 형성, 민주주의, 개인주의, 또 과학기술문명의 발달 등의
> 형태로 현실화하는 가운데, 서양이라는 한 지역에 한정되지 않는
> 세계사적인 보편성을 획득해 갔다. 더욱이 그러한 서양 근대는 바로
> 자신의 세계사화의 과정인 동시에, 안으로는 계급의 형성, 대립에서
> 보이듯 정치적 사회적 모순의 격화를 내포했고, 밖으로는 종주국−식민지
> 라는 제국주의적인 지배, 피지배 관계, 나아가 중층적인 중심, 반주변,
> 주변 간의 대립과 상호의존의 관계를 구조화해 갔다.[4]

따라서 모더니티는 그 자체로 다원적인 모더니티의 역사와 그 경험을

---

4) 윤건차, 근대기획과 탈근대론, 그리고 탈식민지주의,《문화과학 31호》, 2002 가을, 21쪽.

내포하는 과정을 말한다. 그러므로 언제나 모더니티와의 관계 속에서 입점을 확보하는 포스트모더니티 역시 같은 다원성과 혼종성을 갖는다. 이것이 바로 모더니티와 포스트모더니티가 세계적인 과정이면서도 언제나 그것을 말할 때, 보편 담론에 그치는 것이 아니라 특정한 모더니티와 포스트모더니티를 질문해야 하는 이유이다. 한국의 포스트모던 사회는 전근대, 근대, 탈근대가 공존하는 소위 비동시성의 동시성으로 표현된다.[5] 비동시성의 동시성이란 한국 사회의 근대화 과정이 식민지 경험을 갖는 것이며, 따라서 서구 근대화와 달리 일정한 파행성을 갖는 데다 전근대성이 여전히 유효한 헤게모니를 발휘하는 상황을 개념화한 것이다. 여기에 신자유주의 세계화 과정에서 탈근대화 과제까지 공존하는 현실을 지시한다. 이 개념은 또한 한국의 포스트모더니티는 모더니티의 과제가 미완의 상태이며 따라서 한국 사회를 포스트모던 사회로 지칭하는 행위 자체가 여전히 현실적으로 미완인 모더니즘의 과제를 희석시키는 부정적인 의미의 이데올로기적 효과를 갖는다는 문제 의식을 포함하고 있다. 윤건차는 이러한 입장을 진전시켜 '식민지 근대'라는 문제 의식을 중요하게 설정할 것을 제안한다. 그에 의하면 "한국에서 근대성을 논할 경우 그것은 식민지적 근대성에 대해 이야기하는 것이기도 한데, 이 식민지적 근대성이란 해방 전 시기의 식민지 근대만의 문제가 아니라 해방 후의 신식민지적 성격의 문제까지도 포함되는 것으로 이해된다."[6] 따라서 나는 한국 사회의 포스트모던을 '식민지 근대'라는 문제 설정에서 바라 볼 것을 제안한다.

---

5) 심광현, 근대화/탈근대화의 이중 과정과 사회운동의 새로운 전망,《문화과학 22호》, 2000 여름, 41쪽.
6) 윤건차, 위의 글, 27쪽.

이렇게 볼 때 송태현 교수가 근대 내부의 탈근대적 맹아에 대해, 혹은 탈근대적 인식 내부에 존재하는 근대적 인식의 연속성에 대해 통찰하고자 하는 볼프강 벨쉬[7]를 인용하는 것은 유효하다고 본다. 다만 모더니즘과 포스트모더니즘의 관계를 초역사화하는 움베르토 에코의 틀이 어떻게 유효한지는 납득할 수 없다. 사실 오늘의 주제는 이러한 문제를 크게 문제 삼지 않는 것일 수도 있다. 여기에서 지적하고자 하는 것은 한국의 포스트모던 사회를 말하는 특정한 역사적 맥락을 참조하지 않는 서구적 보편성에 관한 것이다.

　다시 오늘 우리에게 주어진 과제를 음미해 보자. 과제는 이렇다. "기독교 문화는 대중문화의 도전을 어떻게 기독교적으로 수용할 것인가?" 나는 이러한 문제의식이 대중문화가 일상의 삶을 구획하는 매우 중요한 힘으로 작동하는 한국사회에서, 이러한 상황에 대한 적극적인 이해와 대응이 없다면 기독교의 현실성을 획득할 수 없다는 깨달음에서 비롯된 것이라고 판단한다. 그러나 나는 이러한 문제의식 안에 몇 가지 상상에 의한 환영이 존재하고 있음을 지적하지 않을 수 없다. 그것은 소위 '기독교 문화'라는 것에 대한 의문이다. 막스 베버의 분석대로 기독교, 특히 개신교의 정신성이 오늘날의 서구사회를 만드는 데 매우 중요한 구실을 하였으며, 이를 바탕으로 현대 서구인의 생활 세계에서 사회적 가치 체계이자 제도이며 그 다양한 물질적 산물로서 '기독교 문화'에 대해 말할 수 있을 것이다. 그러나 그것은 '서구' 기독교 문화가 아닌가? 한국에 전래된 기독교가 그러한 서구 문화의 한 표상으로서 근대화 과정에서 중요한 역할을 한 것도 사실이다. 그러나 오늘 한국의 기독교 문화는 무엇인가? 그것

---

7) 볼프강 벨쉬, 『우리의 포스트모던 1,2』, 박민수 옮김, 책세상.

은 도리어 근대성의 부정적 측면으로 도드라지는 정복주의, 배타주의, 물량주의, 성공주의가 아닌가? 이러한 양상은 최근의 보수적인 기독교 분파가 주도하는 대중 정치 집회에서, 폭력적인 제국의 모습을 노골적으로 드러내는 미국과 기독교를 구분하지 못하는 맹목성에서 여실히 드러났다. 그러므로 "대중문화가 기독교 문화에 도전한다"는 발상은 최소한 한국의 상황에서는 환상이다. 기독교 문화는 그 부정적인 측면에서 대중문화와 구별되지 않으며 오히려 적극적으로 주도하고 있다. 서구 기독교의 영향 하에서 여전히 미완의 상태인 한국의 모더니티 형성에 긍정적인 역할을 하였던 직업 소명 의식에 입각한 정직과 성실과 검소함이라는 문화는 현재 한국의 기독교 문화에서 근대적 욕망을 감추는 미사여구로 전락하고 있다. 그나마 이러한 미덕은 모더니티를 비판적으로 성찰하는 포스트모더니즘에 의해 파리한 금욕주의적 가치로 평가되고 있다. 시대적 유효성을 상실해 가는 것이다. 물론 이러한 평가는 한국 기독교 문화의 가시적인 차원에 관한 것이다. 그리고 또한 이러한 외양은 그 자체로 기독교 문화의 성격을 구성하는 중요한 실재이다. 그러나 한국 기독교 역시 한반도라는 지역에서 기독교 신앙이 갖는 신학적인 동시에 현실적인 의미를 획득하려는 노력을 선교 초기부터 지금까지 쉬지 않고 전개해 왔다. 그러나 이러한 노력은 비가시적인 것으로 억압되고 은폐되어 왔을 뿐이다. 가시적인 차원의 기독교 문화는 이러한 노력을 내부에서 찾지 않고 외부에서만 찾아왔다. 민중신학과 종교다원주의 신학 그리고 그에 따라 다양한 형태의 교회가 벌여온 실천적인 노력이야말로 기독교 외부에 있는, 혹은 비가시적인 기독교 문화가 아닌가? 그런 의미에서 한국 사회에서 생산적으로 유의미한 기독교 문화는 기독교에 의해 '유배되어' 있는 상황이다. 나는 최소한 이러한 차원의 기독교 문화에서나 대중문화와의 도전과 응전이라는 역동적인 관계를 논할 수 있다고 생각한다.

대중문화는 문화산업의 생산물인 동시에 산업적 논리가 끊임없이 소비자의 욕망을 참조한다는 점에서 후기 산업사회의 순환과정이며 따라서 문화적 과정이기도 하다. 비판이론은 대중문화를 문화산업으로 폄하하면서 대중문화의 내용과 형식, 그리고 생산과 소비되는 양식 전체가 자본주의적 지배세력에 의해 철저하게 전유된 것으로 비판하였다. 이러한 관점에서는 대중문화적 실천이라는 행위 자체가 부질없는 짓이다. 그러나 문화연구는 정치적 과정과 경제적 과정 그리고 문화적 과정 사이의 탈구(dislocation)에 주목하면서, 대중문화를 다양한 가치체계와 신화, 그리고 전통과 태도들이 대중의 욕망에 호소하는 방식으로 경쟁하는 경합의 장(arena)으로 재구성하였다. 물론 이 때 다양한 가치 체계가 구성하는 욕망 역시 지역, 민족, 인종, 성차, 섹슈얼리티, 계급, 종교 등등이 교차되어 진행되는 맥락 안에서 파악되는 것이다. 기독교 문화운동이 주체 구성의 과제를 성찰할 때, 바로 이러한 문화적 과정에 능동적이면서도 창조적인 신앙적 주체를 구성하는 요소들을 파악하는 것이 관건이다. 나는 송태현 교수의 글에 대한 세 번째 문제 제기를 이러한 주체 구성에서 필수적이라 여겨지는 몇 가지 요소들을 제안하는 것으로 대신하고자 한다.

첫째, 기독교 문화운동의 주체는 자신과 자신이 속한 다양한 공동체(민족, 성, 계급, 국가 등과 특히 기독교)를 응시하고 자신의 귀속성을 스스로 재정(裁定)하는 존재이다. 최근 한국기독교의 부정성이 사회적으로 노정되는 상황에서 젊은이들을 중심으로 많은 사람들이 기독교를 떠난다. 나는 이들의 심정을 이해하며 떠나는 것 자체가 일종의 비판이자 저항이라고 이해하지만 이는 소극적이며 피동적인 태도로 생각한다. 더욱

이 다른 대안을 찾는 것 역시 기독교 내부에 존재하는 것만큼 어려울 것이다. 기독교가 안고 있는 부정적인 문제들은 기독교만 안고 있는 것이 아니기 때문이다. 자신이 속한 공동체를 응시하고 재정한다는 것은 공동체를 자신의 정체성을 구성하는 부분으로 인식하고 그 내부에 머무르면서 투쟁한다는 것을 의미한다. 그리고 자신의 위치를 공동체의 문제가 발생시키는 소수자, 주변자, 피지배자, 피억압자 측에 매김으로써 의미 있는 삶과 투쟁을 위한 인식과 실천의 잣대를 구성하는 것이다. 그리고 바로 이러한 실천 과정에서 다른 공동체에서 실천하는 타자와 연대하고 화합하며 새로운 공동체의 틀을 구상하는 것이다.

둘째, 구성되어야 할 기독교 문화적 주체는 사회적 과제와 신앙 또는 신학적 과제를 통합적으로 사고하고 실천하는 주체이다. 포스트모더니즘의 틀에서 성·속 이분법이나, 사회구원·개인구원 이분법은 더 이상 문화적 주체의 판단 범주로 사용될 수 없다. 이는 마치 대중문화가 고급·저급이라는 범주를 일소한 것과 마찬가지이다. 나는 여전히 한국 사회에서 근대 기획이 미완이며 실천되어야 할 과제라고 생각한다. 구체적으로 그것은 민주주의를 확대하고 통일된 민족국가를 구성하는 일이다. 이러한 사회적인 문제는 종교라는 일정한 매개와 굴절 과정을 통해 기독교 내부에도 엄존한다. 특히 한국 기독교는 해체해야 할 전근대적 유산이 강력한 헤게모니를 장악하고 있다. 물론 이미 언급한 대로 한국 사회와 기독교는 근대적 과제만 갖는 것이 아니다. 탈근대뿐 아니라 탈식민지라는 과제 또한 뒤로 미룰 수 없는 '동시성'과 '시급성'을 지닌다. 이러한 불균질한 문제들을 어떻게 동시적으로 수행하는가의 문제는 더욱 창조적으로 검토되어야 할 것이다. 여기서 강조하는 것은 기독교 공동체 내부의 실천이 갖는 사회적 함의를 이해하는 동시에 사회적 실천 자체가 갖는 신학적 의미를 창조할 수 있는 능력이 필수적이라는 것이다. 나는 결국 이러한 실천이 교회공동체의 개념과 범주를 재구성하는 방향으로 나아갈 것이라고 판단한다.

셋째, 새로운 문화적 주체는 일상을 재발견하는 존재, 즉 일상성 안에서 신의 현존을 체험하는 능력을 수행하는 인간이어야 할 것이다. 두 번째가 모더니즘의 과제에 대응하는 것이라면, 이 문제는 포스트모더니즘의 문제제기에 대응하는 방식이다. 최근 기독교를 넘어서 다양한 종교, 나아가 기업문화에서도 '영성'에 대한 관심이 부상하는 것은 포스트모더니티에 대응하는 실천의 한 형태로 볼 수 있다. 그러나 나는 이러한 뉴에이지적인 영성 운동에 우려하는 편이다. 그것은 한편 서양에 의해 규정된 '동양적' 영성으로 치부되기도 하거니와, 인간의 정신성을 배타적으로 강조함으로써 근대성의 철학적 기원인 데카르트주의의 종교적 판본으로 판단되기 때문이다. 나는 그것을 정신분석학적 입장에서 일종의 퇴행으로 본다. 더욱 가혹해지는 신자유주의 세계화의 상황에 대한 일종의 정신무장이라 할까? 이러한 관념적인 대응은 결국 구체적인 실천을 방기하여 더욱 피폐한 현실을 낳을 수밖에 없을 것이다. 일상성을 재발견한다는 것은 몸이 부딪치며 밀려나가는 살림살이의 과정, 곧 먹고 배설하며 잠자는 우리의 몸에 기록된 모더니티의 구체적인 이야기를 듣는 과정이며 그것을 다시 쓰는 과정이어야 한다. 푸코의 규율 권력에 의해 구성된 신체를 해체하고 해방하는 몸의 영성이어야 할 것이다. 이는 물론 근대적인 욕망이 육체를 조직하는 방식인 웰빙과 구분되어야 한다. 나는 이집트의 고기 가마에 길들여졌던 이스라엘 민중이 곤충의 분비물이었던 만나를 먹으며 생의 신성한 차원을 깨닫는 출애굽기의 이야기에서 그 중요한 실례를 찾는다. 또 한편 일상의 재발견이란 기독교 신앙의 강조점을 교리에 대한 확신에서 창조적인 의미 생산력으로 옮기는 것을 의미한다. 교리는 하나님의 담론이며 인간이 말할 수 없는 것이다. 신앙이란 도리어 창조세계에 새겨진 셀 수 없는 의미들을 인간의 한계 안에서 경작하고 수확하는 기쁨과 풍요의 유희가 아닐까? 이런 관점이라면 우리는 소비 자본주의의 넘치는 상품들이 우리를 유혹하는 이 세계를 오히려 금욕주의적인 세계라고 평가 절하할 수 있을 것이다. 우리의 욕망은 자본의 확대재생산을 위해 지극히 한정된 부분으로만 노출되도록 규제되어 있다. 그러나 몸의 영성은 '더 많은 것' 보다는 '더 다양한 것' 을 요청한다.

넷째, 그렇다면 구성되어야 할 주체는 해체뿐 아니라 구성까지 감당할 수 있는 존재여야 할 것이다. 신학이 포스트모더니즘에 직면해서 유의미한 생산성을 보여 주지 못하는 것은 아마도 해체해야 할 전통과 권위 그리고 역사에 위압당하고 있기 때문일 것이다. 그러나 그 모든 전통과 권위 그리고 역사조차 단 한사람의 전인적 해방의 가치에 미치지 못한다. 이는 종교개혁 정신의 정수이다. 개인이 하나님과 만날 수 있다는 믿음은 곧, 개인 안에서 하나님의 총체적인 창조 행위가 사건화될 수 있다는 믿음이다. 이런 믿음을 가지고 종교개혁자들은 자신의 생애를 그들이 완전히 파악할 수 없었던 하나님의 미래를 향해 내던졌다. 미래를 향한 용기 있는 도전과 실험, 이것은 오늘 우리의 상황이 미래에 대한 책임으로서 요청하는 것이다.[8]

또는 신복음주의는 이러한 책임 앞에서 우물쭈물하는 것이다. 인간에

---

8) 탈자유주의 신학 탈자유주의 신학(post-liberalism)은 계몽주의에 입각한 자유주의 신학에 대한 비판의 근거로서 포스트모더니즘을 수용한다. 반면 기독교의 중요한 교리들을 재해석을 통해 수호하고자 한다. 나는 이러한 태도를 신보수 또는 신자유주의와 거래하는 포스트모더

의해 규정된 신은 미래를 열지 못한다. 우리의 믿음은 이처럼 구성된 신들의 모습을 똑바로 응시하는 능력이다. 새로운 하나님은 모더니티가 구축한 '신의 죽음'이라는 현실에 입각해서 능동적으로 상상되어야 적극적으로 구성된다. 그러한 상상과 창조의 광맥은 교원에 의해 억압된 세계의 다른 차원들에 참여하고 연대하는 과정에서 발견할 수 있을 것이다.

니즘의 범주 안에서 파악할 수 있다고 본다. 이러한 포스트모더니즘은 제임슨의 표현대로 후기자본주의의 문화논리일 뿐이다. 그러나 교리의 재해석 과정에서 발본적인(radical) 비판적 태도를 유지하는 데 성공할 수 있다면 매우 창조적인 결과를 기대할 수 있을 것이다. 탈자유주의는 다양한 신복음주의 경향 안에서도 가장 비판적인 태도를 견지하는 것으로 보인다. Clive Marsh and Gaye Ortiz, *Theology Beyond the Modern and the Postmodern*: A Future Agenda for Theology and Film, Explorations in Theology and Film, Blackwell, 1988, 245~256 참조.

기독교 문화의 주체에 대한 논의

조용훈 교수 (한남대학교 기독교학과)

2장의 전체 주제는 기독교 문화의 '주체'에 대한 물음이다. 기독교 문화를 생산하고 소비하며 또한 유통시키는 그리스도인과 교회는 누구인가? 특별히, 우리 시대의 사조인 포스트모더니즘 속에서 주체의 문제를 어떻게 볼 것인가? 이러한 물음에 대한 답을 찾아가는 과정에서는 무엇보다 먼저 우리 시대의 사조인 포스트모더니즘의 주체에 대한 이해가 필요할 것이다. 잘 알고 있듯이 포스트모더니즘은 주체를 해체하였다. 왜 포스트모더니즘이 주체를 해체시켜야 했는지, 그리고 그 결과는 무엇인지에 대한 논의가 필요하다. 그럴 때에만 우리는 포스트모더니즘 속에서 왜 주체에 대한 새로운 논의가 필요한지 알게 될 것이기 때문이다. 그 다음 단계로 문화를 생산하고 소비하며, 또 때로는 문화의 소통과 변혁의 주체는 누구인가에 대한 이해가 필요하다. 이러한 물음들은 결국 문화의 창조자요 소비자요, 동시에 유통자인 그리스도인과 교회의 자기 이해에 대한 신학적 인간학의 물음과 연관된다. 물론, 이러한 물음은 신학에서 행해지는 교리적 접근으로부터 문화적 접근으로의 시각의 전환을 요청한다.

첫 번째 발표자인 강영안 교수는 '주체의 죽음' 혹은 '주체의 종말'을 전제로 논의를 진행한다. 인간을 사유하고 인식하는 존재로 보는 근대의 주체 이해와 그것으로 인한 제반 문제들에 대한 비판으로부터 출발해서 포스트모더니즘이 왜 주체를 해체시키는지에 대한 과정에 대해 말한다. 그럼에도 불구하고 주체에 대한 물음이 절대적으로 중요하기 때문에, 강 교수는 임마누엘 레비나스의 윤리적 주체 개념을 통해 새로운 주체 형성 가능성을 탐색한다. 레비나스는 자아중심적이고 이성중심적인 모더니즘적 주체나, 탈주체적이고 주체를 해체시키는 포스트모던적 주체 이해를 동시에 극복하는 윤리학자로서 주목받고 있다. 후설과 하이데거의 현상학 연구로 박사학위를 받았던 그는 인간을 타자와의 관계에서 이해하는 시각의 전환을 통해 자아와 타자의 윤리적 관계를 밝혀내고 있다. 뿐만 아니라 수용적 감성에 기반을 두어 인간의 독특한 고유성과 유일성의 의미가 인간이 지닌 윤리성에 있음을 밝혀주고 있다.

이런 작업을 거친 후 강 교수는 레비나스의 윤리적 주체 개념이 어떻게 기독교 존재론으로 통합될 수 있을지를 묻는다. 이런 관심 속에서 질문의 초점은 예수 그리스도는 누구이며, 그를 따른다는 것이 무엇인가에 모여진다. 그러한 물음에 대한 연구의 결과물로 강 교수는 타인 중심의 주체관, 평화와 정의에 대한 문화적 비전, 그리고 죽음과 희생의 십자가 삶을 기독교 문화적 주체의 대안으로 제시한다.

강 교수의 발표에 대한 윤철호 교수의 논찬에서는 레비나스의 사상을 폴 리꾀르의 사상과 비교한다. 윤 교수는 레비나스를 통해 살펴본 기독교 문화의 주체 형성의 가능성을 긍정적으로 평가하였다. 다만, 윤 교수는 폴 리꾀르에게 나타나는 인간 주체 의지의 오류와 왜곡, 즉 죄악의 가능성과 현실성에 대한 인식—기독교 현실주의적 인간 이해—이 나타나지 않음에 대해 레비나스에게 문제를 제기한다. 자칫 인간에 대한 과신이 또 다른 심각한 결과를 가져올 수 있기 때문이다.

두 번째 발표자인 송태현 박사는 최근 베스트셀러가 되었던 소설『다 빈치 코드』를 중심으로 포스트모던 문화와 기독교의 관계를 논했다. 그의 주장에 따르면, 소설『다 빈치 코드』야말로 포스트모던 문화의 특징들을 웅변적으로 보여 주고 있다고 한다. 말하자면, 그 동안 억압되어 왔던 요소들인 여성성, 판타지, SF, 신화, 상징, 이미지, 상상력 등의 포스트모던적 요소들이『다 빈치 코드』에서는 중심 주제가 된다고 한다. 문제는 『다 빈치 코드』에 나타나는 사상이 반 기독교적이라는 데 있다. 구체적으로『다 빈치 코드』는 신약성서와 긴장 관계를 이루고 있었던 영지주의 (Gnosticism)와 여성성(페미니즘)의 귀환을 강조하고 있다. 그런데 여기서 생기는 또 다른 문제는 이러한 포스트문화에 대한 전통 기독교의 반응이 지나치게 배타적이어서 기독교의 자기 소외를 가져올 수밖에 없게되었다는 점이다. 세속문화 속에서 기독교 문화를 생산하고 유통시킴으로써 세속문화를 변혁하기 위해서는 이런 배타적 태도 대신에 보다 적극적인 참여의 태도가 요청되는 데도 말이다.

송박사의 발표에 대한 정혁현 목사의 논찬에서는 포스트모더니즘의 개념 자체만이 아니라 그것이 한국 사회와 한국 기독교의 현실에서 어떤 의미를 갖는지 발제자에게 묻는다. 특별히, 정목사는 이번 장의 주제인 기독교 문화의 주체 문제와 관련해서 중요한 명제들 몇 가지를 제시하고 있다: 첫째, 기독교 문화 운동의 주체는 자신과 자신이 속한 다양한 공동체를 응시하고 자신의 귀속성을 스스로 재정하는 존재여야 한다. 말하자면, 문제가 많은 공동체라 하더라도 그 공동체가 자신의 정체성을 구성하는 토대임을 인식하고, 그 내부에 머물면서 변혁을 위해 힘써야 한다는 것이다. 둘째, 기독교 문화의 주체는 사회적 과제와 신앙 또는 신학적 과제를 통합적으로 사고하고 실천하는 주체여야 한다. 말하자면, 근대적인 이분법—성·속 이분법, 개인 구원과 사회 구원 이분법—을 극복해야 한다는 것이다. 셋째, 기독교 문화의 주체는 일상을 재발견하는 존재가 되어야 한다. 최근 모든 사람의 관심사가 되고 있는 영성에 대한 핵심적 이해는 결국 일상 속에서의 거룩한 발견이기 때문이다.

위의 발제자와 논평자의 글에서 밝혀지고 토론된 대로 기독교 문화의 주체에 대한 물음은 필수불가결한 과제이다. 자아에 대한 물음 없이 기능과 역할에 대한 물음을 제대로 설명할 수 없기 때문이다. 물론, 포스트모더니즘이 근대에 형성된 인식하는 이성적 존재로서의 주체를 해체하고 거부한 데는 나름대로 정당한 이유가 있다. 모더니즘이 이성적인 존재로서의 주체를 절대적인 지위로 격상시켰고 그 결과 주체의 과잉이나 주체 사이의 차이와 다양성을 억압하고 획일주의로 나아갔기 때문이다. 그러나 이성의 해체나 주체의 죽음을 주장하며 근대성을 비판한 포스트모더니즘은 결국 그 대가로 냉소적 현실주의와 쾌락주의 혹은 비합리적인 보수주의로 가는 길을 열었다. 포스트모더니즘은 소외된 다양한 타자들을 살려 냈지만 동시에 허무주의로 인해 수많은 주체들을 죽게 만들고 있다. 주체의 해체가 극단화 되면서 인간에 대한 물음 자체마저 무의미하게 된 것이다.

하지만, 우리가 인간이란 무엇인가라는 철학적이고 신학적인 인간학의 근본 물음을 포기할 수 있는가? 인간 자신에 대한 이해 없는 삶을 이야기할 수 있는가? 우리의 주제와 관련하여 관건이 되는 것은 어떻게 철학적이고 신학적인 인간 이해를 윤리와 연결시키느냐는 데 있다. 말하자면, 윤리적 인간 이해, 즉 윤리적 주체 형성에 대한 새로운 학문적 노력이 필요한 것이다. 그런 배경에서 강영안 교수가 레비나스를 대안으로 제시한 것은 매우 적절한 선택으로 보인다. 이는 레비나스야말로 하나님의 형상으로서의 인간 이해를 윤리적 책임성과 잘 연결시키고 있기 때문이다. 인간은 하나님만이 아니라 타인과 자연세계에 대해 윤리적 책임을 갖는 존재다. 인간의 독특한 고유성과 유일성이란 바로 인간이 지닌 타자에 대한 책임에서 찾을 수 있다.

이러한 전제 속에서 기독교 문화의 소통과 변혁이라는 주제와 관련하여 우리에게 계속적으로 필요한 물음은 다음과 같다. 먼저, 그리스도인 개인과 교회는 자신을 그리스도 신앙에 기초한 윤리적 주체, 즉 기독교 문화를 형성하고 유통시키는 존재로 인식하고 있는가 하는 물음이다. 달리 표현하면, 오늘날 한국 그리스도인과 교회가 문화 형성의 과제를 선교적 과제로 인식하고 있는가 하는 것이다. 신앙과 문화의 관계에 대한 바른 자리매김이 필요하다. 하지만 유감스럽게도 한국의 주류 교단들은 아직도 문화에 대해 배타적인 태도를 버리지 못하고 있다. 이런 배타적 태도를 극복하기 위해서는 무엇보다 먼저 신학적 근본주의에 대한 반성과 비판이 필요할 것이다. 모든 신앙이 문화적 토양에 전제하고 있다는 것, 그리고 그리스도인과 교회는 문화 위임(창 1:28)의 사명을 지니고 있다는 것, 그리고 그러한 사실들이 신앙적으로 어떤 의미가 있는지 다시 한번 깊이 생각해야 할 것이다.

문화적 주체에 대한 이런 신앙적 인식이 있은 연후에야 비로소 우리는 문화적 주체로서 그리스도인과 교회의 문화적 역할과 기능을 말할 수 있을 것이다. 그리스도인과 교회는 무엇보다 먼저 '기독교적' 문화를 창조하는 생산자여야 한다. 상업주의나 세속주의적 관심 속에서 만들어진 일반 문화를 수동적으로 향유하는 소비자이기 전에 자율적이고 능동적으로 기독교적 문화를 창조해야 하는 생산자임을 자각해야 한다. 이러한 문화 창작 활동은 예술 활동만이 아니라 사회, 정치 활동을 포괄하는 광범위한 문화적 활동이다.

한편, 그리스도인과 교회는 문화 소비자로서 윤리적 책임이 있다. 어떻게 문화 상품의 질에 대해 판단하고 지혜로운 선별을 할 수 있을까? 좋은 영화를 선별하고, 좋은 음악을 고르고 좋은 책을 선택하는 지혜가 필요하다. 그러기 위해서는 문화를 이해하고 해독하는 능력이 전제되어야 한다. 이를 위한 교회의 교육적 배려가 요청된다.

마지막으로, 그리스도인과 교회는 문화를 창작하고 소비할 뿐만 아니라 유통자로서 기능한다. 문화 유통에 있어서 무엇보다 중요한 것이 매스미디어다. 따라서 그리스도인과 교회의 문화 유통자로서의 윤리적 과제를 논의하기 위해서는 매스미디어에 대한 바른 이해와 비판적 능력이 요청된다. 이것 역시 기독교 문화의 창조와 변혁에 관심을 둔 모든 교회의 교육적 과제에 속한다.

3장:
변혁적 문화관의 의미

"지금 한국기독교는 세계 기독교계에서도 지도적 위치에 서 있다. 그러나 내부적으로는 여러 도전으로 위기를 맞았다. 선교지 교인들의 통성 기도 모습에서 한국의 기독교 문화가 그곳에 이식되고 있음을 본 적이 있다. 이것은 이제 한국교회가 높아진 위상에 걸맞는 기독교 문화를 만들어야 할 책임 역시 커졌다는 것을 우리 모두 인식해야 한다. 20세기는 이미 기울었고 새로운 해가 떴으나 세상은 여전히 그리 밝지 못하다. 우리가 원하든, 원치 않든 해는 뜨고 지며 삶과 역사 또한 그렇게 흘러갈 것이다. 소망은 오로지 여호와의 주권을 믿으며 하나님 나라의 비전에 눈을 크게 뜨고 그 나라를 바라보는 데 있다."

– 신국원 교수

신국원 교수 (총신대 신학과)

이 글의 목적은 현실 문화 변혁의 신학적 근거를 그 주제에 관해 치밀한 논의를 펼쳐 온 신칼빈주의 전통을 중심으로 살펴보려는 데 있다.[1] 19세기 말부터 화란에서 시작된 이 운동은 이론뿐 아니라 다양한 영역에서의 문화변혁을 실천한 바 있다. 따라서 이 전통과 그 후예들의 이론과 실천에 대한 분석은 변혁주의 문화론의 실체를 살펴볼 수 있는 좋은 사례를 제공한다.

1. 변혁의 바른 의미

문화에 대한 그리스도인의 태도를 다섯 가지로 분류한 리처드 니버의

---

1) 신칼빈주의란 19세기 말 화란에서 일어난 칼빈주의 부흥운동을 말한다. 특히 여기서는 아브라함 카이퍼 (Abraham Kuyper), 클라스 스킬더(Klass Schilder), 그리고 헤르만 도예베르트 (Herman Dooyeweerd)뿐 아니라 헨리 반틸(Henry VanTil)이나 니콜라스 월터스톨프 (Nicholas Wolterstorff) 등 북미 이민과 그 후예의 사상과 실천도 염두에 두고 있다.

유형론은 오늘날 일종의 정설처럼 굳어졌다. 그는 회피와 수용, 지배, 대립과 더불어 변혁을 제 5의 모델로 꼽았다.[2] 이 유형론의 영향으로 기독교 문화 논의의 정답은 변혁론이란 생각이 퍼져 있다. 그 때문에 심지어는 리처드 니버의 분석에 의하면 변혁과 거리가 있는 메노나이트나 카톨릭도 그들의 입장이 "변혁적"이라고 주장한다. 이처럼 오늘날 무엇이 변혁적인 입장인지에 대한 혼란이 있으며 리처드 니버의 유형론은 그에 대한 일부 책임이 있다.

우선 그가 그리스도와 문화를 "영속적 문제"로 파악하는 것과 양자의 관계를 설정하는 방식에도 문제가 있다. 리처드 니버는 그리스도와 문화를 "와"(and)로 묶고 있다. 물론 "와"는 적대나 대립을 적극적으로 내포하지 않는다. 하지만 그것은 은연중에 둘을 대조 또는 변증법적으로 연결되어야 할 관계를 설정하는 면이 있다. 뒤에서 논의할 것이지만 변혁주의는 결코 신앙과 문화의 관계를 병립이나 대립이 암시될 수 있는 방식으로 생각하지 않는다. 그 대신 문화가 신앙에 기초한 것으로 본다. 이런 이유에서 나는 리처드 니버가 진정한 의미에서 변혁이 아니라 넷째 모델인 대립에 가까운 것이 아닌가를 의심한다.[3]

그가 제시한 변혁주의의 역사적인 사례가 대표성이 떨어진 점도 문제이다. 예를 들어 리처드 니버는 본 발제가 주목하려는 신칼빈주의를 언급하지 않았다. 이 운동은 매우 독특한 변혁적 문화 비전을 통해 화란에서 상당한 결과를 냈다. 또 북미주에 이민한 그 후예인 개혁파도 같은 비전에 따라 분명한 문화변혁의 이론과 실천을 보여 주었다. 따라서 이를

---

2) 리처드 니버, 김재준 역. 『그리스도와 문화』, 서울: 대한기독교서회, 1986.
3) 신국원, 『문화이야기』, 서울: IVP, 2002, pp. 114~125.

간과한 것은 의도적인 것이 아니라면 심각한 약점이라고 할 수밖에 없다. 니버의 유형론이 미친 "영향사"를 염두에 둘 때 먼저 변혁의 신학적 정의부터 바로 설정해야 할 필요가 있다.

이를 위해서는 성경에서 문화의 변혁에 대한 이해를 정립하는 일이 선행되어야 한다. 변혁의 원리는 창조, 타락, 구속으로 요약되는 성경의 근본진리와 그에 입각한 세계관에 입각한다. 리처드 니버 역시 어거스틴을 문화변혁론자로 정의하면서 그의 신학의 토대가 "창조, 타락, 중생"의 기본 진리에 있었다는 사실을 근거로 들었다.[4] 성경의 중심 진리인 이 주제들은 문화를 기독교적으로 이해하는 데에 필수적이다. 그것이 문화의 본래 목적과 실상이 어떠했으며, 죄와 타락이 미친 영향이 무엇인지, 그리고 구속을 통한 만유의 회복은 문화활동에 어떤 영향을 끼치며, 문화의 미래는 무엇인지를 말해주기 때문이다.

창조의 원리는 세계에 대한 하나님의 원대한 계획과 인간의 문화 사명을 알려 준다. 성경은 모든 것이 그의 기쁘신 뜻에 의해 선하게 창조되었으며, 모두가 그에게 속함을 분명히 한다. 이는 창조뿐 아니라 그것에서 비롯되는 모든 것, 즉 문화 전체에 대한 하나님의 주권을 고백하는 것이다. 만유는 그의 지으신 목적과 선하신 섭리를 따라 완성을 향하여 발전해야 할 것이었다. 이 관점은 문화의 기원을 인간이 아닌 하나님의 명령에 따라 세계를 돌보며 발전시키는 사명의 준수라고 본다. 그것은 인간에게 주신 선물이고 소명이며 특권이고 의무이다. 이는 문화가 인지 발달 결과 나타난 것이라는 세속적 개념과 다른 기독교적 문화관을 가능하게 한다. 이러한 관점은 문화와 신앙을 대립시키는 이원론에 빠지지 않

---

4) 리처드 니버, 『그리스도와 문화』, p. 207.

는다는 장점을 가진다.

타락의 원리는 왜 문화가 전도되고 왜곡되는지를 알려준다. 인간의 타락은 문화에 치명적인 영향을 미친다. 물론 타락에도 불구하고 하나님의 우주적 법칙은 변함없이 존재한다. 문화 명령은 타락 이후에도 유효하다. 문화는 세상 끝까지 이어질 것이다. 변한 것은 문화가 자율적인 방향으로 나간다는 것이다. 인간이 스스로의 뜻에 따라 나아가는 결과 문화와 예술은 흔히 우상 숭배나 독신적 쾌락 추구와 연관되어 있다.[5] 문화는 하나님을 영화롭게 하는 것을 떠나 인간의 안정추구와 나아가 탐욕과 권력욕의 도구로 화한다. 이처럼 죄의 영향은 구조적이기 보다는 방향적이며, 존재론적이기 보다는 윤리적이며 종교적이다.[6]

구속은 회복이다. 세상을 없애고 새로 만드는 것이 아니다. 본래의 목적으로의 회복이다. 구속은 하나님을 향한 문화창조의 가능성을 열어준다. 구속 사건이 역사의 중심에서 일어났다는 점이 중요하다. 문화의 사역자인 인간이 구원을 받아 새 피조물이 되는 것이 문화의 변혁을 가능하게 한다. 타락 이후 인간은 시간의 흐름 속에서 문화와 역사를 이루어 왔다. 이 일은 구속 이후에도 시공의 세계가 존재하는 한 계속될 것이다. 문제는 인간이 이루는 것이 하나님의 영광을 위한 문화냐 아니면 그것을 대적하는 것이냐이다. 여기에서 어거스틴이 말한 하나님의 나라와 인간의 도성 사이의 긴장과 대립을 보게 된다.

변혁주의 문화론의 실천은 창조, 타락, 구속의 원리와 더불어 하나님 나라에 대한 이해에 기초하므로 그 나라의 성격에 대한 이해가 중요하

---

5) Herman Dooyeweerd, *New Critique of Theoretical Thought, vol. I*, Amsterdam: Uitgeverij H. J. Paris, 1953, p. 100.

6) 알버트 월터스, 양성만 역, 『창조, 타락, 구속』, 서울: IVP, 1992, pp. 67~72.

다. 구속의 결과로 오는 회복과 하나님 나라의 도래는 동일한 것이다.[7] 구원은 타락으로 잃었던 하나님께서 창조하신 세계가 본래 목적으로 회복되는 것이기 때문이다. 구원받아 변화된 삶을 총체적으로 가리키는 말이 하나님 나라이다. 신약성경과 복음의 핵심은 하나님의 나라라는 말에 축약되어 있다.

하나님의 나라는 "지역"을 뜻하지 않는다는 점도 변혁을 이해하는 데에 중요하다. 나라(恦猖㗁塞)는 공간적 장소의 의미보다 주권(dominion)을 뜻한다. 아울러 그 나라의 도래는 잃었던 주권(主權)의 회복을 말한다. 그 나라는 구속의 원리가 나타나는 곳에 임한다. 즉 하나님의 뜻에 인정되고 고백되며 실현되는 곳이면 어디나 이루어짐을 말한다. 그의 뜻에 따라 만들어지는 문화가 하나님 나라의 일부라는 뜻이기도 하다. 그 나라는 특정 문화와 동일시 될 수 없는 영적인 성격이다. 리처드 니버도 하나님의 절대적 주권에 입각하여 하나님의 나라는 영의 나라로서 세계 변혁은 그의 다스림에서 시작된다고 보았다.[8]

하나님 나라가 임하는 특별한 양식에 대한 이해도 중요하다. 하나님의 나라는 왕이신 예수 그리스도의 오심과 함께 이미 임했으나 아직도 기다려야 할 나라이다. 그 나라는 그리스도가 심판주로 재림할 때 완성될 나라이다. 하지만 그날이 오기까지 누룩처럼 보이지 않게 퍼져 나가는 나라이기도 하다. 이사야 60장과 계시록 21~22장의 비전처럼 믿음의 눈을 가진 이에게는 세상에서도 그 나라가 보인다. 한편 지금은 특수한 과도기적 시대이다. 하나님 나라에 대한 바른 이해만이 잘못된 낙관과 비관

---

7) 알버트 울터스, 『창조, 타락, 구속』 p. 83.
8) 리처드 니버, 『그리스도와 문화』 pp. 224~225. 하나님 나라는 비전과 원리로서 변혁의 목표를 보여 주는 역동적 원리이다.

을 극복하고 바른 문화관, 역사관, 사회관, 가치와 도덕, 실천의 방향을 회복시킬 수 있다.

모든 문화적 행위와 노력은 인간이 궁극적인 것으로 믿고 섬기는 대상을 향해 초점이 맞추어지고 그것을 위해 바쳐진다. 헨리 반틸의 말과 같이 문화는 영적 섬김의 표현이다.[9] 기독교 문화는 이론을 정교하게 만드는 것에서 끝나지 않는다. 그것이 지향하는 이상인 하나님의 나라는 말이나 종교의식에 있지 않고 "의와 화평과 희락"과 같은 실천적 능력에 있기 때문이다(롬14:17). 기독교 문화는 하나님 나라의 백성들이 성경적 세계관에 얼마나 일치된 삶을 사느냐에 달려있다.

2. 개혁주의 문화 변혁 이론

이제까지 개혁주의 기독교 세계관에 입각한 변혁주의적 문화 비전의 골격을 보았다. 리처드 니버의 설명에는 바로 이에 대한 깊은 이해가 부족하다. 변혁주의의 한 특징은 문화 내의 대립(antithesis)을 직시하는 데 있다. 대립은 이원론과 다르다. 종교적 방향의 대립이지 실재의 어떤 부분들이 구조적으로 대립되는 이원성이 아니다. 이를 바로 파악하지 못하는 경우 죄와 구속의 대립으로 이해하는 대신 기독교와 문화의 대립으로 이해하는 경우가 있다. 또는 무지/교육, 원시/문명, 음/양, 질서/혼돈, 형상/질료, 자연/자유, 통일성/다원성, 객관성/상대성, 그리고 남/녀, 노/소 등의 대립으로 이해하는 경우도 있다. 이처럼 특히 성경적 관점과 세

---

9) 헨리 반 틸, 이근삼역, 『칼빈주의 문화관』, 부산: 성암사, 1977, p. 30.

계관은 이런 대립을 변증법적 종합을 통해 해소하거나 절대적인 다원주의적 분열과 해체의 근거로 주장하곤 한다.

　잘못된 대립의 이해는 죄를 구조의 문제로 만드는 경향이 있다. 죄를 구조화한다는 것은 본래 창조에 문제가 있었거나 잠복해 있던 것이 발현된 것이다. 그리고 구속을 구조의 변혁으로 오해하게 된다. 타락 후에도 세상은 하나님과 대립을 이룰 수는 없다. 죄와 자율에 빠지긴 했으되 피조물은 역시 통일성을 가지고 타락한 존재이다. 죄의 원리는 전적 부패요 전적 파괴의 원리이다. 한편 구속의 원리는 창조의 온전한 회복이다. 타락 이후 전적으로 부패한 세상에 구속의 새로운 원리가 들어옴으로써 대립은 시작되었다. 이 대립은 결코 완화될 수 없는 것이며 개혁주의는 이를 토대로 변혁으로 나아간다.

　영적인 대립은 타락의 원인인 사탄과 구속의 주인이신 예수 그리스도의 대립으로 요약될 수 있다. 문화에서 일어나는 대립과 긴장은 문화의 뿌리인 종교적 원리가 타락의 원리와 구속의 원리 둘로 분리되어 있음에 기인한다. 그리스도인이 느끼는 긴장은 문화 자체에 대한 긴장이 아니다. 죄와 타락에 뿌리를 두고 발전한 문화에 대해 느끼는 이질감과 대립이다. 그러므로 문화에서 느끼는 긴장은 결국 종교적 대립을 지시한다.

　타락과 구속이라는 절대적 대립의 개념은 비기독교 문화의 명백한 선함에 대한 문제를 야기한다. 이것이 소위 "이교도의 덕"에 관한 문제이다. 타락이 전적부패를 가져온다고 믿는 개혁주의 입장에서는 이런 해결을 받아들일 수 없다. 따라서 이 문제는 어려운 딜레마를 제시한다. 이 딜레마에 대한 해결이 일반은총론이다. 이 원리는 개혁주의를 다른 기독교의 전통과 구분하게 하는 가장 중요한 요소이다. 일반은총론은 전적타락에도 불구하고 세상이 존속하며 상당한 문화발전이 계속 유지되어 온 이유에 대한 설명이다. 그것은 또한 그리스도인들이 문화에 적극적인 참여와 변혁을 위해 활동하는 근거이기도 하다.[10] 카이퍼의 일반은총론은 칼빈과 달리 변혁을 고취하는 면이 강하다.

일반은총론은 19세기 기독교가 자유주의적인 "실천적" 진영과 보수적 "신비주의" 또는 소위 "경건주의"의 세상 도피적 신앙의 대립으로 양극화된 상황을 배경으로 강조되었다. 이런 모습으로는 인본주의 자유사상의 물결을 막는 것은 불가능하다고 본 아브라함 카이퍼는 유일한 대안을 역사적 칼빈주의의 회복뿐이라고 보았다.[11] 그 이유는 그 전통이 신앙과 삶이 분리되지 않는 일관성 있는 세계관을 가지고 있었다고 보았기 때문이다.

일반은총론과 더불어 카이퍼의 문화 신학의 핵심개념을 이루는 대립(對立, antithesis)과 *Pro Rege*(Christian action) 사상은 인본주의 문화에 대한 그리스도인의 변혁적 전략의 표현이다. *Pro Rege*란 "왕을 위하여"라는 뜻으로 왕이신 하나님을 위한 문화 활동을 의미한다. 그것도 좁은 의미의 "문화"가 아닌 삶 전체에 대한 변혁의 작업으로 가는 길을 보인 것이다. 그것은 교육, 정치, 경제 등 보다 구체적인 문제의 개혁을 지향한다. 이는 그의 방법이 세속적 기관과 기구에 대응하기 위해 기독교적 대안을 세우는 소위 "조직체적 대립"(organizational antithesis)을 시도한 것에서 잘 드러난다. 예를 들어 일반 언론 매체를 대항할 기독교 언론을 설립하는 일을 말한다. 특히 중요한 쟁점은 세속 교육 기관에 대응하여 기독교 학교를 세우는 것으로 인식되었다. 또 세속적인 정치 이

---

10) Herman Kuiper, *Calvin and Common Grace*, Goes: Oosterbaan & Le Cointre, N.V. 1928, pp. 177~203, 232.

11) A.braham Kuyper, *Lectures on Calvinism*, Grand Rapids: Eerdmans, 1981, p. 249.

넘을 가진 정당을 대항하여 기독교 정당을 만들어 정치에 참여하는 것이 필요하다고 보았다.

이와 같이 카이퍼는 시대적 과제와 정신을 기독교 신앙에 기초하여 변혁시키는 비전을 제시했다. 그는 종교개혁 시대의 칼빈주의가 그대로 되뇌어지는 대신에 새롭게 연구되어 시대의 요구에 맞게 재해석되고 다시금 적절하게 적용되어야 한다고 보았다.[12] 이런 자세야말로 죽은 정통은 살아있는 자의 죽은 신앙이요, 참된 정통은 죽은 자의 살아있는 신앙이라는 정신을 반영한다. 그 결과 신칼빈주의 운동은 현실적일 뿐 아니라 시대를 앞서 가는 면모도 보여 주었다. 즉 그 변혁 운동은 국가, 교회, 가정, 학교, 예술 등 삶의 여러 영역들은 독립된 주권을 가진다는 영역주권 사상(sphere sovereignty)과 같이 진보된 전략을 구사하고 있었다. 이는 국가 권력이 절대화하는 잘못이나 점차 다원화되어 가는 사회의 문화전략을 구사하고 있는 점에서 선진적이었다.

나는 이 전통에 기초하여 초월적(transcendental) 문화 비판을 변혁의 방안으로 제안한 바 있다.[13] 이는 내재적(immanent) 비판과 초험적(transcendent) 비판과는 구별된 방식이다. 내재적 비판은 문화가 나름대로 선을 이루는 요소가 있다고 보고 독립성을 인정하고 그 기준에서 접근하는 방식이다. 문화의 기준에 의해서 좋고 선한 것으로 인정된 것을 받아들여서 기독교적으로 사용 또는 차용할 수 있다는 자세이다. 이러한 문화관은 자율성이 인정된 비기독교 문화를 단지 형식적, 의식적 절차로 기독교화 하는 착각의 오류에 빠뜨려 의식적인 신앙과 심하면 신

<hr>

12) A. Kuyper, *Lectures on Calvinism*, p. 252~256.
13) 신국원, 『문화이야기』, 서울: IVP, 2002, pp. 158~163.

비주의적 신앙에 빠지게 한다. 이 점은 중세카톨릭이 미신화되고 수도원을 중심으로 탈속화가 종교의 극치를 이루던 예에서 볼 수 있다. 그리스도인들이 문화에 적극 개입하여 변혁하려는 사명을 약화시킨다. 교회가 강할수록 문화의 속성을 깊이 이해하지 못한 채 문화의 검열관 노릇을 자처하게 되어 진정한 문화의 인도자 방향을 제시하고 기초를 지키는 자가 아닌 억압자가 되기 쉽다.

초험적 비판은 비판 의식으로 인해 문화 자체를 죄악시하는 이원론적 세계관에서 나온다. 이로 인해 기독교가 타락한 문화를 대체하는 것으로 생각하는 대립적 사고에 빠진다. 문화 명령이 지상 명령으로 바뀐 듯 착각하는 오류도 같은 뿌리에서 나온다. 문화를 종교적 견지에서 비판하기 때문에 비기독교적 문화의 내용과 질의 고하를 막론하고 부정적이 될 수밖에 없다. 비판의 기준은 문화의 주체인 개인과 사회의 신앙에 입각한다. 판단 기준도 자못 교리적 판단 기준과 유사해서 주어진 문화가 기독교적 교리에 어긋나면 절대 배척 또는 극복의 양극적 자세로 나가기 쉽다. 이러한 피상적 견해는 결국 그리스도인들이 문화적 사명에 적극 참여하는 일을 방해한다. 문화는 대개 비기독교적 요소가 많았으므로 이를 정죄하고 단절을 선포한 이후 도피적 성향을 갖게 되기 때문이다. 보다 나은 경우는 독립적인 기독교 문화 창조에 나선다. 이 경우 문화의 질은 신앙의 보전이란 이름하에 크게 문제 삼지 않는다. 그 결과 기독교 문화는 저질 문화로 대중의 소외를 받고 대신 세속적인 문화가 만연하여 문화와 사회의 세속화가 급격히 추진된다.

이와 달리 초월적 비판은 문화와 기독교를 대립시키는 어떤 종류의 이원론도 배격하는 기초이다. 이는 하나님의 주권을 강조하는 창조, 타락과 회복의 세계관에 기초한다. 초월적 비판은 피상적 종교성의 기준으로 비판이 아니다. 오히려 무엇이 그 문화를 가능하게 하는가 하는 한 문화의 종교적 기초인 세계관을 점검하고 아울러 그것이 얼마나 일관성 있게 문화의 실제적 내용에 반영되고 있는지를 비판하는 것이다. 이 비판은 비기독교적 문화에 대하여 비판적 채택의 길을 연다. 즉 그 내용을 채택 수용하는 것에 앞서 그 종교적 뿌리를 철저히 인식하고 그 세계관이 내용에 어떻게 나타나는지까지 관찰하고 분석하는 자세를 격려한다. 이것은 비그리스도인이 잘못된 종교성에도 불구하고 그를 제어하는 하나님의 은총의 결과로 맺은 열매를 다시 찾아 그의 영광을 위해 사용하도록 되찾아오려는 노력이다.

하나님 나라의 실제는 '이미'와 '아직'이라는 공식이 잘 보여 주듯 긴장과 싸움으로서의 변혁을 요청한다. 뒤에서 다시 언급할 것이지만 오늘날의 문화변혁은 포스트모던적 다원주의 상황과 문화전쟁을 둘러싼 이론적 싸움에 주목해야 한다. 이 싸움은 대개 대중문화의 현실에서 실제로 수행된다. 그것은 미디어나 대중문화가 단지 일부분이 아니라 문화화의 기구인 탓이다. 그것들은 단지 미디어일 뿐 아니라 자체가 메시지이며 세계관이며 문화화의 강력한 기구이다. 롬12:2의 바울의 권고처럼 그리스도인이 이 시대를 본받지 않으려면 그것의 영향력에 특히 주의를 기울여야 한다. 나아가 하나님의 뜻을 따라 그것을 변혁해야 한다. 미디어와 대중문화의 변혁은 삶의 변혁과 직결되어 있다. 이를 위해서는 이 시대의 문화 변혁을 꿈꾸는 이들은 문화연구를 간과할 수 없다. 이제 이런 사항을 감안한 문화의 변혁 비전을 실제로 만들기 위해 전략을 스케치해 볼 수 있을 것이다.

3. 현실 문화 전략으로서의 변혁

현실 문화 변혁을 바로 접근하기 위해서는 우선 문화의 다양성에 대한 인식이 필요하다. 문화의 다원성에 대한 인식은 다원주의와는 다르다. 후자의 특징은 현실에 다양한 문화가 있는 것을 인정하는 것을 넘어서 통일성을 아예 부정하거나 다원성을 근본시하는 데 있다. 다양한 문화가 있다는 사실을 인지하는 "경험적 다원주의"와 이데올로기적으로 다원성을 강조하는 "철학적 다원주의"를 구분한 칼슨의 분석은 이 문제를 접근하는 바른 방안이다.[14] 하나님께서 본래 세상을 다양하게 만드셨고 문화가 다양할수록 삶을 풍요롭게 만드므로 다양성은 문제가 아니다. 문제가 되는 것은 상대주의적 다원주의이다.

특히 다양성에 대한 인식 자체를 다원주의를 혼동하여 제기하는 문화 비판하는 것은 재고되어야 한다. 그것은 자칫 문화전쟁론으로 가기 십상이다. 물론 문화에 대한 비판을 포기하라는 것이 아니다. 오늘의 상황을 감안한 보다 섬세한 비판의 방안이 마련되어야 한다는 것이다. 그리스도인은 다원주의 사회를 백가쟁명(百家爭鳴)의 상황으로만 보고 비관론을 자초하는 경향이 있다. 특히 모든 규범과 표준이 무너진 사회에서 담론은 모두 권력의 주장에 불과하다는 니체나 미셸 푸코(Michel Foucault)식의 논리를 조심해야 한다.

이러한 상황에서는 기독교 신앙이 언제나 공중적인 진리였음을 강조하는 레슬리 뉴비긴의 전략에서 본받을 점이 있다. 다원주의를 넘어서려

---

14) D. A. Carson, *The Gagging of God: Christianity Confronts Pluralism*, Grand Rapids: Zondervan, 1996, chapter 1.

는 그의 논제의 키워드는 자신감, 복음의 공적 성격, 공적 토론에의 참여이다.[15] 그는 특히 다원주의 사회일수록 상대주의에 휘말릴 것이 아니라 복음의 유일성에 기초한 "적절한 자신감"을 가지고 위기와 맞닥뜨리는 것이 그것을 극복하는 열쇠라고 했다.

또 다른 예는 인본주의와 카톨릭과 더불어 공존해야 하는 상황 속에 소수지만 강력한 영향을 미치며 사회를 변혁시키는 능력을 발휘했던 화란의 개혁주의에서 찾을 수 있다. 그들은 소위 "기둥화(pillarization)"라는 효과적인 전략을 구사했다. 집에 "기둥"이 여럿이듯 한 사회를 세우는 기둥 격인 세계관도 여럿일 수 있다는 주장에 기초한 전략이었다. 그들은 이 전략에 따라 세계관에 따라 "다원적" 학교를 국가 재정으로 설립 운영하는 교육제도를 관철시켰다. 또 "다원적" 프로그램을 편성하는 화란 특유의 방송체제에서도 이 전략의 결실을 볼 수 있다. 이 전략은 그들이 다른 세계관을 가진 사람들과 적대적인 관계로 가는 분파주의(polarization)를 방지하는 효과를 가졌다. 그뿐 아니라 소수파로서도 상대적으로 스스로가 지닐 수 있는 영향력보다 훨씬 많은 힘을 가질 수 있도록 하는 체제였다. 그것은 목적을 위하여 카톨릭을 비롯해 다른 진영과의 연대(coalition)를 가능하게 하였다.[16]

물론 지금은 단지 다원주의를 빌미로 하여 지분을 확보하는 것으로는

---

15) 참고. Lesslie Newbigin, *Foolishness to the Greeks: The Gospel and Western Culture*. Grand Rapids: Eerdmans, 1986. 『현대 서구문화와 기독교』, 서울: 대한기독교서회, 1989; The *Gospel in a Pluralist Society*, Grand Rapids: Eerdmans, 1989, 『다원주의 사회 내의 복음』, 서울: IVP, 1998; *Truth to Tell: The Gospel as Public Truth*, Grand Rapids: Eerdmans, 1991; *Proper Confidence: Faith, Doubt and Certainty in Christian Discipleship*, Grand Rapids: Eerdmans, 1995.

16) John L. Hiemstra, *Worldviews on the Air: The Struggle to Create a Pluralistic Broadcasting System in the Netherlands*, Lanham: University Press of America, 1997.

충분하지 않다. 이러한 전략은 자칫 포스트모던적 다원주의의 상대주의에 휘말릴 소지가 농후하다. 따라서 이를 넘어서는 전략이 필요하다. 다원주의 상황에서는 사회 내의 모든 중요한 사안에 대해 매사 적극적으로 참여하여 분명한 목소리를 발하는 것이 중요하다. 분명한 것은 의식이 깨인 대중의 확신 있고 조직화된 운동은 변혁의 능력이 있다는 사실이다. 기독교적 확신에 입각한 참여가 문화 변혁의 열쇠이다.

하지만 참여하는 것 못지 않게 그것을 하는 바른 자세도 중요하다. 이 점에 대해서는 미국의 개혁주의자들의 제안에서 배울 점이 많다. 아마도 이 면에서 가장 간명하면서도 분명한 방안을 제시하고자 하는 것은 리처드 마우이다. 그는 오늘날의 특이한 문화 상황 속에서 기독교 신앙에 기초한 사회참여는 반드시 민주시민적 "교양"을 갖추어야 함을 강조했다.[17] 마우가 "교양"을 그리스도인이 반드시 겸비해야 할 "특별한 시민의식"이라고 본 것은 흔히 확신과 자신감이 넘치는 경우일수록 남에 대한 예의를 결하기 쉽다고 보았기 때문이다. 중요한 것은 메시지만이 아니라 그것을 전달하는 방식과 주장하는 법도 그렇다. 아니 메시지와 전달방식은 분리할 수 없다. 기독교적 통찰과 확신을 시민사회에서 바로 대표하기 위해서는 그에 부합할 뿐 아니라 민주사회 원리에 어긋나지 않는 교양이 필수적이다.

마우의 주장은 우리에게도 중요한 시사점을 던진다. 우리 사회도 이제 민주화가 정착되어 감에 따라 세대 차이를 비롯한 다양한 문화적 차이의 존재를 진지하게 인식해야 할 때가 왔다. 한국문화라는 추상적 개념 속

---

17) Richard Mouw, 『무례한 기독교: 다원주의 사회를 사는 그리스도인의 시민교양』, 서울: IVP, 2004 참고. Sander Griffioen & Richard J. Mouw, *Pluralisms and Horizons: An Essay in Christian Public Philosophy*, Grand Rapids: Eerdmans, 1993.

에 전통문화, 권위주의문화와 급진진보문화, 동성애자문화와 엽기문화가 혼재한다. 이런 상황은 그리스도인들도 신념과 가치가 다른 문화들과 일상적으로 부딪치며 생기는 복잡한 문제들을 피할 수 없게 되었음을 의미한다. 지금 우리는 다원주의 문화 속에 살고 있음을 인식하고 그 안에서 자신의 신앙적 정체성을 시민적 교양의 기초 위에서 분명히 드러내는 방법을 배워나가야 한다.

이런 상황과 직결되는 또 다른 중요한 교훈은 소위 "문화전쟁"에 관한 논의에서 배울 수 있다. 문화전쟁이란 다양한 문화적 갈등 현상을 "전쟁"으로 포착하는 관점이다. 문화에는 정보가 담겨있고 정치적, 사회적 가치도 포함하며 따라서 명백히 정치적이지 않아도 문화전쟁에 빌미를 제공하게 된다. 문화는 개인적이기 보다 공공의 문제로 다뤄지며 추상적인 것이다.[18] 이러한 환경 속에서 문화가 전쟁처럼 인식되는 것은 자연스러운 일일 수 있다.

이러한 상황은 폭을 넓히면 사무엘 헌팅턴이 주장하는 "문명의 전쟁" 이론이 될 수도 있다. 즉 이념에 의한 세계 정치 구도의 붕괴 이후 이제는 문화 또는 문명의 전쟁 시대가 되었다는 이론이다.[19] 이처럼 이 논의는 국제 정치적 의의도 가질 수 있다. 한편 미국의 사회학자인 제임스 헌터의 미국 내의 보수와 진보 사이의 문화전쟁 분석은 그것이 세계관 전쟁임을 보여 주었다.[20]

---

18) H. J. Gans, *Popular Culture and High Culture*, p. 7. 간스가 주장하는 것처럼 대중문화는 사회학이나 인류학의 삶 자체를 가리키는 넓은 개념이 아닌 좁은 개념, 즉 예술과 교육, 정신적이며 심미적, 교화와 오락, 기분전환에 사용되는 예술이라는 정도로 정의될 수도 있으나 일반적으로는 그보다 훨씬 넓게 정의되는 것이 오늘의 현실이다.

19) Samuel P. Huntington, *The Clash of Civilizations: Remaking of World Order*, New York: Touchstone, 1996.

문화의 변혁은 전도와 마찬가지로 포기될 수 없는 그리스도인의 사명이다. 특히 다원주의 사회일수록 그렇다. 하지만 전도나 변증이 그렇듯 문화 변혁의 방법은 시대의 변화에 따라 유연성 있게 조정되어야 한다. 오늘날의 문화전쟁의 포진 형태와 진영도 과거와는 다르다. 예를 들어 자본주의와 공산주의 이데올로기가 첨예하게 대립되던 냉전 시대와는 판이하다. 지금은 다양한 문화가 특정한 전선을 형성하지 않고 사회 전반에 모든 이슈에 깔려 있다. 하지만 궁극적인 점에서는 그것이 하나님을 사랑하는 것과 그를 대적하는 두 개의 다른 신앙과 가치관, 세계관의 대립이라는 점은 마찬가지이다. 또 그 대립이 하나님의 일반은총의 결과로 존속하는 문화와 역사를 배경으로 전개되고 있다는 존재론적인 상황 역시 같다. 아울러 이 문화 속의 변혁을 위한 그리스도인들의 전략이 온유와 두려움, 그리고 선한 양심을 갖추어야 한다는 원리 역시 변하지 않았다.

여기서 문화전쟁 상황 속에서 그리스도인이 변혁 전략을 세움에 있어 전통적인 변증과 선교에서 배울 점이 있다는 것을 알 수 있다. 우선 문화 변혁은 단지 예술, 연예, 오락에 관한 국지적인 문제가 아니라 세계관에 관한 전면적인 문제의 일부라는 것이다. 여기서의 전투에 모든 것이 달린 것은 아니지만 이 전선을 잃는다는 것은 전쟁의 방향을 결정하는 또 하나의 큰 후퇴를 의미한다. 둘째는 그것이 궁극적으로 하나님 나라의 특성인 샬롬 즉 공의와 화평의 조화를 이루는 것이어야 한다는 점이다.[21]

---

20) James Davidson Hunter, *Culture Wars: The Struggle to Define America*, New York: BasicBooks, 1991; *Before the Shooting Begins: Searching for Democracy in America's Culture War*, New York: The Free Press, 1994.

21) 참고. Nicholas Wolterstorff, *Until Justice and Peace Embrace*, Grand Rapids: Eerdmans, 1983.

4. 문화변혁의 지향점: 샬롬

문화변혁에 있어 중요한 것은 그 목표가 성경이 말하는 건전한 삶인 샬롬의 형성이어야 한다. 샬롬을 추구하는 자세는 무조건 비판과 대립을 피하는 것을 말하지 않는다. 기독교적 정체성에 대한 타협과 굴종을 내포하지도 않는다. 문화를 변혁하려는 노력에 있어 비판은 필수적이다. 하지만 샬롬을 추구하는 자세의 특징은 하나님의 방식으로 타인을 대함을 포함한다. 적의 대신 사랑과 이해의 자세를 갖추고 나아감을 의미한다. 그것이 진정한 변증의 정신이다(벧전3:15-16). 항상 준비된 반론을 갖추되 온유와 두려움, 특히 "두려움"은 선한 양심에 입각해서 비방하는 자라도 부끄러움을 당할 수밖에 없는 자세를 말한다. 전통적인 변증에는 이런 요소가 포함되어 있다. 하지만 근대적인 일부 변증에는 이것이 결여된 전투적인 변증에 치우친 경우가 있었음을 인지해야 한다. 그것은 이성주의와 계몽주의를 근간으로 하는 배타적인 진리관을 가진 근대성과의 사활이 걸린 싸움이라는 매우 방어적인 상황에서 만들어진 것이다. 지금은 상황이 많이 달라졌다. 다원주의 상황이 샬롬의 추구가 근대의 배타적인 문화에서보다는 훨씬 용이하게 된 점이 분명히 있다.

그리스도인은 문화 속에 있다. 물론 문화의 것은 아니지만 가능한 공동의 선을 추구하는 태도를 견지해야 한다. 특히 헌팅톤이 말하는 문명 간의 전쟁은 말할 것도 없고 헌터가 지적하듯 한 사회에서 벌어지는 작은 규모의 문화전쟁을 피하기 위한 노력이 필요하다. 어쩌면 그의 주장처럼 오늘날의 문화 사회 상황은 문화적인 진보와 보수의 양극화된 충돌이 보편적인 상황일 수 있다. 그러나 이것 역시 잘못된 딜레마일 것이다. 헌터 역시 모든 상황을 포스트모던적인 권력과 지배의 문제로 보는 경향이 있다. 그와 달리 조화와 화해의 방식에 기반을 둔 비판의 방식을 개발하는 일이 필요하다.

　문화전쟁은 양극화를 심화시켜 문화 자체보다는 권력에 의해서 결정나게 될 경우가 많다. 그럴 경우 문화가 곧 정치요 경제적 이익의 충돌의 장으로 바뀌고 만다. 문화는 문화 내적인 원리를 따라서 해결되는 것이 가장 바람직하다. 물론 대립은 필요하지만 그것이 전쟁일 필요는 없다. 더욱이 일상이 전쟁일 필요는 없는 것이다. 물론 극단적인 상황에서는 필요하다. 하지만 매사를 전쟁으로 간주하는 사고가 항상 정당화되는 것은 아니다.

　정치나 경제와 같이 이해가 첨예하고 투쟁의 빌미가 많은 데에서 전쟁을 운운하는 것이 불가능할 수 있다. 그러나 문화는 전통적으로 인류가 이룩해 온 가치와 교양의 대명사였다. 또한 오늘날에는 다양한 지역과 전통에 입각해서 다양한 방식으로 살아가는 모습을 지칭하는 말이다. 그런 문화에서만큼이라도 다양한 방식 간의 차이가 있고, 그로 인해 다소간의 긴장이 있더라도 그것을 꼭 전쟁이라는 극단적인 용어로 포착할 필요는 없을 것이다. 따라서 가급적 문화전쟁이라는 용어나 개념 없이 하는 것이 옳다. 인문학적이고 순수한 의미에서의 문화를 현실에서 정치나 경제 같은 이해가 첨예한 영역들과 분리하거나 따로 추출할 수 없지만 적어도 지향점을 그렇게 맞추어야 한다. 특히 사회활동가의 측면에서는 대중문화전쟁을 획책하기 보다는 건전하고 긍정적으로 운동을 전개하는 방법을 찾아야 한다. 그 한 방법이 미디어 윤리를 정립하고 대안적 미디어 발전과 다양한 미디어의 개발과 사용을 모색하는 것이다.

　이런 제안은 우리가 불신세계와 문화적으로 대립적인 상태에 있다는 점을 부정하려는 것이 아니다. 타락한 세상에서의 문화적 대립과 긴장은 어거스틴 이후 지속적으로 진행되어 온 통찰이다. 우리는 세상 속에 살지만 세상의 것은 아니다. 세상은 다른 동기와 원리에 입각하여 움직인다. 그러므로 대립(antithesis)은 불가피하다. 하지만 이 대립은 영적이며 정신적인 그리고 원리적인(in principle) 문제임을 잊지 않아야 한다. 개혁주의의 통찰은 여기에서도 빛난다. 개혁주의는 대립과 더불어 일반은총을 강조한다. 대립과 일반은총은 문화이해에 있어 매우 중요한 두 원리이다. 더욱 중요한 것은 이들이 다른 차원에서 작동한다는 점이다. 대립은 원리적인 면에서 세상의 문화와 그리스도인의 삶을 분리시킨다. 하지만 일반은총은 양자 위에 모두 작용하면서 다른 원리들에도 불구하고 문화를 가능하게 되는지를 설명하는 이론이다. 대립이 신앙적이며 원리적인 기초라면 일반은총은 문화적인 기초이다.

개혁주의는 변혁을 지향하지만 그 방법은 일방적인 대립과 충돌이 아니다. 이는 월터스톨프의 "샬롬"의 개념이나 마우의 "시민정신"의 개념에서 보듯이 대립보다는 화해의 사신이 되는 것을 그리스도인의 본분으로 생각한다. 이들은 실제로 대중문화의 사회 – 문화적 역할을 이해하되 문화전쟁론을 배격한다.[22] 그 대신 월터스톨프는 이 시대의 특징을 자유주의를 넘어서 다원주의로 이행되는 것을 민감하게 인식하면서 대화적 문화론을 검토하는 것이라고 한다. 이는 참여론으로서 오늘날의 상황에 적절한 것이다. 참여란 현실 속에서 무임승차를 거부하는 것이다. 그것은 곧 당대와 상황이 종료된 이후인 후대의 사회적 영향력과 직결된다. 이런 중요한 성격을 인식하고 피하지 말아야 한다.

---

22) Richard J. Mouw, *He Shines in All That's Fair: Culture and Common Grace*, Grand Rapids: Eerdmans, 2001, pp. 75~88.

샬롬을 지향하는 변혁 운동에는 그리스도인 모두의 참여가 필요하다. 누구 하나라도 문화 밖에 살지 않으며 어느 한 사람의 삶도 문화 형성과 변혁에 있어 무관하지 않기 때문이다. 모두가 영향을 미치며 모두가 그럴 권리와 능력이 있다. 이 말은 모두가 현실 개선의 힘과 책임이 있다는 말이기도 하다. 인터넷 팬클럽에 모인 청소년들이 스타를 만들어 내고 정치적 힘으로 변화시키는 시대이다. 하물며 매주일 살과 피를 가진 사람들이 모여 살아 계신 하나님을 함께 예배하고 친교로 한 몸과 한 뜻으로 결속된 교회가 그런 능력을 가지지 못할 이유가 없다. 교회는 힘이 없어서가 아니라 비전이 없어 제 역할을 못하는 것이다.

물론 하나님의 백성의 능력은 혈과 육에 있지 않다. 특히 문화 영역에서의 운동을 물리적인 힘과 숫자로 밀어붙이는 것은 본질적으로 바르지 않을 뿐 아니라 효과적이지도 않다. 이는 마르크시즘 문화운동가 그람시나 알튀세도 일찍이 파악한 바이다.[23] 그의 지적처럼 결코 사회적 지도력은 숫자나 경제, 정치적 힘으로만 장악되는 것이 아니다. 지도계층이 대중의 신뢰를 받아야 하며 이를 위해서는 모든 면에서 정통성과 도덕성을 갖추는 것이다.

그리스도 공동체는 문화 생활에 있어서도 이런 권위를 회복해야 한다. 문화의 문제는 근본적으로 영적인 문제요 비전의 문제이다. 그것은 정신적인 갈구에 뿌리를 두고 있는 영적 추구에서 비롯된 표현이다. 이는 피할 수 없는 문제이다. 그리스도인은 누구보다 이 문제를 다룸에 있어 유리한 입장에 있다. 변혁을 꿈꾸는 이들의 비전은 핵심적이다. 위기의식

---

23) Antonio Gramsci, *Selections form the Prison Notebooks*, New York: International Publishers, 1971, pp. 245~253, Louis Althusser, "ISA" in *Lenin and Philosophy and Other Essays*, New York: Monthly Review Press, 1971, pp. 90~118.

이 깊을수록 확신에 찬 변혁의 비전이 중요하다. 실질적인 전략을 파급시켜 대중화하는 운동도 중요하지만 비전이 있어야만 가능한 일이다. 모든 성도들의 의식을 깨워 현실을 이길 방안이 있는 실천적 적용을 함께 찾아야 할 때이다. 진리와 선함과 아름다움을 대중문화로 얼룩진 세계 속에서 창조적으로 드러내는 교회는 본연의 모습으로 역할을 다할 것이다. 그렇지 못하고 본질적 매력을 상실한 교회는 기형적 활로를 모색할 수밖에 없다.

이런 권위의 회복을 위해 그리스도인들이 현실 문화에 대해 가져야 할 자세는 배격이나 수용이 아닌 변혁이어야 한다. 그것은 그들의 정체성이 세상 속에 있으나 세상의 것은 아닌 것을 잘 이해하는 자세에 기초해 있다. 물론 그것은 또한 하나님의 나라의 온전한 특성인 바 공의와 화평이 온전히 드러나는 샬롬을 지향하는 변혁이다. 샬롬을 지향하는 변혁 운동은 그리스도인도 사회의 일원이라는 의식을 기초로 공동선을 추구하는 참여의 책임과 권리를 뚜렷이 의식한다. 문화의 변혁은 타락한 세상을 회복해야 할 그리스도인의 소명이다. 그러나 그것을 추구함에 있어 남을 존중하는 시민적 양식이 필요하다. 그것은 그런 양식 위에서 샬롬을 향한 세계관의 경연(競演)이 보다 원활하게 일어날 수 있기 때문이다.

오늘과 같은 다원주의 사회에 있어 존재론적인 가치인 생의 존엄성과 같은 옅은 도덕을 기초로 벌이는 세계관의 경연을 추구할 수 있다. 즉 어떤 세계관이 삶을 공의와 화평으로 번영하게 하는지를 보여 주는 문화를 통해 보이는 경연이 가능할 수 있도록 노력해야 한다는 말이다. 물론 그 경연이 문화라는 인류의 놀이를 가능하게 하는 보편적인 규범의 울타리 속에서 움직이도록 힘써야 한다. 특히 그리스도인은 그 문화의 경연에 참여함에 있어서도 변혁과 샬롬의 비전을 잃지 않아야 한다. 그리스도인의 문화적 활동은 언제나 여기에 있으나 아직도 기다려야 할 나라를 향한 순례자의 것이기 때문이다.

"변혁주의 문화론의 신학적 근거"에 대한 논찬

현요한 교수 (장신대 조직신학)

　신국원 교수는 "소통과 변혁을 향하여"라는 대주제로 열린 이번 기독
교 문화 학술 심포지엄에서 "변혁주의 문화론의 신학적 근거"에 대하여
변혁주의적 기독교 문화론에 대하여 매우 의미 있는 논문을 발표해 주셨
다. 유익한 발제를 해 주신 신 교수님께 깊이 감사드린다.

　먼저 신 교수는 요즈음 흔히 논의되는 기독교적 문화 변혁에 대한 담
론에서 변혁의 의미가 불확실하다는 점을 지적하면서, 변혁이라는 말의
의미를 새롭게 정립하고자 한다. 그는 리처드 니버의 유형론의 문제점들
을 비판하면서, 그가 변혁이라는 말을 모호하게 한 책임이 있음을 지적
한다. 신 교수는 아브라함 카이퍼를 비롯한 네덜란드계 학자들의 신칼빈
주의적 입장의 관점을 따라, 성경의 근본 진리에 입각한 세계관에 의하
여 문화의 변혁에 대하여 바르게 이해하여야 한다고 주장한다. 그것은
곧 창조, 타락, 구속이라는 원리, 그리고 하나님 나라의 도래에 대한 이
해에 입각하여 문화를 이해하고 문화에 대응하는 것을 말한다.

　신 교수는 변혁주의 문화론의 한 특징을 문화 내의 대립(antithesis)을

직시하는 데 있다고 보는데, 이 대립은 구조적 이원론을 의미하는 것이 아니라고 한다. 그는 잘못된 대립 이해는 죄를 구조의 문제로 만들어, 본래의 창조에 문제가 있었던 것으로 보게 하는 문제가 있다는 것이다. 그는 인간의 타락으로 말미암아 야기된 대립과 그것을 본래대로 회복시키는 구속의 대립에 주목한다. 그것은 영적인 대립이요 사탄과 예수 그리스도의 대립이며, 문화에 대한 신앙의 대립이 아니라고 본다. 그는 정태적 관점에서 기독교 신앙이 추구하는 것과 문화가 구조적으로 대립되는 것으로 보지 않고, 역동적 관점에서 역사와 시간 속에서 문화가 겪는 타락과 구속의 대립에 주목하려는 것이다. 구속 신앙의 관점에서만 보면 비기독교 문화의 명백한 선함의 문제에 부딪치는 데, 신 교수는 이점을 개혁주의 신학, 특히 카이퍼가 말하는 '일반은총론'으로 해명한다. 이것은 전적 타락에도 불구하고 세상이 존속하며 문화가 발전되어 온 이유에 대한 설명인 동시에, 기독교인들이 문화에 적극적으로 참여하여 변혁을 위해 활동할 수 있는 근거이기도 하다. 신 교수는 또한 카이퍼의 antithesis와 *Pro Rege*(Christian action) 사상이 인본주의적 문화에 대한 그리스도인의 변혁적 전략이라고 주장한다. 그것은 좁은 의미에서의 문화가 아니라, 삶 전체로서의 문화의 변혁, 삶의 구체적인 문제들에 대한 개혁을 추구하는 것이다. 그것은 세속적 기관과 기구에 대응하는 기독교적 대안 기구를 설립함으로써 조직체적 대립을 시도하는 것이다. 이것은 카이퍼의 영역주권사상 (sphere sovereignty)에 발맞춘 것이기도 하다.

　신 교수는 이러한 전통을 따라서 특히 '초월적 문화 비판'을 변혁의 방안으로 제시하였다. 내재적 비판은 문화에 선한 요소가 있음을 인정하고 문화의 기준에서 선한 것을 받아들여서 기독교적으로 사용하는 것이다.

이는 특정 문화를 형식적으로 기독교화하고 그것을 절대시할 위험이 있다. 초험적 비판은 문화 자체를 죄악시하여 배척하는 입장인데, 이는 그리스도인들이 문화적 사명에 적극적으로 참여하는 것을 방해하고 도피적이 되게 하여, 결국은 세속적 문화가 세상을 지배하게 만드는 문제가 있다. 신 교수가 주장하는 것은 초월적 비판이다. 이것은 하나님의 주권을 강조하는 창조, 타락, 회복의 세계관에 기초하는 입장이다. 이것은 한 문화의 기초가 되는 세계관과 그것이 어떻게 일관성 있게 실제적 현상에 반영되고 있는지를 점검 비판하는 것이다. 그리하여 비기독교적 문화에 대하여 기독교적 입장에서 비판적으로 채택, 변혁할 수 있게 해 준다는 것이다. 이는 비그리스도인들의 잘못된 종교성에도 불구하고 그것을 제어하는 하나님의 은총의 결과로 맺은 열매를 다시 찾아서 하나님의 영광을 위해 봉사하게 하는 전략이다. 이것은 포스트모던 상황과 문화전쟁을 둘러싼 이론적 싸움과 관련하여, 특히 미디어와 대중문화 영역에서 전략적으로 수행되어야 할 과제이다.

이어서 신 교수는 현실 문화를 변혁하기 위한 전략에 대하여 말하였다. 그는 우선 현실 문화의 다양성의 현실을 긍정하면서도 상대주의적 다원주의의 이데올로기에 빠지는 것을 경계한다. 그런 면에서 그는 복음에 대한 확신과 더불어 그 공적 성격에 대한 자신감을 가지고 다원적 상황에 적극적으로 참여하는 레슬리 뉴비긴의 전략을 긍정적으로 평가한다. 또한 신 교수는 인본주의와 카톨릭과 더불어 공존해야 하는 상황 속에서 소수로서 강력한 영향을 미치며 사회를 변혁시키는 능력을 발휘했던 화란의 개혁주의의 예를 제시한다. 그것은 다원적 상황 속에서 자기 정체성을 지키면서 적극적으로 공적 영역에 참여하면서, 목적을 위해 부분적으로 다른 진영과도 연대하는 융통성 있는 전략이었다는 것이다. 신 교수는 또한 화란 개혁주의의 후예들로서 미국 개혁주의자들의 예를 제시한다. 예를 들어 리처드 마우의 경우처럼 기독교 신앙에 기초한 시민정신을 이야기하면서, 자기 확신을 지키면서도 교양과 예의를 지키는 전략이다.

이어서 신 교수는 문화전쟁, 특히 대중예술과 관련한 전쟁적 현상에 대하여 논한다. 그는 문화 변혁을 위한 그리스도인들의 노력이 실상 하나의 싸움이며, 세계관 전쟁임을 인정하는 듯하다. 그는 이 점에서 현대 기독교인들이 전통적인 변증과 선교에서 배워야 한다고 깨우친다. 그것은 단지 예술, 연예, 오락에 관한 국지적인 문제가 아니라, 세계관에 관한 전면적인 문제라는 것이다. 그러나 그는 이제 상황과 시대가 바뀌었으므로 방법도 조정되어야 한다고 본다. 또한 이 싸움과 비판이 비판을 위한 비판이 아니라 건설적으로 하나님의 샬롬을 형성하기 위한 비판이어야 한다고 촉구한다. 그러므로 그는 철저하게 준비되어 있으면서도, 온유함과 두려움으로 나서야 하며, 가급적 전쟁적인 방법을 피하기 위한 노력이 필요하다고 본다. 이는 보수와 진보의 양극화된 충돌을 지양하고 조화와 화해의 방식에 기반을 둔 비판의 방식을 개발하는 것이다. 특히 문화전쟁은 양극화를 심화시켜 문화 자체 보다는 권력에 의해서 결정나게 되는 부작용을 가져올 수 있으므로 주의하여야 한다는 것이다. 그는 여기서 역시 대립과 더불어 일반은총을 모두 강조하는 개혁주의가 해답이라고 본다. 이 둘은 서로 다른 차원에서 작용하면서, 대립은 원리적인 면에서 세상의 문화와 그리스도인의 삶을 분리시키나, 일반은총은 양자 위에 모두 작용하면서 다른 원리들에도 불구하고 문화를 가능하게 하는 것이다. 그는 이것이 월터스톨프가 말하는 대화적 문화론과도 상통하는 것이라고 본다.

결국 신 교수는 원리적으로는 대립과 변혁을 이야기하지만 실제적 방법에 있어서는 대립과 충돌을 지양하고, 월터스톨프의 샬롬, 마우의 시민정신 개념 등을 본받아 화해의 사신이 되는 것을 추구한다. 이는 모든 그리스도인들이 기독교 문화에 대한 비전을 분명히 가지고, 적극적으로 세상의 문화에 참여할 것을 촉구하는 것이기도 하다.

이 발표를 통하여 신 교수가 변혁주의적 기독교 문화론의 신학적 기초를 정리해 주시고, 그 전략과 방법에 대하여도 좋은 제안들을 해 주신 데 대하여 다시 한 번 감사를 드린다. 신 교수의 발표 내용은 그냥 그대로 좋은 학문적 작업이고, 기독교적 세계관에 입각하여 세상의 문화를 변혁하자는 전체적인 방향에 대하여는 필자도 동의한다. 그러나, 건설적인 토론을 위하여 필자의 어리석은 소견을 몇 마디 피력해 보기로 한다.

먼저 신 교수는 그리스도와 문화에 대한 리처드 니버의 유형론을 비판함으로써 시작하였는데, 리처드 니버의 유형론의 문제점에 대한 지적은 필자도 이미 생각하던 바여서 공감이 가는 것이었다. 특히 리처드 니버가 그리스도와 문화를 and로 연결함으로써 생기는 혼란의 문제를 지적한 것은 탁월한 통찰이다. 그러나 리처드 니버도 변혁을 이야기하는 이유는 그 역시 창조의 본래적 선함을 긍정하면서도, 인간의 죄성으로 인한 문제점을 인식하였기 때문이다. 그런 면에서 세상 문화 속에 있는 죄성에 속하는 것의 변혁을 지향하는 전체적인 방향은 리처드 니버와 신 교수가 크게 다르지 않다고 생각된다. 비교할 만한 구체적인 자료의 부족으로 함부로 말할 수는 없지만, 아마도 그 변혁을 추구하는 전략과 방식에 있어서는 신 교수와 리처드 니버는 상당히 다를 것이다. 리처드 니버는 변혁을 주장하기는 하였지만, 그 전략과 방법을 이야기하지는 않음으로써 그 주장의 구체적 현실성에 대하여 의문을 가지게 하는 면이 있다.

신 교수의 논문은 기독교 세계관에 근거하여 문화 안에 대립이 있음을 인정하는 생각을 기본으로 하고 있다. 그러나 표현상의 문제라고 생각되지만, 이 점에 대하여 약간의 혼돈스러움이 있다. 신 교수는 "변혁주의는 결코 신앙과 문화의 관계를 병립이나 대립이 암시될 수 있는 방식으로 생각하지 않는다"[1]고 말한다. 이것은 독자에게 얼마간 혼동을 주는 것 같다. 아마 신 교수는 신앙과 문화가 대립 관계가 아니라, 문화 자체 안에 타락과 구속으로 인한 대립이 있다는 것을 말하려는 것으로 보인다. 그런데 실천적인 전략을 말하는 뒷 부분에서는 다시 문화전쟁과 같은 대립과 충돌을 피하려는 입장을 보이고 있어서 다시 좀 혼동스럽다. 아마도 거기서는 전략적 방법에 있어서 '교양' 있고 '온유' 하게 접근해야 한다는 점을 말하려는 것으로 보인다. 그러나 좀 더 명확한 설명이 없이 모두 '대립' 이라는 말을 쓰고 있어서 좀 혼동스러운 것이 사실이다.

신 교수는 문화 안에 있는 대립에 대하여 이야기하면서 "잘못된 대립의 이해는 죄를 구조의 문제로 만드는 경향이 있다"[2]고 말한다. 신 교수가 여기서 '구조' 라는 말로써 의도하는 것은 사회 구조나 문화 구조가 아니라, 아마도 '근원적 존재' 즉 하나님의 창조의 일부 혹은 하나님의 창조와 별개로 본래부터 존재하는 어떤 것을 의미하는 것 같다. 그러나 구조에 대한 말이 나온 김에 그와는 다른 의미에서 구조에 대한 이야기를 해 보자. 사실 개인적인 죄 뿐만 아니라, 구조적 죄의 문제는 오늘날 매우 심각하게 인식되고 있다. 어떤 면에서는 구조적 죄는 개별적이거나 개인적

---

1) 본서 154쪽 중간.
2) 본서 159쪽 위.

인 죄 보다 더 극복하기 어려운 문제이다. 문화는 사실 우리의 삶이 습관화되고 구조화된 것을 의미한다고 할 수 있다. 어쩌면 인간의 타락으로 인하여 문화 안에 있는 죄성을 본다는 것 자체가 이미 죄의 구조적 성격을 인정하기 때문이 아닐까? 이 점에 대한 보다 직접적인 성찰이 필요한 것 같다.

신 교수가 지향하는 것은 결국 문화를 가지고 전쟁하는 식으로 싸우지 말고, 신사적이고 평화스럽게 대안적인 기구를 만들고, 대안적인 문화를 창조해 나가는 방식으로 보인다. 사실 이것은 다양한 문화가 혼재하는 포스트모던적인 오늘날의 상황에서는 가장 바람직한 방법, 경우에 따라서는 유일하게 가능한 방법일지도 모른다. 이것은 불필요한 싸움을 소모적으로 일삼는 것을 지양하고 창조적인 대안을 제시한다는 점에서 매우 훌륭한 제안이라고 할 수 있다. 그런 것이 분명히 필요하다. 그러나 이것은 사실 기존의 세속 문화를 변혁하는 것이기 보다는 기존의 세속 문화 속에 병렬적으로 하나의 기독교 문화를 섬처럼 만들어 놓는 것은 아닐까? 그런 것은 세상 문화를 바꾸는 변혁주의라기 보다는 '기독교 문화 창조주의'에 가까운 것처럼 보인다. 그것은 혹시, 본의 아니게, 기독교 문화도 결국 여러 다양한 문화들 중에 하나에 불과한 상대적인 문화임을 스스로 인정하고 들어가는 것으로 만들지는 않을까?

신 교수의 이러한 사상은 카이퍼의 신칼빈주의를 바탕으로 하면서, 그의 영역 주권 사상을 원용하고 있는 것으로 보인다. 모든 삶이 하나님의 주권 하에 있으나, 국가, 교회, 결혼, 교육 등의 영역들이 피차 종속되지 않고 각기 독립성을 가진다는 것이다. 이것은 나름대로의 대안 기구를 설립하는 것을 가능하게 해 준다. 이것은 세속 사회 속에서 믿음으로 살아가야 하는 그리스도인들에게 구체적이고 현실적인 대안을 가질 수 있게 해 준다. 그런데 이러한 사상은 모든 것이 정상적으로 돌아가는 상황, 예를 들어 정치와 종교가 분리되어야 한다는 생각이 존중될 수 있는 상황에서는 별 문제가 없을 수도 있다. 그러나 어떤 경우에는, 의도적이든 아니든, 결국 그것이 기존의 악한 정치권력이나 구조, 혹은 기존의 악한 문화를 정당화하거나 용인하는 방식으로 악용될 소지도 있지 않을까? 너희는 거기서 너희 식으로, 우리는 여기서 우리 식으로 살자는 방식으로….

또한 우리가 대안 기구나 대안 문화, 대안 미디어를 만들었을 때 경계해야 할 점이 있다. 대안 기구나 대안 문화를 만드는 것은 매우 격려할만한, 가치 있는 시도라고 본다. 그러나 우리는 그것이 잠정적인 가치를 지닌다는 사실을 잊어서는 안 된다. 그것은 그 시대와 문화와 상황 속에서 그것이 대안일 수 있는 특정한 지점에서 가치를 지니는 것이지, 모든 면에서 영원히 가치를 지니는 것은 아니기 때문이다. 이는 본래 수도원 운동이 일종의 개혁 운동으로 시작하였으나 중세기에는 오히려 타락하여 종교개혁자들의 비판의 대상이 된 경우에서 쉽게 찾아 볼 수 있다. 죄와 타락은 수도원이라고 해서 비껴가지 않는 것이다. 이것은 기독교적 대안 기구나 대안 문화도 그 안에 자기도 모르게 악한 요소가 끼어들 수 있음을 자각하고 항상, 자기 비판과 자기 개혁을 위해 힘쓰는 노력을 해야 함을 의미한다. 그리스도에 대립하는 적은 저 바깥에만 있는 것이 아니라, 우리 안에도 있기 때문이다. 변혁주의적 기독교 문화는 바로 이 점을 인식해야 한다. 변혁은 바로 끊임없는 자기 변혁에서 시작되는 것이기 때문이다.

신 교수가 문화전쟁이 가져오는 폐해를 지적한 점, 특히 양극화를 심화시켜 권력에 의해 결정이 나게 하는 부작용 등을 지적한 것은 중요한 실제적 통찰이다. 그러나 신 교수가 주장하는 대로 원리적으로는(혹은 내면적으로는) 전쟁이라고 생각하면서도 실제로는 "조화와 화해의 방식에 기반을 둔 비판의 방식을 개발하는 것"[3] 이 과연 가능할까? 쉽게 말해서 분위기 좋게 부드럽고 신사적으로 하면서, 결국은 상대를 무너뜨리는 것이다. 그렇게만 되면 얼마나 좋겠는가? 그러나 그런 것이 실제로 가능할까? 더구나 다원주의적 상황에서 타 종교나 비기독교 문화를 좇는 사람들이 기독교의 개종주의적 선교를 비판하고 나서는 마당에? 더구나 변혁을 위한 소통이라는 것이(의식적이든 무의식적이든) 심각하게 왜곡되어 있을 경우, 그것을 무시하고 조화와 화해를 추구하는 것은 왜곡을 더 심화시킬 수도 있다.

이러한 비판적 통찰을 계속하는 것은 변혁적 기독교 문화의 성취가 도대체 가능한가를 질문하게 한다. 그러나 우리를 창조하시고, 죄에서 구속하신 하나님의 은혜는 동시에 우리에게 사명을 부과한다. 그것은 일면 문화 명령이고, 다른 일면, 선교의 대사명이다. 이것은 우리 선택의 문제가 아니라 사명이며, 그 사명의 성취는 오직 하나님의 은혜로만 가능하다. 본회퍼의 용어를 빌면, 우리의 모든 문화는 궁극적으로(ultimate) 하나님의 심판 아래 있지만, 하나님의 무조건적 은혜를 받은 우리는 그 은혜에 합당하게 살아야 할 책임이 있고, 그것은 우리로 하여금 현실 속에서 준극적으로(penultimate) 기독교 문화를 추구하게 한다. 그것의 완성은 결국 종말론적으로 기대될 뿐이다.

변혁적 기독교 문화를 추구함은 곧 그리스도 자신의 발자취를 따르는 것이기도 하다. 그리스도는 하나님의 아들로서 사람이 되셨다. 그리스도

---

3) 본서 186쪽 위.

는 참 신성과 참 인성을 한 인격 안에 모두 지니신 분이시다. 인간이 문화를 떠나 살 수 없다면 그리스도의 인성도 문화를 떠나 살 수 없는 것이요, 그리스도는 이미 문화를 그 안에 수용하신 것이다. 그러나 그리스도가 인간이시면서도 죄가 없다면, 그리스도 자신이 바로 문화변혁의 창시자요 선구자이신 셈이다. 변혁적 기독교 문화란 결국 문화의 영역에서도 그리스도를 본받아 따르는 것이라고 할 수 있다. 그런데 그리스도의 길은 결국 십자가의 길이었다. 그것은 싸움이기는 하였지만, 자기를 희생하고 내어 주는 그런 싸움이었다. 우리는 어떻게 성육신과 십자가의 정신을 문화변혁에 응용할 것인가?

최태연 교수 (천안대 기독교학과)

"보라 내가 너희를 보냄이 양을 이리 가운데 보냄과 같도다. 그러므로

너희는 뱀같이 지혜롭고 비둘기같이 순결하라"(마태복음 10:16).

1. 변혁적 문화관과 한국 기독교

1) 문화 길들이기: 변혁적 문화관의 원리

마태복음 10장 16절 말씀대로 예수 그리스도는 '크리스천'이라고 불리는 당신의 제자들을 모든 시대와 문화로 보내신다. 보내진 제자들에게 각 시대의 문화는 늑대처럼 달려든다. 이 사실을 미리 아시고 예수께서는 제자들이 지켜야 할 지침을 주셨다. '뱀'같이 지혜롭고 '비둘기'처럼 순결하라고. 따라서 모든 시대의 문화 속으로 보냄을 받은 제자들은 지혜로우면서도 순결해야 한다. 쉽지 않은 일이다. 어떻게 해야 문화 속에

서 제자들이 지혜롭고 순결할 수 있을까?

변혁적 문화관(the transforming view of culture)은 이 질문에 대한 하나의 대답이다. 늑대 같은 이 세상의 문화 속에서 '그리스도의 제자'의 정체성을 순결하게 보전하면서도 더불어 살아가야 할 문화를 창세기 3장에 나오는 뱀처럼 간교할 정도의 지혜로 길들이려는 태도라고나 할까! 배고프면 아무나 물어뜯는 늑대는 무시무시하지만 멸종시켜야 할 대상은 아니다. 늑대도 하나님이 창조하신 동물이니 말이다. 〈늑대와 춤을〉이라는 할리우드 영화에서 주인공 존 던버는 서부 개척지 요새 주위에 살던 늑대를 오랜 시간 공들여 길들인다. '늑대와 춤을'이라는 이름은 늑대와 함께 뛰노는 던버를 보고 인디언들이 붙쳐준 이름이다. 던버가 늑대를 길들이듯이 변혁적 문화관은 문화를 길들이기 원한다. 그리스도의 제자들이 변혁적 문화관으로 문화를 길들인다면 사람들은 그 문화관의 이름을 이렇게 고쳐 부를지도 모른다. 〈문화와 춤을〉!

위의 비유처럼 변혁적 문화관은 문화 길들이기를 모든 시대의 제자들에게 주어진 중요한 사명으로 생각한다. 이 문화관에서 보면 "너희는 가서 모든 족속으로 제자를 삼아 아버지와 아들과 성령의 이름으로 세례를 주고 내가 너희에게 분부한 모든 것을 가르쳐 지키게 하라"(마 28:19-20)는 그리스도의 '대위임령'은 개인들의 '영혼 구원'에서 끝나지 않는다. 땅 끝까지 복음을 전도하는 일은 "물과 성령으로"(요 3:5) 거듭난 개인에게 세례를 주는 데서 완성되지 않고 세례 받은 그 제자들이 그리스도의 명령을 지키며 살도록 하는 데서 완성된다. 문화의 변혁이 필요한 이유가 바로 여기에 있다. 그리스도의 제자가 늘어날수록 문화로부터 그들을 분리시키고 보호하기는 점점 어려워진다. 제자들은 한 사회의 시민이며 문화향유자들이거나 문화생산자가 되기 때문이다. 문화를 만들거나 누리며 살면서 문화의 영향으로부터 벗어나길 원하는 것은 불가능하다. 현존하는 문화를 수용하되 맹목적으로 따라가느냐 아니면 새로운 문화를 만들어 가느냐의 차이가 있을 뿐이다. 그리스도의 제자로서 기존의 문화를 그대로 수용하는 것은 늑대를 양의 우리 안에 집어넣는 일과 같다. 기존의 문화는 아무리 길들여도 늑대의 야성을 가지고 있으며 아무리 훌륭하다고 해도 그리스도의 명령을 담기에는 몹시 부패하고 오염된 그릇이기 때문이다. 이 그릇을 깨끗하게 닦는 일이 필요하다.

(1) 오염된 그릇을 닦기 위해 제자들에게 주어진 도구는 예수 그리스도의 말씀이다. 문화의 변혁은 하나님의 말씀인 성경 없이는 불가능하다. 미국 언약장로교회의 목회자 데이빗 핸더슨은 이 사실을 다음과 같이 증언한다.

"하나님의 말씀은 오늘의 세계를 위한 말씀이다. 그 말씀은 이 세계가 갈망하는 대답을 준다. 그 말씀은 변화될 미래로 남녀를 보내는 능력을 그 안에 간직한다. 그 말씀은 희망과 의미와 새로운 삶의 약속 안에서 번쩍이는 번개의 섬광이다. 우리가 아슬아슬한 암초 위에 서서 하나님의 말씀과 세계를 서로 화해시킬 때, 그 말씀은 사람들을 능력으로 관통하여 급소를 찌른다."[1]

핸더슨의 말대로 하나님의 말씀은 특정한 문화 속에 살고 있는 오늘날의 사람들과 그 문화 자체를 바꾸어 가는 힘이 있다. 하나님의 말씀을 통해서만 세계는 하나님과 화해될 수 있다. 그 때문에 1974년의 로잔 언약

---

1) David W. Henderson, *Culture Shift: Communicating God's Truth to Our Changing World*, Grand Rapids: Baker, 1998, 220.

(The Lausanne Covenant)에서도 "문화는 항상 성경에 의해 검토되고 판단 받아야 한다"[2]고 선언되었다. 변혁적 문화관은 현존하는 모든 문화를 끊임없이 성경에 의해 검토하고 고쳐서 하나님 나라를 만들어 가는 데 사용한다.

(2) 늑대가 난폭하다고 해서 늑대를 악의 화신으로 보지 않는 것처럼 변혁적 문화관은 모든 문화가 타락했다고 해서 문화의 모든 것이 쓸모없다고 보지 않는다. 그 근원을 멀리 어거스틴(Augustine)[3]으로부터 시작하여 종교개혁자 칼빈(Calvin)을 거쳐 카이퍼(Kuyper), 바빙크(Bavinck), 핫지(Hodge), 워필드(Warfield)로 이어지는 정통주의 개혁신학의 전통(the Reformed tradition)에서 말하는 '일반계시(general revelation)'와 '일반은총(common grace)'의 개념은 하나님의 세계 창조 때로부터 주어졌고 타락에도 불구하고 유지되고 있는 문화의 선한 면을 가리킨다.

---

2) 로잔언약, 제10조 '전도와 문화'

3) 어거스틴의 변혁적 문화관에 대해서: "어거스틴에 있어서 그리스도는 문화의 변혁자이다. 그 뜻은 그리스도가 인간생활의 방향을 전환시키며 다시 생기를 불어 넣으며 거듭나게 한다는 데 있다."(리처드 니버, 김재준 역,『그리스도와 문화』, 서울: 대한기독교출판사, 1958, 208; "윤리에서뿐만 아니라, 정치도 개종되어야 한다. 왜냐하면 진정한 우정과 덕은 이기주의와 우상숭배의 목적으로 더럽혀졌으며 지식과 과학도 악한 방향으로 기울어졌기 때문이다. 그리스도를 떠난 인간의 지혜는 스스로를 믿는 믿음과 자신의 독자성을 선포하는 데서 비롯하였기 때문에 어리석은 것이 되고 만다. 그와는 반대로 구속된 성도는 우주에 충만한 하나님의 법에 순종하며 그것을 믿는 믿음에서 출발한다. 그는 하나님의 법에 순종하며 그것을 믿는 믿음에서 출발한다. 그는 하나님의 생각에 따라 생각하는 것을 배운다. 과학, 미술, 기술, 화폐제도, 풍속, 재산 등 이 모든 것은 구속받은 성도에게는 하나님을 섬기는 것으로 변화된다. 그러므로 나는 어거스틴을 변혁의 문화철학자라 부른다."(헨리 반 틸, 이근삼 역,『칼빈주의 문화관』, 부산: 성암사, 1977, 120) "어거스틴은 기독교화된 국가기구를 인정하고, 이들의 선과 진리의 보존과 확장기능을 통하여 동시대의 이교문화를 기독교 문화로 변혁시키고자 노력하였다. 여기에 어거스틴의 변혁주의적 동기가 내포되어 있다."(김영한,『한국기독교문화신학』, 서울: 성광문화사, 1992, 162)

먼저 일반계시(general revelation)란 하나님이 온 우주를 창조하실 때 드러난 하나님의 신성(神性)과 인간의 사명을 설명하는 개념이다. 하나님은 온 우주를 창조하셨다(창1:1). 그러므로 시편 기자가 "하늘이 하나님의 영광을 선포하고 궁창이 그 손으로 하신 일을 나타내는도다"(시 19:1)라고 노래한 대로 우주는 하나님을 계시한다. 바울 사도가 "창세로부터 그의 보이지 않는 것들, 곧 그의 영원하신 능력과 신성이 그 만드신 만물에 분명하게 보여 알게 되나니 그러므로 저희가 핑계치 못할 지니라"(롬 1:20)라고 선언한 대로 만물에는 창조주 하나님의 영광이 드러나 있다. 일반계시는 하나님의 창조행위를 통해 드러난 하나님의 신성과 능력이다. 아담과 하와가 하나님을 반역하여 창조세계에 결정적인 타락이 일어났을 때까지 인간은 일반계시를 통해서 하나님을 알 수 있었다.[4] 또한 일반계시는 우주 안에서의 인간의 위치와 사명을 알려 준다. 하나님은 우주를 창조하신 후, 인간을 '하나님의 형상' 대로 만드시고 "생육하고 번성하여 땅에 충만하라, 땅을 정복하라, 바다의 고기와 공중의 새와 땅에 움직이는 모든 생물을 다스리라"(창 1:28)는 명령을 주셨다. 인간을 "천사보다 조금 못하게 하시고 영화와 존귀로 관을"(시 8:5) 씌우시고 만물을 하나님을 대신하여 다스리고 관리하는 역할과 책임을 주신 것이다. 따라서 인간은 단지 생존하기 위해서 태어난 존재가 아니다. 일반계시는 모든 인간에게 주어진 시공간 안에서 하나님의 뜻대로 세계를 관리해야 할 사명이 있음을 알려 준다. 네덜란드의 개혁신학자 헤르만 바빙크(H. Bavinck)는 일반계시라는 공통의 기반 없이는 복음전도 자체가 불가능하다고 말한다. 일반계시를 통해서 모든 신자와 비신자 모두에게 공통으

---

4) Louis Berkhof, *Systematic Theology*, Grand Rapids: Eerdmans, 1982, 36.

로 주어진 인간성, 즉 언어와 지성, 감성, 상상력, 의지력, 윤리성이 주어지지 않았다면 기독교 신앙을 비신자에게 전달하고 확신시킬 수도 없다는 말이다.[5] 이처럼 일반계시는 기독교 문화 형성을 위해서도 확고한 기초를 제공한다.

일반은총(common grace)은 이러한 일반계시가 인간의 타락에 의해 오염된 후에도 여전히 전 우주와 모든 인간에게 남아 있는 하나님의 은혜를 말한다. 타락한 인간은 더 이상 일반계시를 명확하게 깨닫지 못하고 하나님을 찾지 않지만, 여전히 하나님의 은혜 아래 있다. 개혁신학에서는 이 은혜를 창조와 구속 사이에서 활동하시는 '성령의 사역'으로 간주한다. 성령은 죄에 의해 오염되고 왜곡된 현 세계의 역사적 현실 속에서도 우주와 사회의 질서를 유지시키며 생명을 허락하시며 인간에게 다양한 재능과 복을 허락하신다. 이 은총에 의해 죄의 파괴적인 힘은 억제되며 인간 사회에서 정의와 도덕이 유지된다. 뿐만 아니라, 모든 학문과 예술과 과학과 기술이 추구되고 발전될 수 있다.[6]

일반은총의 근거는 성경에서 발견된다. "땅과 거기 충만한 것과 세계와 그 중에 거하는 자가 다 여호와의 것이로다"(시 24:1)는 시편의 말씀은 타락에도 불구하고 여전히 하나님의 주권과 통치가 모든 세계와 인간에게 미치고 있음을 선포한다. "하물며 이 큰 성읍, 니느웨에는 좌우를 분변치 못하는 자가 십이만여 명이요 육축도 많이 있나니 내가 아끼는 것이 어찌 합당치 아니하냐"(욘 4:11)는 요나서의 말씀이나 "이는 하나님이 그 해를 악인과 선인에게 비취게 하시며 비를 의로운 자와 불의한 자

---

5) Herman Bavinck, *Reformed Dogmatics Vol. 1*, trans. by John Vriend, Grand Rapids: Baker, 2003, 321.

6) Louis Berkhof, *Systematic Theology*, 434.

에게 내리우심이니라"(마 5:45)는 마태복음의 말씀은 하나님의 은혜가 하나님의 백성뿐만 아니라, 하나님을 거역하는 사람들에게도 주어지고 있음을 증언한다. "이는 만물이 주에게서 나오고 주로 말미암고 주에게로 돌아감이라. 영광이 그에게 세세에 있으리로다"(롬 11:36)는 바울사도의 선포대로 이러한 하나님의 은총은 만물의 주인이신 하나님의 주권에서 나온다.

일반은총은 세 가지로 나누어 볼 수 있다. 다시 말하면 일반은총은 (1) 모든 피조물에게 주어진 보편적 일반은총(Universal Common Grace); (2) 모든 인류에게 공통적으로 주어진 공통적 일반은총(General Common Grace); (3) 예수 그리스도와 언약 속에 있는 신자에게 주어진 언약적 일반은총(Covenantal Common Grace)으로 나눠진다.[7] 이 세 가지 일반은총의 종류 가운데 앞의 두 가지는 이미 앞 단락에서 설명했고 세 번째의 일반은총은 신자들에게 해당되는 일반은총의 의미이다. 그리스도에 의해 구속된 신자들은 이미 그들이 구속 전에 가지고 있던 공통적 일반은총에 더하여 예수 그리스도의 '특별은총', 즉 구원의 은혜 (particular grace)를 받는다. 신자들은 이 두 가지 은혜를 모두 받은 사람으로서 그들이 속한 사회가 일반은총에 따라 잘 운영되도록 비신자들과 함께 협력해야 한다. 나아가 그들은 일반은총을 접촉점으로 하여 특별은총에 의해 드러난 그리스도의 왕권과 가르침을 비신자들이 받아들이도록 해서 그들이 속한 문화를 변화시킬 수 있다.

---

7) Louis Berkhof, *Systematic Theology*, 434~435.

(3) 일반은총과 특별은총의 교리를 근거로 해서 변혁적 문화관이 지향해야 할 방향은 '하나님 나라'(the Kingdom of God)의 임하심과 전 우주적 구속이다. "[피조물이] 그 바라는 것은 피조물도 썩어짐의 종노릇한 데서 해방되어 하나님의 자녀들의 영광의 자유에 이르는 것"(롬 8:21)이라는 말씀대로 모든 문화변혁의 궁극적 목적은 그리스도의 재림과 함께 오는 전 우주의 구속과 하나님 나라의 완성이다. 거기까지 도달하는 길은 멀고 험난하지만, 모든 문화의 진정한 주인이신 예수 그리스도를 위한 문화를 만들어 가는 것이 변혁적 문화관의 마지막 과제이다. 이러한 문화변혁은 급진적인 정치혁명이나 폭력사용을 배격하고 기독교적인 세계관과 가치관을 가르치고 적용하고 실천하는 가운데 장기적인 문화의 변화를 가져와야 한다. 문화는 자연을 변화시켜서 재창조해낸 인간 사회의 모든 산물을 말한다. 문화는 물질적인 면과 정신적인 면 모두를 포함한다. 모든 문화는 하나님의 창조의 산물로서 여전히 선함을 가지고 있으며 동시에 타락의 결과로서 악함을 지니고 있다. 모든 문화에는 선과 악, 미와 추가 공존하고 있다. 문화는 역사적으로 종교와 연결되어 있으며 다양성을 가지고 있다. 문화의 도덕적 양면성과 다양성을 인정하면서 그것을 그리스도를 위하여 변혁해 가야 한다.

2) 한국 기독교의 입장

수천 년 동안의 역사적 배경을 가진 동양 문화와 최근 200여 년 동안 수용된 서구 문화 사이에서 갈등과 상호 침투를 겪어 온 한국의 문화를 변혁적 세계관으로 바꾸는 일은 쉬운 일이 아니다. 지금으로부터 220년 전인 1784년에 로마 가톨릭교가 이 땅에 들어왔고 그 후 100년 후인

1884년부터는 미국 선교사들을 통해 개신교가 이 땅에 뿌리를 내렸다. 한국 기독교가 다른 나라나 서양의 기독교와 다른 점은 한국이라는 특정한 국가와 사회에 특정한 시점에 들어와 토착화의 과정을 겪었고 지금도 겪고 있는 중이라는 점이다. 현재 한국 문화에서 무교, 도교, 불교, 유교 등으로 대표되는 전통 문화는 여전히 한국인의 삶에 깊은 영향을 주고 있다. 동시에 한국 문화는 일본, 미국, 유럽으로부터 들어온 근대 문명과 문화에 의해 재형성되고 움직여지고 있다. 또한 21세기의 서두에서 한국 사회는 정치, 경제, 문화, 커뮤니케이션의 세계화에 의해 새로워질 미래를 내다보고 있다. 이렇게 과거, 현재, 미래가 공존하는 한국 사회의 문화를 한국 기독교가 어떻게 변혁할 것인가? 이 물음은 한국의 크리스천 모두가 함께 씨름해야 할 고민거리이다. 오늘날 우리가 경험하는 한국 기독교와 한국 문화와의 갈등과 혼합의 문제를 변혁적 문화관으로 해결하는 일은 쉬운 일이 아니다. 한국 기독교사가 이만열은 개혁 교회의 변혁적 문화관의 입장과 한국 교회의 현실 사이의 괴리를 1990년대 초에 다음과 같이 진단했다.

"한국 교회의 지나온 행태는 위에서 말한 개혁 교회적 입장을 신앙의 근거로서 확고히 잡지 못하고 있는 형편이다. 이신득의 사상 대신 물량주의적 공덕주의적 구원관이 팽배해지고 있다. 하나님의 전적인 은혜로써 보다는 인간의 노력과 헌신이 자신의 구원을 이룩하는 것으로 유도되고 있다. 성경의 말씀보다는 교회의 전통과 인간 두뇌의 합리성이 기독교 신앙을 탈신앙화시키고 있는 형편이다. 만인제사장설은 카리스마적 교권주의 때문에 점차 퇴색해지고 있다. 한국의 기독교는 전반적으로 개혁교회적 이념을 벗어나서, 한국적 상황에 따른 교회 형태를 형성해 가고 있다. 이런 점에서 한국의 기독교는 그 개신교적인 기반을 상실하여

기독교적으로 비주체화하고 있다"[8]

이만열은 한국 기독교가 이렇게 정체성의 혼돈에 빠지게 된 중요한 원인 가운데 하나가 "자체의 성장에 비례하는 주체적인 신학"의 결여에서 찾는다. 그리고 한국 교회를 위한 주체적인 신학의 결여에 일차적인 책임은 미국 선교사들의 선교 정책이나 신학 교육 정책에 있다고 비판한다. "한국 교회는 해방 이후 최근까지도 자체의 성장에 비례하는 주체적인 신학을 갖지 못했다. 그리하여 기존의 보수 신학에 근거하여 창조적인 신학운동에의 모색을 폐쇄하였거나, 해방 후, 일부 진보주의자들에 의해서 해외의 선진적인 신학을 수입 전달하는 것이 고작 한국 신학계의 풍토였다. 그 이유의 하나는 한국 신학 수립을 위한 학문적 바탕이 조성되지 않았기 때문이었고, 그 책임의 중요한 부분은 선교사의 신학 교육 정책에 돌아가야 한다"[9]

개혁 교회의 정체성에 적합한 주체적인 신학을 세우지 못한 채, 정체성의 위기 속에 놓여있는 한국 기독교가 과연 자신뿐만 아니라, 한국 사회의 문화를 변혁하기 위해서 어떻게 해야만 할 것인가? 여기서는 우선 원론적인 이야기를 할 수밖에 없다. 이제부터라도 한국 기독교는 과거와 현재와 미래라는 한국 문화의 세 측면에 대한 문화변혁을 실천해야 한다. 과거의 전통적인 종교와 문화에도 하나님이 부여하신 은총이 남아 있다. 현재의 서구화된 도시문화나 대중문화에서도 일반은총을 발견할 수 있어야 한다. 계속 새로운 과학기술에 의해 주도되고 있는 미래문화를 요한계시록에 나오는 바빌론 문화(계 17:5)로 몰아세워서도 안 된다.

---

8) 이만열, "제언: 한국 기독교의 반성과 과제", 『한국기독교와 민족의식』, 서울: 지식산업사, 1991, 501.
9) 이만열, "한국 기독교와 미국의 영향", 『한국기독교와 민족의식』, 491~492.

변혁적 문화관은 과거나 현재나 미래의 모든 문화가 하나님의 선하신 창조의 산물이며 일반계시의 결과라고 보지 않았는가! 그렇다고 해서 모든 문화의 모든 측면을 긍정하고 받아들이자는 말은 아니다. 어느 시대나 어느 지역의 문화라도 죄와 악에 오염되지 않은 문화란 없다. 한국의 어제와 오늘과 내일을 움직이는 문화도 모두 문제를 안고 있다. 한국 문화는 선과 악, 창조와 타락의 양면을 가지고 있다. 그 양극의 문화의 중간에는 다양한 스펙트럼의 문화가 놓여있을 것이다. 그렇다면 문화의 양면을 어떻게 이끌어 나가야 하는가? 예수 그리스도를 통하여 시작되었고 그분에 의해 완성될 구속의 관점에서 바라보고 그 완성을 향해 성화시켜 나가야 한다. 한국 문화의 변혁은 하나님 나라에서 완성될 문화의 구속을 목표로 해서 이루어져야 한다. 이를 위해 길잡이로 몇 가지 원칙을 정해보자.

① 한국 기독교의 문화변혁은 전통문화와의 만남에서 시작한다.
② 한국 기독교의 문화변혁은 전통문화를 무조건 배격하지도 모두 수용하지도 않는다.
③ 한국 기독교의 문화변혁은 현대 (서구)문화를 무조건 배격하지도 모두 수용하지도 않는다.
④ 한국 기독교의 문화변혁은 미래문화를 무조건 배격하지도 모두 수용하지도 않는다.
⑤ 한국 기독교의 문화변혁은 모든 문화가 구속의 완성인 하나님 나라를 지향하도록 한다.

2. 변혁적 문화관의 한국적 해석

1) 전통문화에 대한 태도

수천 년 동안 무교, 도교, 불교, 유교의 영향 아래 형성된 한국의 전통문화는 여전히 종교적으로나 문화적으로나 큰 영향력을 가지고 있다. 그러나 전통문화는 지난 100여 년 간의 서구화 또는 근대화의 물결 아래 정치, 경제, 사회 제도와 기능을 거의 서구문화에 내어 주었다. 이제 전통문화가 살아남은 영역은 정신적 가치관과 일상적 관습문화(유교, 도교)로, 일부는 한국의 주요 종교(불교, 원불교, 무교)로 남아서 한국인의 내면세계에 영향을 주고 있는 형편이다. 뿐만 아니라, 전통문화는 한국 기독교에조차 영향을 주고 있다. 흔히 지적되는 무교나 유교의 영향으로 한국 기독교의 정신문화가 전통문화에 '몰입'되었다는 평가가 있을 정도이다.[10]

기독교의 정체성을 분명히 하지 않으면 기독교는 전통문화의 악영향 아래 놓이게 된다. 그렇다면 변혁적 문화관은 전통문화에 대해 어떤 입장을 가져야 하는가? 이미 여러 번 언급한대로 변혁적 문화관의 기본입장은 어떤 문화든지 타락과 일반은총의 두 면을 다 가지고 있다고 본다. 전통문화 역시 예외일 수 없다. 전통문화에 대한 문화변혁은 일방적 거부와 무조건적인 수용 모두를 피한다. 이런 맥락에서 한국 기독교가 지난 120년 동안 전통문화에 대해 가졌던 태도 가운데 많은 점이 비판되어

---

10) 이만열, "한국문화와 기독교", 이원규 편저,『한국 교회와 사회』, 서울: 나단, 1996, 257~259; 최태연, "한국 유교와 기독교의 공동체윤리", 한국기독교사회윤리학회 편,『기독교사회윤리』 제6집, 서울: 선학사, 2003, 200~201 참고.

야 한다. 이만열의 지적처럼 한국 기독교, 특히 보수적인 장로교에서는 미국 선교사들의 동양문화에 대한 무지 또는 신학적 근본주의 때문에 전통문화를 대부분 부정적으로 보았고 전통문화에 대한 일방적인 거부로 나타났다. 이러한 점을 반성하면서 나온 신학이 종교 간의 지평융합을 시도하는 종교신학적 문화신학이다.

한신대학의 조직신학자 김경재는 그의 연구서 『해석학과 종교신학』에서 현대 해석학 이론을 사용하여 기독교와 전통문화의 만남을 설명했다. 그는 철학적 해석학자 가다머의 '지평융합'(Horizontverschmelzung)의 원리로 한국 기독교와 "불교적 지평, 유교적 지평, 도교적 지평"의 만남을 설명하고자 했다. 그는 이러한 지평의 만남이 결코 '종교혼합주의(신크레티즘)'나 '종교다원주의'가 아니라고 강조한다. "그리스도교와 동아시아 곧 종교들의 유형적 특성을 '상보적 관계성'에서 파악한다는 것은 상호 간의 창조적 변화와 성숙을 위해서 바람직하며, 성급한 종교적 신크레티즘이나 종교적 정복주의나, 종교적 흡수통합주의에 빠지지 아니하면서 서로 심도 깊은 종교 간의 대화를 할 수 있는 장점을 지니고 있다"[11] 김경재는 기독교와 전통문화의 상보성의 예로써 기독교의 역사관과 동아시아 문화의 자연주의의 보완관계를 든다. 동양종교에 없는 '약속과 성취'라는 도식으로 파악되는 기독교의 목적지향적 역사관은 동양종교의역사에 대한 새로운 의미를 가르쳐 준다. 반면에 동양종교에서 자연은 인간의 역사를 포함하는 가장 넓은 존재범주이다. 기독교는 동양적 영성의 자연 개념으로부터 구속사 이상의 그 무엇을 배울 수 있다.[12]

---

11) 김경재, 『해석학과 종교신학』, 서울: 한국신학연구소, 1994, 266.
12) 김경재, 『해석학과 종교신학』, 272~273.

김경재의 상보적인 종교신학은 그 기본에 있어서는 보수적인 개혁신학자 김영한의 '변혁주의 토착화론'과 유사해 보인다. 김영한 역시 종교혼합주의적 토착화를 피하면서 해석학적 지평융합(소격화와 친숙화)을 통해 전통문화에 대한 기독교의 차이를 드러내면서 양자 사이에 있는 유비와 연속성의 요소를 수용하는 문화 간의 대화를 주장하기 때문이다. 그에게 "기독교적 토착화란 재래적인 문화와 전통이 복음의 빛에 의해서 기독교 복음정신에 상응하는 긍정적 요소와 그것에 상반되는 부정적 요소에 있어서 조명함을 받고, 부정적 요소는 제거되고 긍정적 요소는 복음의 내용에 의해서 채워져서 기독교화된 형식이 되도록 하는 것이다."[13] 김영한은 이러한 토착화의 예를 민속절기의 수용, 조상제사의 변혁, 전통예술의 수용, 유교적인 윤리적 심성의 변혁, 샤머니즘의 변혁주의적 수용, 불교신앙의 변혁주의적 수용을 들고 있다. 그러나 김경재와 김영한의 유사성에도 불구하고 양자의 입장의 결정적 차이는 구원의 문제에서 예수 그리스도의 절대성을 인정하고 복음전도를 구원의 방법으로 인정하느냐의 문제이다. 김영한이 시종일관 복음전파를 토착화의 과정과 동일시하는 데 반하여 김경재는 예수 그리스도를 하나님과의 일치를 보여 준 '유니크'한 존재로 보며 기독교의 절대성을 "진리체험과 구원체험을 배타적으로 독점하고 있다는 뜻에서의 절대성이 아니라, 또 다른 형태의 진리체험과 구원체험이 가능하다"[14]는 의미의 개방적 절대성으로 본다. 그 결과 김경재의 관심은 기독교와 다른 종교문화와의 상보적 조화에 집중되어 있지, 그 종교와 문화가 가진 죄와 타락의 요소를 복음의 빛으로 변

---

13) 김영한, 『한국기독교문화신학』, 470.
14) 김경재, 『해석학과 종교신학』, 291~292.

혁하려는 관심은 억제되고 만다. 김경재의 치명적인 문제는 모든 복음전도를 '종교적 정복주의'로 거부하는 데 있다. 이 점에서 전통문화에 대한 문화변혁은 김경재의 종교신학 보다는 김영한의 '변혁주의 토착화론'을 따라야 한다고 여겨진다. 다만 전통종교에 대한 구체적인 이해와 상호대화를 통한 수용의 방식에서 김경재의 문화신학으로부터 많은 것을 배울 수 있을 것이다.

2) 현대문화에 대한 태도

현대문화는 다양한 내용으로 구성되어 있다. 서양의 전통을 담고 있는 음악, 무용, 문학, 미술, 건축 등의 클래식 문화(classic culture)로부터 20세기에 들어와 생겨난 영화나 애니메이션이나 TV, 인터넷 등의 대중 매체가 만들어 내는 대중문화(pop culture)에 이르기까지 수많은 매체와 내용들이 우리의 선택을 기다리고 있다. 변혁적 문화관으로 현대문화를 어떻게 변혁할 수 있을까?

먼저 미국 복음주의 운동의 주류를 차지했던 근본주의(Fundament-alism)의 태도를 살펴보자. 미국의 복음주의 역사가 조지 마스덴(G. Marsden)은 그의 책 『근본주의와 미국 문화』에서 19세기 후반에서 20세기 초반까지의 미국 근본주의 기독교의 문화적 태도를 다음과 같이 정리한다. "기독교적 미국'의 갱신은 자주 억제되었다. 복음주의적 빅토리아 시대의 도덕과 경제적 정통주의(자유주의)로 돌아가자는 요구가 들려왔고 이 운동의 후반기에는 그 목소리는 더욱 커졌다. 진화론을 공립학교에서 가르치는 것에 대한 반대가 주요한 공격거리로 계속 등장되었다. 다른 문제로는 기독교 사립학교운동에 대한 선호와 여성운동과 낙태에 대한 근본주의적 반대처럼 새로운 이슈도 있었다. 가정의 해체는 기독교 유산의 소멸에 대한 새로운 상징으로 보였다."[15] 마스덴이 바라본 것처럼 미국의 근본주의는 대중문화 보다는 클래식 문화가 더 기독교적이라고 생각했다. 그들은 복음전도를 통한 영혼구원과 개인적 경건을 강조했다. 그래서 그들은 성적 방종, 낙태, 음주에 대해 엄격한 태도를 취했지만 미국적 삶의 방식과 물질적 성공주의에는 매우 관대했다. 이처럼 미국의 근본주의는 문화에 대해 철저히 성경적인 기준을 제시하려고 했지만, 실제로는 성경적 기준과 특정한 문화적 취향이 결합된 것이었다.

변혁적 문화관은 근본주의 문화관의 부딪친 한계에서 다시 시작해야 한다. 고전문화와 대중문화 사이에서 어느 것을 더 선호하는 것이 기독교적인지, 어떤 정당을 지지하는 것이 더 기독교적인지, 어떤 경제제도와 윤리가 더 기독교적인지, 성 윤리와 기호 윤리(음주, 끽연 등)는 어떻게 해야 하는지의 문제가 문화를 변혁해 가기 위해 결정해야 할 사안들이다. 자본주의 체제 아래서 모든 대중매체들이 상업성을 추구한다는 사실은 지극히 당연하다. 그러면 상업주의는 기독교적이 아닌가? 좌파, 즉 마르크스주의 문화비평가들은 대중문화의 상업성과 오락성을 매우 비판적으로 본다.[16] 그러나 박성봉처럼 대중문화 자체를 즐기는 것을 매우 긍정적으로 보는 문화연구가도 있다.[17]

그에 따르면 대중예술의 미학적 원리는 '통속성(the vulgarity)'으로 규정되며 그 하위범주는 웃음의 해학성, 성의 관능성, 폭력의 선정성, 몽상의 환상성, 눈물의 감상성으로 구체화될 수 있다. 그는 독일의 문학비

---

15) George M, Marsden, *Fundamentalism and American Culture*, Oxford: OUP, 1980, 228.
16) 존 스토리, 박모 역, 『문화연구와 문화이론』, 서울: 현실문화연구, 1994, 160~161.
17) 박성봉, 『대중예술의 미학』, 서울: 동연, 1995, 184.

평가 옌첸스베르거의 말을 인용하여 이러한 통속적 취향 내지 욕구를 "진정하고 정당한 욕구"라고 부른다. 기독교는 이런 욕구를 긍정해야 하는가? 아니면 부정적으로 보아야 하는가?

문화가 본래 악한 것이 아니라면 대중문화의 영역도 무조건 악하고 무가치한 것으로만 볼 수 없다. 그렇다면 변혁적 문화관은 대중문화를 좋게 볼 것인지, 나쁘게 볼 것인지를 판단해야 한다. 이 판단을 돕기 위해 우리가 경험한 몇 가지 사례를 살펴보자. 2002년 월드컵 때 응원단인 〈붉은 악마〉란 이름에 대해 처음에는 대부분의 크리스천이 거부반응을 보였다. 그래서 일부 기독교 단체에서는 붉은 악마의 이름을 바꾸도록 압력을 행사하기도 했다. 그러나 월드컵의 열기가 점점 뜨거워지면서 붉은 악마의 응원이 한국인 전체의 응원의 상징으로 인정되었고 많은 크리스천이 붉은 악마라는 이름을 받아들이고 비종교적 해석을 하기 시작했다. 붉은 악마라는 이름이 사용되는 맥락을 기독교적인 의미나 종교적인 의미가 아닌 현대적 상징으로 받아들일 수밖에 없기 때문이다. 스포츠도 마찬가지이다. 한동안 야구팬들뿐만 아니라, 전 국민의 관심사였던 선동열이나 박찬호의 외국 야구계에서의 활약과 매스컴의 보도를 타락한 상업주의적 미디어의 전술로만 폄하할 수 있을까? 또한 박세리, 박지은, 미셸 위, 안시현, 송아리 등의 한국 여성골퍼가 LPGA 골프대회에 등장한 이후 골프를 부정적으로 보는 시각이 많이 줄어들었다. 이런 대중적 현상에 대한 변혁적 관점이란 무엇인가? 한마디로 대답하기 어려운 문제이다.

최근에 소설과 영화로 사상 최고의 성공을 거둔 '해리 포터' 이야기를 통해 변혁적 문화관의 입장을 정리해 보자. 해리 포터 시리즈의 작가 조안 롤링은 스코틀랜드 장로교회의 신자임을 고백하는 기독교인이다. 그러나 엄청난 대중적 인기를 모은 그녀의 작품은 기독교가 이단시해 온

마법사의 세계에서 벌어지는 이야기를 다루고 있다. 과연 이 작품은 기독교적인가, 아니면 법을 옹호하려는 저의를 가진 반기독교 판타지 소설인가? 영국의 판타지 소설가이며 목회사역자인 존 호우튼(J. Houghton)은 이 소설을 두 가지 각도에서 평가한다. 해리 포터 시리즈는 매우 뛰어난 상상력과 재미를 갖춘 판타지 소설이며, 그 안에는 선과 악의 치열한 대립에 의해 이야기가 구성된다. 결국에는 선이 이긴다는 신념이 이야기에 전제되어 있다. 호우튼은 이러한 선악의 대결구도와 선의 최후승리라는 신화적 구조에는 기독교적인 가치가 녹아 있다고 보아야 한다고 역설한다. 그러나 동시에 이 작품이 보여 주는 지나친 혈통주의와 전형적인 신이교주의는 기독교적 비판의 대상이 된다. "전형적인 신이교주의로서 해리 포터는 자신의 구원을 위한 선택의 상황에서 상위존재의 도움을 요청하지 않는다. 위로부터의 영감도, 하나님의 영의 역사도 찾아볼 수 없다. 사실 해리 포터는 영이 없는 세계이며, 이성과 기술에 대한 서구의 가치에 의해 착색된 세계로서, 마법 다루기는 학교 교과목 차원에서 가르친다."[18]

호우튼의 판단처럼 해리 포터는 서로 다른 세계관이 만나고 있는 대중문화의 화려한 건물이다. 이 건물의 1층은 기독교의 모습을 간직하고 있지만, 2층부터는 오직 혈통과 마법 실력에 의존하는 마술사의 모습이 펼쳐진다. 만일 크리스천들이 이 사실에 대해 신중하게 대응한다면 대체로 대중문화에는 이러한 양면이 들어 있다는 사실을 인정하게 된다. 창조의 선함과 타락의 악한 요소들, 대중문화에서 이 요소들을 바로 가려

---

18) 존 호우튼, 송태현 역, 『해리 포터를 기독교적으로 어떻게 볼 것인가?』, 서울: 라이트하우스, 2004, 108.

내는 일이 급선무이다. 그리고 이 작품을 그리스도에 의한 구속의 관점에서 이 작품의 의미를 해석하고 더 좋은 작품을 창작하는 일이야말로 문화변혁의 방법일 것이다.

3) 미래문화에 대한 태도

오늘 우리는 21세기 초반을 살고 있다. 불과 12년 전인 1992년에 시작된 인터넷 웹사이트가 전 세계의 커뮤니케이션과 산업을 빠르게 변화시켜 가고 있다. 특히 한국 사회는 정보화 분야에서 세계의 첨단을 달리고 있다. 2000년 기준 인구 100명당 초고속인터넷 가입자 숫자는 21.3명으로 세계 1위이며 2003년도 인국 100명당 인터넷 이용자 수도 603명으로 세계 2위를 차지했다.[19] 이러한 미래사회에서 변혁적 문화관은 무엇을 어떻게 해야 할까? 변혁적 문화관의 원리에 의하면 새로운 과학기술과 산업에 의해 주도되는 미래사회도 창조와 타락과 구속의 관계망에서 벗어날 수 없다. 즉 미래사회의 문화에 대해서도 무조건 긍정하거나 무조건 배타할 수 없다는 말이다. 미래는 열려 있으면서도 닫혀있다. 과학기술에 의해 변화해 갈 사회의 모습은 우리에게 열려 있다. 그러나 동시에 죄성에 의한 인간의 치명적 약점은 과학기술의 발전과 더불어 개선되지 않는다.

흔히 '사이버 문화' 또는 '디지털 문화'라고 부르는 미래사회의 문화의 특징을 KAIST의 윤완철은 다음 세 가지로 든다.[20]

---

19) 《조선일보》 2004. 10. 1. A10 면 "기획특집"
20) 윤완철, 최혜실 엮음, "디지털 정보시대와 인간", 『디지털 시대의 문화예술』, 서울: 문학과 지성사, 1999, 59~60.

첫째, 지식의 필요와 그 효용가치가 과거와 비교할 수 없을 정도로 증가했다. 세계화의 영향으로 전 세계와 모든 분야의 전문지식을 사회가 요구하게 되었다. 둘째, 인간의 노동의 성격이 달라졌다는 점이다. 자동화에 의해 인간은 물리적 노동에서 해방되어 정보처리와 의사결정을 주로 하게 되었다. 그러나 육체노동으로부터의 해방은 새로운 고용문제와 복지문제를 일으키고 있다. 셋째, 놀라운 속도로 컴퓨터와 인터넷이 발달한 결과 디지털로 처리된 정보에 의존하게 되었다. 변혁적 문화관으로 이러한 미래사회를 대면하는 일은 여전히 창조와 타락의 두 얼굴을 가진 미래문화를 구속의 방향으로 이끌어 가는 일이다. 크리스천은 미래 사회가 가진 두 면을 모두 보아야 한다.

칼빈대학의 퀸틴 슐츠(Q. Schultze)는 하나님 나라를 위한 인터넷의 긍정적 기능을 강조한다. "크리스천으로서 우리의 과제는 모든 새로운 매체를 그리스도를 위해 주장하는 일이라고 믿는다. 만일 새로운 미디어가 등장하면 우리는 그것을 사용해야 한다. 물론 가장 어려운 문제는 그것을 어떻게 사용할지를 결정하는 일이다. 우리의 근본적 메시지인 예수 그리스도의 복음은 결코 변하지 않는다. 그러나 그리스도께서 세상에 오신 후, 의사소통의 수단은 계속 변화해 왔다. 인터넷이 크리스천을 위해 존재한다고 말하는 것은 인터넷이 우리에게 속한 것이 아니라, 우리의 주님이고 하나님이신 그리스도께 속했다고 말하는 것이다."[21]

그러나 동시에 인터넷으로 대변되는 미래문화는 문화변혁의 대상이다. 인터넷은 인간의 교만과 부패를 고스란히 담고 있는 매체이기 때문이다. "다시 말하면 사이버 문화는 놀라운 합리성과 창조력을 가진 인간

---

21) Quintin J. Schultze, *Internet for Christians*, Muskegon: GCI, 1996, 27.

주체의 산물이지만 동시에 계몽주의적 주체를 소외와 혼란에 빠뜨리는 자기모순과 이율배반성을 내재하고 있다. 왜냐하면 사이버문화는 한꺼번에 다양한 정보를 얻어주며 시공간을 초월하여 타자와 정보를 교환하고 의사소통하며 가상을 현실처럼 경험함으로써 오히려 지금까지의 산업사회에서보다 인간을 더욱더 자아상실과 타자와의 관계상실, 사회현실에의 부적응, 마침내는 현실과 가상의 도착상태, 사이버 가상인물이나 세계에 대한 우상숭배적 몰입에 빠지게 하기 때문이다."[22]

미래 사회에서의 문화변혁은 이러한 부패의 요소와 민감하게 대응하면서 그 해악을 줄여가는 데서 출발한다. 그러나 이 싸움이 미래의 매체나 과학기술의 결과를 부정하는 것으로 끝나서는 안 된다. 하나님이 주신 창조력의 산물인 미래문화와 함께 걸어가면서 크리스천들이 그 안에서 적극적인 역할을 하고 그것들을 선하게 사용하는 좋은 모델들을 제시하고 실천해 나가야 한다. 이 모델들에는 복음전도와 사회적 책임의 실현을 위한 노력들이 모두 포함되어야 한다. 이러한 노력이 '하나님 나라의 일꾼(Kingdom Worker)'인 크리스천이 하나님 나라의 임하심을 기다리면서 하나님과 함께 일하는 방법일 것이다.

3. 맺으며

한국 사회는 무교, 도교, 불교, 유교의 영향 아래 전근대의 전통문화

---

22) 최태연, 강영안 외, "정보화 사회, 사이버 문화, 기독교 신앙", 『대중문화, 더 이상 침묵할 수 없다』, 서울: 예영, 1998, 298.

와 현대 자본주의와 과학기술이 이끌어 가는 현대문화와 함께 인터넷과 첨단산업, 포스트모더니즘 같은 미래문화가 공존하는 사회이다. 이런 사회에 사는 한국인들은 어느 한 문화의 특징만이 아니라, 복합적이고 혼성된 정체감을 가지게 된다. 한국인은 전통과 관습에 매여 있으면서도 현대사회에 기능적으로 적응하고 있으며 미래의 문화에도 열광적으로 반응하고 있는 셈이다. 이러한 한국인의 다중적이고 혼성적인 문화적 특성을 정확히 체계적으로 규정하기란 쉽지 않다. 그러나 한국에서 변혁적 문화관을 실천하기 위해서는 변혁적 문화관의 한국적 해석이 필요하다. 그리고 그 작업은 한국 크리스천들에게 더 많은 노력을 요구하고 있다. 한국 사회의 기독교 문화적 변혁을 꿈꾸는 모든 동역자들과 함께 신국원의 호소를 들으면서 이 글을 마치고자 한다.

"지금 한국 기독교는 세계 기독교계에서도 지도적 위치에 서 있다. 그러나 내부적으로는 여러 도전으로 위기를 맞았다. 선교지 교인들의 통성기도 모습에서 한국의 기독교 문화가 그 곳에 이식되고 있음을 본 적이 있다. 이것은 이제 한국 교회가 높아진 위상에 걸맞는 기독교 문화를 만들어야 할 책임 역시 커졌다는 것을 우리 모두 인식해야 한다. 20세기는 이미 기울었고 새로운 해가 떴으나 세상은 여전히 그리 밝지 못하다. 우리가 원하든, 원치 않든 해는 뜨고 지며 삶과 역사 또한 그렇게 흘러갈 것이다. 소망은 오로지 여호와의 주권을 믿으며 하나님 나라의 비전에 눈을 크게 뜨고 그 나라를 바라보는 데 있다."[23]

---

23) 신국원, 『신국원의 문화이야기』, 서울: IVP, 2002, 217.

참고문헌

강영안 외, 『대중문화, 더 이상 침묵할 수 없다』, 서울: 예영, 1998.

김경재, 『해석학과 종교신학』, 서울: 한국신학연구소, 1994.

김영한, 『한국기독교문화신학』, 서울: 성광문화사, 1992.

리처드 니버, 김재준 역, 『그리스도와 문화』, 서울: 대한기독교출판사, 1958.

박성봉, 『대중예술의 미학』, 서울: 동연, 1995.

이만열, 『한국기독교와 민족의식』, 서울: 지식산업사, 1991.

이원규 편저, 『한국 교회와 사회』, 서울: 나단, 1996.

존 스토리, 박모 역, 『문화연구와 문화이론』, 서울: 현실문화연구, 1994.

존 호우튼, 송태현 역, 『해리 포터를 기독교적으로 어떻게 볼 것인가?』, 서울: 라이
트하우스, 2004.

최혜실 엮음, 『디지털 시대의 문화예술』, 서울: 문학과 지성사, 1999.

한국기독교사회윤리학회 편, 『기독교사회윤리』 제6집 , 서울: 선학사, 2003.

헨리 반틸, 이근삼 역, 『칼빈주의 문화관』, 부산: 성암사, 1977.

David W. Henderson, *Culture Shift: Communicating God's Truth to Our
Changing World*, Grand Rapids: Baker, 1998.

George M. Marsden, *Fundamentalism and American Culture*, Oxford:
OUP, 1980.

Herman Bavinck, *Reformed Dogmatics Vol.1*, trans. by John Vriend ,
Grand Rapids: Baker, 2003.

Louis Berkhof, *Systematic Theology*, Grand Rapids: Eerdmans, 1982.

Quintin J. Schultze, *Internet for Christians*, Muskegon: GCI, 1996.

"변혁적 문화관의 한국적 해석"에 대한 논찬

장성배 교수 (감신대 선교학)

1. 들어가는 말

　인간은 영적인 존재이면서 동시에 문화적인 산물이다. 하나님의 형상을 입었기 때문에 하나님과 관계하기 전까지 항상 영적 갈급함 속에 살 수밖에 없는 존재인 인간은 문화 안에서 태어나고 자라나면서 살아가는 방법과 가치관, 그리고 세계관을 형성하게 된다. 그러므로 인간의 세계관과 하나님에 대한 인식까지도 자신이 속한 문화의 한계를 크게 벗어나지 못한다. 그렇기 때문에 그리스도인들은 하나님을 알기 위해 성경말씀을 이해하려고 노력해야 하지만, 동시에 교회가 속한 문화를 이해하고 해석하는 노력을 게을리 하지 말아야 한다. 후자의 노력이 제대로 되지 않을 때 교회는 자신이 해석한 하나님의 말씀이 어느 문화에도 동일하게 적용될 수 있다는 '자문화중심주의'에 빠지게 된다.

　이러한 관점에서 볼 때 최태연 박사의 '변혁적 문화관의 한국적 해석'은 개혁신학의 전통에서 변혁적 문화관을 정리할 뿐만 아니라 이를 한국적 상황에서 재해석해 보려는 노력이라고 보여지기 때문에 매우 중요한 작업이라고 생각된다. 이는 개혁주의 신학이 모든 문화에 적용될 수 있다는 자문화중심주의를 뛰어넘어 구체적인 한국 문화에 상황화시킬 수 있는 첫 걸음이 된다고 보기 때문이다.

이 글은 먼저 최태연 박사의 주장을 정리해 보고, 그 후 논찬자의 관점을 첨가하는 순서로 전개될 것이다.

2. 논문의 주요 논점들

최태연 박사는 이 논문을 두 장으로 구분하고 있다. 첫째 장은 "변혁적 문화관과 한국 기독교"에 대해 논하고, 둘째 장은 "변혁적 문화관의 한국적 해석"을 다룬다.

첫째 장에서 최 박사는 변혁적 문화관을 하나의 "문화 길들이기"에 비유한다. 즉 변혁적 문화관은 "현존하는 모든 문화를 끊임없이 성경에 의해 검토하고 고쳐서 하나님 나라를 만들어 가는" 것이라고 주장한다. 그는 현재의 문화가 양면성이 있음을 강조한다. 일반계시(general revelation)와 일반은총(common grace)의 관점에서 볼 때 문화는 타락에도 불구하고 선한 면이 있다는 것이다. 특히 그는 일반계시가 기독교 문화 형성을 위한 기초가 된다는 점과, 일반은총이 문화의 "타락에도 불구하고 여전히 하나님의 주권과 통치가 모든 세계와 인간에게 미치고 있음"을 보여 준다고 한다. 그러므로 기독교인들은 "사회가 일반은총에 따라 잘 운영되도록 비신자들과 함께 협력해야 한다"고 말한다. 그럴 때 변혁적 문화관이 지향해야 할 방향은 하나님 나라와 전 우주적 구속이다.

그리고 그곳에 이르는 방법은 폭력적이 아닌 "기독교적인 세계관과 가치관을 가르치고 적용하고 실천하는 가운데" 이루는 장기적인 문화의 변화이다.

이러한 관점이 한국 문화에 어떤 영향을 미칠 수 있을까? 한국 기독교가 한국 문화를 어떻게 변혁할 것인가? 최 박사는 비록 주체적인 신학을 세우지 못하고 정체성의 위기에 처해 있는 한국 교회지만, 지금이라도 새로운 각오로 문화변혁을 실천하기 위해 일어서야 한다고 주장한다. 문화를 "구속의 관점에서 바라보고 그 완성을 향해 성화시켜 나가야 한다"는 것이다.

이제 두 번째 장에서 최 박사는 한국 문화의 세 차원에 대해 접근을 시도한다. 첫째는 전통문화에 대한 접근인데, 일방적 거부와 무조건적 수용 모두를 피하고 문화에 대해 보다 적극적으로 접근을 시도해야 한다고 주장한다. 이를 위해서는 김영한의 '변혁주의 토착화론'과 김경재의 문화신학의 장점들을 고려해야 한다는 점을 제안한다. 둘째는 현대문화에 대한 접근인데, 대중문화 속에서 창조의 선함과 타락의 악한 요소들을 가려내고, 구속의 관점에서 문화를 해석하며, 더 좋은 작품을 창작해야 한다고 말한다. 셋째, 미래문화에 대해서는 미래 사회가 가진 두 면을 모두 보고, 하나님의 문화 창달에 적극적인 역할을 해야 한다고 주장한다.

최 박사의 글은 여러 가지 면에서 긍정적인 결과를 예측할 수 있다. 개혁주의 전통의 변혁적 문화관을 체계적으로 정리했고, 이러한 변혁적 문화관이 한국 문화에 어떻게 적용될 수 있는지에 대한 한 예를 보여 주었다는 점에서 높이 평가할 만하다. 또한 최 박사의 논문은 많은 점에서 우리에게 유익한 관점을 제공한다. 문화를 절대적으로 악하거나 선하다고 규정하지 않고 양면을 볼 수 있도록 도와준 점과, 이를 위해 신학적으로 일반계시와 일반은총 개념을 사용한 것도 앞으로의 문화 신학 작업을 위한 중요한 제안이라고 본다. 또한 문화를 변혁시켜야 할 도구는 하나님의 말씀이며, 추구해 나가야 할 방향은 하나님의 나라와 전 우주적 구원이라는 점을 확인시켜 준 점도 교회가 문화를 향해 나갈 때 공유할 수 있는 중요한 관점이라고 보여진다. 그러나 토론자로서의 역할을 충분히 수행하기 위해 다음 항에서는 몇 가지 보완되었으면 하는 점에 대해 언급해 보기로 한다.

3. 논문에 대한 제언

최 박사의 글은 몇 가지 사항이 보완된다면 더욱 완성도 있는 작품이 될 것이라고 생각된다. 그 몇 가지는 아래와 같다.

1) 문화에 대한 개념정의의 문제

이 발제의 성격상 문화에 대한 정의와 이해는 필수적이다. 문화에 대한 정의와 이해가 어떠한가에 따라 논문의 전개는 엄청난 차이를 나타내기 때문이다. 그러나 이러한 중요도에도 불구하고 최 박사의 글에서는 문화에 대한 충분한 논의가 부족하게 느껴진다. 문화신학적으로도 그렇고 문화인류학적으로도 문화에 대한 보다 많은 지면 할애와 명확한 자신의 관점이 표현되었어야 한다고 생각된다. 논찬자가 보는 최 박사의 글에서는 문화를 기독교적으로 어떻게 보아야 할 것인가 라는 질문과 이에 대한 대답으로 문화가 선한 면과 타락한 면이 있다는 논조의 표현들이 되풀이되고 있을 뿐이다. 문화에 대한 이해가 충분히 정리될 때에야 비로소 이 문화를 상대로 교회의 사명(mission)을 어떻게 전개해 나갈 것인가에 대한 논의가 가능할 수 있다.

이러한 맥락에서 볼 때 최 박사의 문화를 향한 접근 방법은 포괄적인 문화관을 갖는 데 충분한 도움이 되지 못한다고 생각된다. 문화는 중층성, 복합성, 다양성, 역사성 등 여러 측면을 가지고 있어서 이를 총체적으로 볼 수 있는 눈이 필요하다. 이 시대의 한국 문화도 과거의 문화, 현대의 문화, 미래의 문화가 따로 존재하는 것이 아니라 복합적으로 상호 영향을 끼치며, 그 안에 다양한 형태를 이루고 있다. 그러므로 최 박사가 문화를 시대적으로 구분하고 그 시대별 문화에 대해 서로 다른 접근 방법을 논한다는 것이 큰 의미가 있는 것인가에 대해 질문해 본다.

또한 그의 논문에서 한 예로 든 것이기는 하지만, 문화를 향한 최 박사의 관점이 문화의 부분적인 이슈들에만 집중되어 있는 것처럼 보인다. '현대문화에 대한 태도'라는 항목에서 다음과 같은 표현은 그 한 예가 될 수 있다.

고전문화와 대중문화 사이에서 어느 것을 더 선호하는 것이 기독교적인지, 어떤 정당을 지지하는 것이 더 기독교적인지, 어떤 경제제도와 윤리가 더 기독교적인지, 성 윤리와 기호 윤리는 어떻게 해야 하는지의 문제가 문화를 변혁해 가기 위해 결정해야 할 사안들이다.

문화의 변혁은 구체성을 상실하면 안 된다는 점에 대해서는 최 박사의 입장에 절대적으로 동의한다. 그러나 이 논문의 성격상, 정치문화, 경제문화, 사회문화, 그리고 그 안에서 사람들의 가치관의 변화와 삶의 방법들의 다양성, 세계관의 혼합 및 갈등 등, 문화를 향한 보다 포괄적인 관점이 더 중요하다고 생각된다. 또한 위와 같은 최 박사의 접근은 교회가 새로운 문화를 창조하는 것에 관심두기 보다는 기존의 세상문화 중 가장 기독교적인 한 가지를 선택할 수밖에 없다는 주장처럼 들리기도 한다. 교회는 세상의 문화를 완전히 벗어날 수는 없지만, 이 문화들을 하나님 나라의 빛에서 새롭게 조명할 수 있는 힘을 가지고 있어야 한다는 점에서 이러한 표현은 문제의 소지를 안고 있다.

더 나아가서 이 글은 전통문화를 논하는 데에 있어서도 좀 더 심도 있는 전개를 하거나, 보다 포괄적인 관점에서 다양한 학자들을 다뤘어야 하지 않을까 하는 아쉬움을 남긴다. 그는 이 글에서 단 두 사람(김경재, 김영한)만을 다루고 있는데, 이는 전통문화와 씨름했던 많은 학자들의 다양한 관점들을 간과하게 만드는 결과를 야기할 수 있다. 또한 두 학자들을 단순하게 대조해서 비교한 것도 아쉽게 느껴진다. 근본적으로 출발점이 다른 두 사람을 다루는 데 있어 너무 피상적으로 접근을 하고 있으며, 두 학자의 주장 중 한 부분씩을 맥락 없이 취사선택하라는 제안은 많은 무리가 있다고 보여진다.

미래문화를 다루는 데 있어서도 인터넷 문화 하나만을 다룸으로써 포괄적인 미래문화를 볼 수 있는 기회를 상실한 점도 아쉽다. 미래문화의 핵심에는 글로벌 사회와 이를 주도하는 다국적 기업, 빈익빈 부익부의 전지구적 관계, 그 속에서 소외되어 가는 사람들, 파괴되어 가는 생태계, 급변하는 사회구조와 전통적 가치의 붕괴, 새로운 가치관의 등장, 변화하는 직장과 가정의 형태들, 유전공학과 같은 생명공학의 문제들과 같은 많은 이슈들이 복합적으로 얽혀 있다. 이 문제들은 한 가지 관점으로는 해결될 수 없는 것들이다. 미래문화를 기독교적인 관점으로 변혁해 나가기 위해서는 보다 다차원적이고 포괄적인 관점으로 구체적인 사안들을 향해 접근해야 한다. 우리가 문화를 향한 통합적인 관점을 유지할 때 그 전체 문화를 향한 하나님의 마음을 발견할 수 있고, 하나님의 변혁의 역사에 동참하는 도구가 될 수 있다.

2) 문화변혁에 대한 이해

최 박사는 많은 부분에서 문화변혁에 대해 논하고 있다. 그러나 그 개념은 분명하지 않다. 그가 도입 부분에서 다룬 한 영화(늑대와 춤을)의 예는 문화변혁을 '문화 길들이기'에 비유하고 있다. 그는 이것을 '변혁적 문화관의 원리'라고까지 말한다. 이러한 접근 방법에도 장점은 있지만 여러 가지 문제점들을 언급할 수밖에 없다.

먼저 세상 문화는 늑대의 문화요, 교회의 문화는 양의 문화라는 선과 악의 이분법적 접근, 혹은 우열을 가리는 접근은 문화를 향한 한 가지 관점만을 강요할 소지가 있다. 즉 교회는 세상 문화 밖에, 또는 세상 문화와 대적하는 위치에 있다는 관점이다. 그러나 교회 문화는 세상 문화에 전혀 영향을 받지 않은 순결한 존재이고, 그래서 세상 문화를 길들일 수 있다는 생각은 실재와는 엄청난 차이가 있다. 교회 또한 한 시대의 구체적인 문화 속에서 성장했고, 그 문화의 세계관으로부터 영향을 받고 있기 때문이다. 최 박사는 교회가 문화변혁을 이루기 위해서 우리에게 주어진 도구는 예수 그리스도의 말씀이라고 말하지만, 교회는 자신이 속한 문화적 관점으로 그 말씀을 재해석하고 있다는 사실 또한 잊어서는 안 된다.

이러한 본인의 주장은 최 박사의 말을 터무니없는 것이라고 일축해 버리려는 것은 아니다. 다만 최 교수의 표현은 많은 오해의 소지가 있다는 점을 지적하고자 하는 것이다. 우리가 분명히 해야 할 것은 교회와 세상이라는 이분법적 구조 안에서 교회가 모든 것을 가진 것처럼 오해하지는 말아야 한다는 점이다. 교회 또한 많은 문화적 한계 안에서 살고 있기 때문이다. 다만 교회가 희망과 변혁을 이야기할 수 있는 이유는 부족한 교회 안에 하나님께서 살아 계시고 교회에게 힘을 주신다는 사실 때문이다. 이 문제는 다음의 항에서 조금 더 다루기로 한다.

변혁에 대해서 이야기할 때 우리가 생각할 수 있는 또 한 가지는 변혁의 목표 또는 비전에 대한 것이다. 변혁이라는 말이 난무하지만, 그 변혁이 지향해 가야 할 목표는 어디인가? 교회가 쉽게 이야기하고 있고, 최 박사의 글에서도 볼 수 있는 것은 '하나님 나라'와 '전 우주적인 구원'이다. 이것은 교회의 개혁 목표 중 가장 확실한 대답이고 이것을 부정할 그리스도인은 없다. 그러나 논찬자가 질문하고자 하는 점은 그 하나님 나라와 우주적 구원이 이 땅에서는 어떻게 구체적인 형태를 입을 수 있을까 하는 것에 있다. 말씀이 예수라는 구체적인 육신을 입을 때 세상 사람들이 말씀을 이해할 수 있었다. 삭개오가 가진 것을 팔아 가난한 사람들에게 나눠 주는 구체적인 사건에 대해 예수는 구원이 삭개오의 집에 임했다고 선포했다. 그렇다면 이 시대의 문화변혁은 어떤 구체적인 형태를 가질 수 있을까? 정의를 향한 투쟁, 생태를 지키기 위한 단식, 대중매체를 변화시키기 위한 모니터링과 언론개혁을 위한 노력들, 직장의 문화를 변화시키기 위한 작은 공동체들, 소외자들과 함께 사는 문화를 만들어 가려는 몸부림과 같은 것들이 그 예가 될 수는 없을까?

3) 문화변혁의 주체에 대한 논의

마지막으로 전 항에서 잠시 언급했던 문화변혁의 주체에 대해 언급해 보자. 최 박사의 글에서는 문화변혁의 주체가 교회라는 오해를 살 여지가 많다. 그는 개혁주의 전통에 대해 이야기하면서도 교회가 일반은총과 특별은총을 받은 존재로서 말씀과 구원을 소유하고 있는 듯한 주장을 하고 있다. 그러나 교회 또한 하나님 나라의 절대적 관점 하에서 볼 때 죄성이 드러나야 하고, 이에 대해 회개하며, 개혁되어야 하는 존재이다. 그럼에도 불구하고 교회는 또한 하나님의 은혜와 은총 안에서 구원의 소망을 바라볼 수 있는 존재이다. 이러한 역설적 고백이야말로 교회가 자신과 세상 문화를 개혁해 갈 수 있는 힘의 근원이다. 그리고 이것이 가능하도록 허락하시는 변혁의 주체는 교회가 아니라 하나님, 즉 교회와 함께 하시는 성령이다.

그러므로 교회는 먼저 자신을 하나님 나라의 빛에 의해 변혁시키면서, 동시에 하나님이 주시는 힘으로 세상 속으로 들어가야 한다. 그리고 세상 한 가운데서 그리스도인들로 살아가면서 이웃을 섬김으로써 세상으로 하여금 그리스도인들의 삶 안에 계시는 하나님을 볼 수 있도록 해야 한다. 즉 세상은 교회에 의해서 길들여지는 것이 아니라 하나님의 영에 의해서 변화되어야 한다. 우리가 기도할 가장 중요한 것은 하나님이 교회를 당신의 도구로 써 주시기를 간구하는 것이다.

4. 나오는 말

논찬자의 많은 제안에도 불구하고 최 박사의 글은 그 자체만으로도 훌륭한 가치가 있다. 다만 논찬자의 제안이 최 박사의 글에 충분하게 나타나 있지 않음으로 인해 생길 수 있는 오해의 소지가 제거될 수 있다면,

최 박사의 글은 모든 독자들에게 깊은 도전을 줄 수 있을 것이다. 끝으로 좋은 논문을 읽을 수 있는 기회를 준 문화선교연구원과 최 박사님께 감사 드린다.

최태연 교수의 논문을 기쁨으로 읽었다. 개혁신학의 전통에 서서 변혁적 문화관을 정리하고 이를 한국적 상황에서 해석해 보려는 노력은 매우 중요하다. 이는 자칫 이론으로만 머물 수 있는 신학적 작업들을 현장에 적용시킬 수 있는 첫 걸음이 된다고 보기 때문이다.

먼저 최태연 교수의 주장을 정리해 보자.

그는 이 논문을 두 장으로 구분하고 있다. 첫째 장은 "변혁적 문화관과 한국 기독교"에 대해 논하고, 둘째 장은 "변혁적 문화관의 한국적 해석"을 다룬다.

첫째 장에서 최 교수는 변혁적 문화관을 하나의 "문화 길들이기"에 비유한다. 즉 변혁적 문화관은 "현존하는 모든 문화를 끊임없이 성경에 의해 검토하고 고쳐서 하나님 나라를 만들어 가는" 것이라고 주장한다. 그는 현재의 문화가 양면성이 있음을 강조한다. 일반계시(general revelation)와 일반은총(common grace)의 관점에서 볼 때 문화는 타락에도 불구하고 선한 면이 있다는 것이다. 특히 그는 일반계시가 기독교 문화 형성을 위한 기초가 된다는 점과, 일반은총이 문화의 "타락에도 불구하고 여전히 하나님의 주권과 통치가 모든 세계와 인간에게 미치고 있음"을 보여 준다고 한다. 그러므로 기독교인들은 "사회가 일반은총에 따라 잘 운영되도록 비신자들과 함께 협력해야 한다"고 말한다. 그럴 때 변혁적 문화관이 지향해야 할 방향은 하나님 나라와 전 우주적 구속이다. 그리고 그곳에 이르는 방법은 폭력적이 아닌 "기독교적인 세계관과 가치관을 가르치고 적용하고 실천하는 가운데" 이루는 장기적인 문화의 변화이다.

이러한 관점이 한국 문화에 어떤 영향을 미칠 수 있을까? 한국 기독교가 한국 문화를 어떻게 변혁할 것인가? 최 교수는 비록 주체적인 신학을 세우지 못하고 정체성의 위기에 처해 있는 한국 교회지만, 지금이라도 새로운 각오로 문화변혁을 실천하기 위해 일어서야 한다고 주장한다. 문화를 "구속의 관점에서 바라보고 그 완성을 향해 성화시켜 나가야 한다"는 것이다.

이제 두 번째 장에서 최 교수는 한국 문화의 세 차원에 대해 접근을 시도한다. 첫째는 전통문화에 대한 접근인데, 일방적 거부와 무조건적 수용 모두를 피하고 문화에 대해 보다 적극적으로 접근을 시도해야 한다고 주장한다. 이를 위해서는 김영한의 '변혁주의 토착화론'과 김경재의 문화 신학의 장점들을 고려해야 한다는 점을 제안한다. 둘째는 현대문화에 대한 접근인데, 대중문화 속에서 창조의 선함과 타락의 악한 요소들을 가려내고, 구속의 관점에서 문화를 해석하며, 더 좋은 작품을 창작해야 한다고 말한다. 셋째, 미래문화에 대해서는 미래 사회가 가진 두 면을 모두 보고, 하나님의 문화 창달에 적극적인 역할을 해야 한다고 주장한다.

최 교수의 논문은 많은 점에서 우리에게 유익한 관점을 제공한다. 문화를 절대적으로 악하거나 선하다고 규정하지 않고 양면을 볼 수 있도록 도와준 점과, 이를 위해 신학적으로 일반계시와 일반은총 개념을 사용한 것도 앞으로의 문화 신학 작업을 위한 중요한 제안이라고 본다. 또한 문화를 변혁시켜야 할 도구는 하나님의 말씀이며, 추구해 나가야 할 방향은 하나님의 나라와 전 우주적 구원이라는 점을 확인시켜 준 점도 교회가 문화를 향해 나갈 때 공유할 수 있는 중요한 관점이라고 보여진다.

그러나 논찬자로서 몇 가지 보완되었으면 하는 점이 있어서 언급해 보기로 한다.

먼저, 최 교수의 문화를 향한 접근 방법이 포괄적인 문화관을 갖는 데 충분한 도움이 되지 못하고 있는 것은 아닌가 하는 생각이 든다. 문화는 중층성, 복합성, 다양성, 역사성 등 다양한 측면을 가지고 있어서 이를 총체적으로 볼 수 있는 눈이 필요하다. 이 시대의 한국 문화도 과거의 문화, 현대의 문화, 미래의 문화가 따로 존재하는 것이 아니라 복합적으로 상호 영향을 끼치며, 그 안에 다양한 형태를 이루고 있다. 그러한 관점에서 문화를 시대적으로 구분한다는 것이 큰 의미가 있는 것인가에 대해 질문해 본다.

또한 논문에서 한 예로 든 것이지만, 문화를 접근하는 최 교수의 관점이 문화의 부분적인 이슈들(예, "고전문화와 대중문화 사이에서 어느 것을 더 선호하는 것이 기독교적인지, 어떤 정당을 지지하는 것이 더 기독교적인지, 어떤 경제제도와 윤리가 더 기독교적인지, 성 윤리와 기호 윤리는 어떻게 해야 하는지의 문제가 문화를 변혁해 가기 위해 결정해야 할 사안들이다")에 많은 부분 집중되어 있는 것은 아닌가 하고 생각해 보았다. 문화의 변혁은 구체성을 상실하면 안 된다는 점에 절대적으로 동의한다. 그러나 이 논문의 포괄적인 성격상, 정치문화, 경제문화, 사회문화, 그리고 그 안에서 사람들의 가치관의 변화와 삶의 방법들의 다양성, 세계관의 혼합 및 갈등 등 문화를 향한 보다 포괄적인 논의가 필요했지 않은가 하는 점을 지적해 보고자 한다.

또한 한국 기독교 문화 자체도 한국 문화에 영향을 받은 문화적 산물이고, 현재의 세계관에 영향을 받고 있다는 사실을 지적했으면 한다. 가끔 교회는 자신 또한 문화의 악한 요소들에 의해 영향을 받은 존재라는 사실을 잊고, 사회만을 변혁하려는 태도를 보일 때가 있다. 오늘 최 교수의 글에서도 교회는 일반은총과 특별은총을 받은 존재로서 말씀과 구원을 소유하고 있는 듯한 느낌을 받는다. 그러나 교회 또한 하나님의 나라라는 절대적 관점 하에서 부족한 죄성이 드러나야 하고, 이에 대해 회개하며, 개혁되어야 하는 존재이다. 그러나 반면에 교회는 죄와 한계 안에 있으면서도 하나님의 은혜와 은총 안에서 소망을 바라볼 수 있는 존재이다. 이러한 역설적 태도가 우리가 자신과 사회문화를 개혁해 갈 수 있는 힘의 근원이다.

끝으로 좋은 논문을 읽을 수 있는 기회를 준 문화선교연구원과 최 교수님께 감사드린다.

변혁적 문화관에 대한 논의와 기독교적 문화의 형성

임성빈 교수 (장신대 기독교와 문화)

1. 문화변혁론에 대한 논의에 참여하면서

신국원 교수의 "변혁주의 문화론의 신학적 근거"와 현요한 교수의 논찬은 우리에게 다원화된 사회에서의 기독교적 문화 형성을 위한 바람직한 태도와 접근 방법에 대한 통찰력을 제공하여 준다. 전반적으로 현 교수는 신 교수의 문화변혁론에 대한 신학적 기초에 있어서는 동의하고 있다. 그러나 리처드 니버에 대한 신 교수의 비판과, 카이퍼의 문화 신학의 핵심 개념인 '대립' 개념의 채용에 대하여서는 다소 의견을 달리하고 있다. 그 자세한 내용은 신 교수와 현 교수의 글에 매우 명확하게 나타나므로 여기에서는 생략하기로 한다. 특별히 영역주권론에 기초한 신 교수의 문화변혁론과 현 교수가 의지하는 본회퍼의 종말론적 관점에서의 궁극적인(Ultimate) 것과 준극적인(Penultimate) 것 사이의 역동적 관계성에 대한 주장들 중 어느 것이 다원화 사회의 문화변혁에 더 도움이 될 수 있는지에 대하여서는 더욱 깊은 논의가 요구된다.

아무튼 우리의 우선적 과제는 다원적 사회에서 기독교적 정체성을 담보하는 복음적 문화를 어떻게 형성하느냐는 것이다. 이와 함께 이 과제를 수행하기 위하여 요청되는 방법론이 변혁주의적 방법이라면 과연 그것이 궁극적인 의미에서 다른 문화들과의 충돌과 갈등을 피할 수 있겠느냐는 것이 우리가 답해야 할 물음이다. 이러한 관점에서 샬롬이 기독교 문화의 목표일뿐만 아니라 방법론이기도 하여야 한다는 신 교수의 주장과 성육신과 십자가의 정신을 문화변혁에 어떻게 응용하여야 할 것인가에 대한 현 교수의 고민은 맥을 같이 하고 있다. 다원주의적 상황을 살아가는 한국 교회와 신앙인들이 복음으로 세상을 변혁한다고 할 때에 그 변혁의 과정에 필수적으로 전제되는 소통은 어떠한 형태의 소통일 것인가? 이제 우리는 다시 한번 구체적으로 신 교수가 제안하는 샬롬과 현 교수가 제안하는 성육신과 십자가의 정신을 소통의 관점에서 구체적으로 모색하여야 할 것이다. 이러한 모색을 위하여 필자는 다시 한 번 리처드 니버의 신학적 문화관의 함의를 소개하고자 한다. 왜냐하면 리처드 니버의 문화관은 이 세상의 어떠한 문화도 상대화시키는 하나님의 절대적 주권을 담보하는 철저한 유일신론(radical monotheism)위에 기초하면서도 동시에 이 세상 문화의 하나님 나라 문화로의 변혁가능성을 항상 열어 놓고 있기 때문이다.

최태연 교수는 변혁적 문화관을 한국적 정황에 적용하는 시도를 "변혁적 문화관의 한국적 해석"을 통하여 모색하였다. 또한 장성배 교수는 이러한 모색을 매우 긍정적으로 평가하면서, 동시에 문화의 복합적, 중층적 특성에 대한 더욱 깊고 폭넓은 이해를 촉구하였다. 최 교수는 신 교수와 함께 정통주의 개혁신학의 특징적 요소인 '일반은총' 에 근거한 문화의 양면성과 다양성을 포괄하려는 노력을 하였다. 그는 한국 기독교의 역사와 그 방향성을 문화변혁적 관점에서 간략히 개괄하고 또한 제시하고 있다. 더욱 구체적으로는 전통문화와 현대문화와 함께 미래문화에 대하여서도 하나님 나라의 문화라는 관점에서 변혁적 문화관의 적용을 모색하였다. 이러한 최 교수의 변혁론에 대하여 장 교수는 더욱 쌍방적인 관점에서의 철저한 변혁적 관점의 가능성을 제기한다는 점에서 주목할 필요가 있다. 방법론적으로 본다면 최 교수의 접근은 교회가 주체가 되어 답을 가진 상태에서 한국 문화를 비롯한 제반 문화에 기독교적 적용을 모색하는 것이라면 장 교수는 더욱 상호적인 상관관계 방법론(mutually correlational method)을 제시하고 있다고 볼 수 있을 것이다.

이러한 논의에 참여하면서 필자는 나름대로 우리가 지향하여야 할 변혁적 문화관에 대하여 다음과 같은 논의를 첨가하고자 한다. 즉 변혁적 문화관이란 무엇보다도 기독교적 문화형성을 목표로 한다는 것이다. 그러나 기독교적 문화형성의 방법론은 대화적이어야 한다. 그것은 기독교적 문화 자체가 획일적이고 억압적이며 일방적인 것이 아니기 때문이다. 기독교적 문화의 이러한 평화적 성격은 기독교적 문화가 담보하여야 할 내용에 대한 구체적 제시를 통하여 더욱 분명하게 부각될 것이다.

2. 기독교적 문화관이란 무엇인가?

1) 복음과 문화의 만남

어떤 이들은 복음과 문화는 상극적인 관계에 있다고 말한다. 아테네와 예루살렘이 무슨 상관이 있느냐는 말이다. 반면에 어떤 이들은 복음은 문화 안에서, 문화를 통하여만 의미를 갖는다고 한다. 그들에게 복음과 문화는 동일시될 정도이다. 전자는 복음의 정체성을 지키기 위하여 문화를 위협적인 존재로 파악함으로써 하나님의 문화에 대한 주권을 약화시키는 경향성을 갖는다. 이에 비하여 후자는 하나님의 온 우주에 대한 주권을 강조하는 가운데 악의 존재와 복음의 초월성을 상실하게 되는 위험에 처한다.

우리가 항상 전제하여야 할 문화에 대한 복음적 관점의 초석은 복음의 진정성의 기준으로서의 보편성(Catholicity)과 맥락성(Contextuality)이다. 복음의 진정성 안에서 문화를 바라보는 관점, 즉 기독교적 문화관의 정립을 위하여 우리는 먼저 성경을 읽는다. 성경은 문화를 무엇이라고 하는가에 기독교인으로서의 우선적인 관심이 모이는 것은 당연한 일이다. 창세기로부터 시작되는 성서의 증언에 따르면 문화는 하나님의 은혜의 결과이자 인간의 자유와 창의성의 열매이기도 하다.[1] 그러므로 문화는 본질적으로 그 자체가 선하거나 악한 것은 아니다. 단지 잠재적으로 양자 모두가 될 수 있다. 그러므로 문화에는 모호성이 항상 존재한다. 사실 성서 안에서 우리는 문화에 대한 매우 다양한 입장들을 발견할 수 있다. 예컨대 지혜 문서는 문화에 대하여 긍정적으로 이해하는 데 비하여 예언서는 대체로 부정적인 입장을 취하고 있음을 본다. 이러한 다양한 문화를 대하는 관점은 리처드 니버의 그리스도와 문화에서 유형론적으로 잘 정리되었다. 비록 리처드 니버가 변혁적인 문화관을 선호하고 있는 것은 사실이지만 나머지 유형들에 대하여서도 나름대로의 장점을 지

---

1) Christoph Durasingh, *Called to One Hope: The Gospel in diverse Cultures*, WCC publications, Geneva, 1998, p. 31.

적한 것을 우리는 간과하지 말아야 한다. 즉 문화를 대하는 기독교적인 관점의 정체성은 있어야 하지만 기독교적 문화관이란 반드시 이러 저러 한 것이어야 한다는 공식화는 자칫 율법주의적인 배타적 문화관을 확산 시킴으로써 교회를 사회로부터 게토(ghetto)화 시킬 수도 있다. 우리가 각별히 주목하여야 할 것은 문화의 모호성이 기독인의 메시지와 대상문 화가 충돌할 때 발생하는 갈등이나 모순의 성격에 작용한다는 사실이다. 예컨대 단순한 생활양식의 차이에서 갈등이나 모순이 발생할 수도 있으 며 때로는 진리와 관계되는 차이에서 발생하는 갈등이 있을 수 있다. 우 리의 삶에서 발생하는 모든 문제가 진리 대 비진리의 영적 전쟁만은 아 니라는 것을 기억할 필요가 있다. 문화의 모호성은 기독교인들에게는 항 상 성령의 능력에 힘입은 분별력을 요청한다(갈 5:22-23). 자칫하면 단 순한 문화적 차이로 인한 갈등을 자기 문화중심적 관점에서 영적 전쟁으 로 받아들일 수 있기 때문이다.

2) 기독교적 문화의 내용

그러나 기독교적 문화라면 그 안에 복음적 정체성을 담보하는 내용들 이 존재하여야 한다. 성서가 증거하는 기독교적 세계관은 그리스도인들 에게 다음과 같은 내용을 그들의 문화 안에 담을 것을 제안한다.

은혜: 우리의 문화는 우리의 신앙으로부터 비롯되는 것인가 아니면 신 앙과는 별개의 것인가, 심지어는 신앙과는 반대되는 것인가? 우리가 문 화의 어느 영역에서 죄를 발견하느냐고 물을 수 있는 것과 마찬가지로 우리는 바로 그곳에서 하나님 은총의 광채를 발견할 수 있는가를 물을

수 있다. 과연 우리의 문화는 어느 정도로 우리에게 사랑과 정의와 이웃을 향한 섬김을 가능케 하는 살아 있는 신앙의 삶을 표현하는 기회들을 제공하는가를 우리는 은혜의 관점에서 물어야 한다.

인간의 존엄성: "하나님이 가라사대 우리의 형상을 따라 우리의 모양대로 우리가 사람을 만들고"(창1:26) 인간의 가치에 그 초점을 두는 인간의 존엄성은 기독교적 문화관의 핵심적인 부분이다. 하나님의 형상대로 창조된 인간이기에 우리는 많은 피조물 가운데에서도 특별한 가치와 중요성을 부여받았다. 인간이 창조주의 형상을 따라 지음받았다는 사실은 모든 인간이 본질적인 존엄성을 갖고 태어났음을 주장하는 신성한 증거가 된다. 인간 생명의 신성함은 우리가 다른 사람들을 어떻게 대하여야 하는가를 말해 주기도 한다. 모든 인간관계는 존엄성을 고양하는 목적으로 진행되어야 하며, 적어도 다른 사람의 존엄성이나 우리 자신의 그것을 해치거나 축소시키는 것을 의도하여서는 안 된다. 그런 의미에서 기독교적 문화관은 모든 인간들의 존엄성을 존중함이 포함되어야 할 것이다.

하나님의 나라: 예수께서 전파한 하나님의 나라는 하나님의 뜻에 의하여 통치되는 영역을 의미하며, 그것은 우리 가운데에 있는 것이다. 그러므로 창조 이후에 인간의 손길이 덧붙여진 모든 영역인 문화 가운데에도 하나님의 나라가 임하여야 함을 우리는 확인할 수 있다. 그리스도의 중심 메시지는 하나님 나라였다. 하나님 나라의 핵심은 하나님께서 피조세계 속에서 지속적으로 역사하시며, 결국에는 역사 안에서 이 세상을 구원하신다는 내용에 있다. 하나님의 나라는 하늘에서와 같이 이 땅에서도

이루어져야 한다. 그러므로 하나님 나라는 개인과 사회적인 차원에서의 평화, 정의, 자유, 건강 등과도 관계가 있는 것이다.[2]

또한 하나님의 나라는 하나님의 뜻대로 통치되는 영역을 의미한다. 그러므로 하나님께 영광을 돌리며, 이웃을 사랑하며 살아가는 공동체로서의 성숙한 변혁운동이 하나님의 나라 운동의 핵심이 된다. 하나님께서는 자신의 삼위일체적 존재하심과 역사로서 우리에게 하나님 나라의 본질적 모습을 나타내어 주셨다.

그러므로 성부, 성자, 성령 간의 교제로 이루어지는 삼위일체 하나님의 존재하심과 역사하심은 문화선교가 지향하는 하나님의 나라 공동체의 표본이다. 성부, 성자, 성령님 되신 하나님이 사랑과 교제 안에서 하나이심을 본받아 서로 간의 차이와 그에 따른 다양성을 사랑과 교제로 극복하여 하나 되는 삶이 우리 문화 안에서 증거되어야 할 것이다.

생명 중심의 생태학과 공동선: '하나님 나라' 개념은 문화에 관심하는 신앙인들에게 그 당위성과 참여 범위와 바람직한 참여 태도를 제시하여 준다. 그러나 그것은 매우 신학적인 개념으로서 아직도 많은 이들이 비그리스도인들로 구성되어 있는 이 사회의 문화 통합 작업에 직접적으로 적용하기에는 어려움이 있다. 이 때 사회윤리적인 차원에서 우리가 차용할 수 있는 것이 '공동선(common good)'[3]의 개념이다. 이 사상에 따르면

---

2) Ibid., p.18.

3) David A. Krueger, *Keeping Faith at Work: The Christian in the Workplace*, Abingdon Press, Nashville, 1994, p.65. 일반적으로 공동선의 개념은 로마 가톨릭 윤리의 유산으로 알려져 있다. 가장 대표적인 학자는 토마스 아퀴나스이며 자연법 전통으로 이어져 내려오던 계보가 20세기에는 쟈크 마르탱(Jacques Maritain)으로 연결되고 있다. 그러나 여기에서는 첫째 '사람의 통일'을 위한 교회의 사회윤리적 차원에서의 공헌을 논한다는 차원에서 넓은 의미에서의 교

사람들은 궁극적인 목적되시는 "하나님께로 정하여져 있다(ordained to God)." 각각의 사람은 하나님, 즉 신적인 초월성의 전체라고 할 수 있는 위대한 선인 공동선과 관계되어 있다. 그러므로 우리의 행동은 모두가 인간과 하나님 간의 연합을 궁극적인 목표로 하여야 한다. 우리가 추구하는 선들 중 일부는 공동적인 것이고 일부는 사적인 것이다. 공동선은 사회적이고 관계적이다. 그것은 본질적으로 선하다. 즉, 그것 자체로서 선한 것이다. 이에 비해 사적인 선들은(private goods) 도구적으로 선하다. 그 자체로서가 아닌 어떤 다른 유익을 위한 것이다. 그것들은 인간과 세계의 공동선에 보조적인 역할을 할 때만 선으로 적합하다. 돈, 일용품, 그리고 서비스 등 대부분의 경제적인 물품들은 사적이고 도구적인 것으로 분류된다. 그것들은 그것 자체로서 선한 것이 아니라 다른 것들의 유익을 위해서만이 선하다. 예컨대 음식은 생명을 지속시킨다. 그러나 과다한 음식은 폭식하게 되고 건강을 잃게 한다. 돈은 생활에 필요한 다른 것들인 주택, 의복, 교육을 확보하여 인간의 복지를 지속시킨다. 그러나 과다한 돈은 탐욕, 사치 생활, 그리고 자아 몰두에 빠지게 할 수 있다.

공동체의 선은 개인의 본질적인 인권을 소중히 할 뿐 아니라 사람들로 하여금 자신들보다도 이웃, 사회, 그리고 세상을 향하도록, 그리고 하나님을 향한 선을 모색하여야 한다고 촉구한다. 공동선은 각 사람들이 자아실현과 완성에 도달하도록 도와주는 모든 사회적 선들을 포함한다. 공동선은 인간의 우선성과 남녀의 존엄성과 권리의 우선성을 주장할 뿐만 아니라 가장 큰 전체의 일부분이 되는 우리 사회의 본질과 우리 자신보다 더 큰 목적들을 추구하는 우리의 운명을 우선적으로 주장하고 있다. 사회는 개인적 선들, 이익들, 그리고 인격적인 선택들이 단순히 합쳐진 집합체를 넘어선다. 또한 그것은 뇌물을 받으려고 경쟁하는 각 집단을 포함하여 특별한 이익들을 추구하는 불안정한 집합체를 넘어선다. 오히려 정확히 정돈된 사회(그리고 생태계)에서 부분적인 것들은 완전한-사회의 공동선, 우주, 그리고 신적인 선-하나님의 더욱 큰 선을 위해 작용한다.[4]

공동선의 개념은 기독교인들로 하여금 성속이분법적인 신앙을 극복함과 신앙인들의 다양한 영역에서의 소명과 헌신을 하나님께 대한 충성으로서 연합시킬 수 있는 하나의 돌파구를 제공하여 준다. 아주 넓은 의미에서 본다면 공동선이란 모든 피조 세계를 위한 선으로서 이해될 수 있다. 그러므로 공동선이란 단지 인간 생명만이 아닌 모든 생명의 선함을 추구한다는 의미에서 생태학적인 의미를 갖는다. 공동선은 인간과 자연의 조화를 목표로 하여야 한다. '공동선' 은 우리의 행위가 우리 자신들과 다른 사람, 다른 종(species) 나아가 우리가 참여하고 있는 전체 생태계에 미치는 영향력에 의하여 판단되어야 함을 말함으로써 '인간 중심적' 이며 '욕망 중심적' 인 현대 문화를 극복한다.

회의 유산으로서의 공동선이라는 이유와 두 번째로는 종교개혁 이전의 신학자인 토마스 아퀴나스와 같은 이들의 사상을 로마 가톨릭의 전유물로 방기하여서는 안 된다는 이유에서 '공동선' 의 개념을 차용하였다.

4) Ibid., pp. 66~68.

3. 복음과 문화의 상관관계:

1) 긴장관계를 창조적으로 조화시키는 3가지 원칙

이제 문제가 되는 것은 복음과 문화의 건설적인 관계 정립이다. 왜냐하면 문화는 복음전파의 매개체이자 대상이기도 하기 때문이다. 어떠한 복음 전파도 언어, 문자를 비롯한 각종 매개물들의 도움 없이 전파될 수는 없다. 초대교회 선교의 활발함은 문화에 대한 주도권을 교회가 유지하였다는 사실에서 추론하여 볼 수 있다. 근대문화의 수용과 보급과 한글사용에 앞장선 교회가 사회적으로도 지도력을 발휘할 수 있었던 것이다. 이러한 관점에서 볼 때 작금 지적되고 있는 한국 교회의 대사회적 지도력의 부재와 교회 성장의 정체, 즉 하나님 나라의 구체적 실현의 부진함은 현대 문화에 대한 수용력과 지도력의 부재를 의미한다.

이제 요구되는 것은 문화에 대한 신앙적 태도이다. 우리는 그것을 하나님 중심적인 변혁적 문화관이라 부를 수 있을 것이다.

(1) '변혁적'이라 함은 무엇보다도 먼저 이 세상 문화에 대한 깃들여 있는 죄성을 간과하지 않는 매우 현실적인 태도와 관점을 의미한다. 여기에서 강조되는 복음적인 문화 접근은 복음 대 문화(Gospel Versus Culture)의 관계로 정리할 수 있을 것이다. 이러한 관계의 내용을 정리하면 다음과 같다.

첫째, 복음은 반드시 인간의 모든 형태의 문화와 구별되어야 한다. 이것은 어떤 특정한 문화가 복음으로 동일시되어서는 안 된다는 것을 의미한다. 그러므로 나와 다른 문화들을 일방적으로 정죄하여서는 안 된다.

둘째, 복음과 문화를 동일시하는 것은 자칫 서구 제국주의적 선교 태도를 연상시킬 수 있다.

셋째, 복음과 문화를 동일시하면 죄마저 상대화시키는 경향을 낳게 된다. 예컨대 여성이 바지를 입는 것을 죄악시하였던 문화를 비판하다 보면 죄가 상대화되어 오늘날에는 죄를 물을 수 없게 되는 문화적 상대화의 경향을 경계하여야 한다. 즉 모든 형태의 문화의 심판자로서의 복음을 분명히 할 필요가 있다.

(2) 그러나 변혁적인 문화관은 이와 동시에 '그럼에도 불구하고' 그 모든 것들에 대한 하나님의 주권을 인정한다. "하나님이 지으신 모든 것이 선하매 감사함으로 받으면 버릴 것이 없나니"(딤전 4:4) 이러한 태도는 문화 안의 복음(The Gospel in Culture)으로 상징될 수 있을 것이다. 비록 복음이 문화와 구별된다고 하더라도 복음은 문화 안에서 전파된다는 것을 잊어서는 안 된다. 언어와 상징이나 의식 등의 문화적 매개를 통하지 않고 우리가 복음을 전하거나 받을 수 없는 것이다. 즉 문화의 모든 차원, 즉 인식론적 차원에서 복음은 이해되어야 하며, 정서적인 차원에서 하나님의 신비가 경외감으로써 경험되어야 하며, 가치의 차원에서 복음은 그 믿는 자들이 복음에 합당한 응답을 하도록 도전하는 것이다.[5]

(3) 이와 함께 강조되어야 할 것은 "하나님의 말씀과 기도로 거룩하여짐이니라"(딤전 4:5)는 종말론적 소망과 태도이다. 이것은 복음에서 문화로(The Gospel to Culture)의 자세를 요구한다. 복음은 모든 문화의 변혁을 요구한다. 죄로 물든 문화가 온전히 하나님의 주권 아래 속하도록, 즉 하나님의 나라의 온전한 임함 아래 놓이도록 복음은 문화의 변혁을 요구한다.

---

5) Paul Hiebert, *Anthropological Insights for Missionaries*, Baker, 1985, p.54

2) 변혁적인 문화 작업의 주체와 목적

복음이 문화에 관심을 가질 수밖에 없는 이유 중 하나는 왜곡된 문화가 복음의 전파를 가로막을 뿐만 아니라 왜곡시키기 때문이다. 그러므로 그러한 왜곡된 문화를 바로 잡고 복음 전파의 길을 평탄케 하기 위한 작업이 필요하다. 문화를 통한 하나님 역사의 최종적인 목적은 모든 사람을 위한 해방과 생명과 하나님에 대한 앎을 가져옴에 있다(요 10:10, 17:3). 이러한 목적을 위한 노력을 우리는 변혁적 작업이라고 부를 수 있다.

* 변혁적 작업이란 말씀이 육신이 되셨듯이 복음이 선포되는 곳에서 그것이 문화로 성육화됨을 의미한다(요1:14). 그러나 복음은 항상 특정한 문화에 종속되는 위험에 처할 때도 있으며, 동시에 정치적 목적을 위하여 오용될 수도 있다는 점을 잊지 말아야 한다.

* 그러므로 우리는 문화에게 하나님의 영광을 향한 지침과 방향성을 제공하는 존재로서의 복음의 초월성을 항상 우선적으로 인식하여야 한다.[6]

* 변혁이란 복음이 선포되는 곳에서 문화의 특정한 요소들을 정화(purification)시키는 것을 의미한다. 예컨대 변혁이란 문화의 억압적 측면으로부터의 자유함을 의미한다. 예컨대 다메섹 도상에서의 바울 체험(행9:1-19)은 종교적 편견으로부터의 해방을 의미한다.[7]

* 복음에 의하여 초래되는 변혁은 온 집안을 밝히는 빛(마 5:15)을 의미한다. 변혁이란 사람들에게 복음과 자신들의 고유한 문화에 대하여 깊은 통찰력을 가지도록 도전함을 의미한다. 교차 문화적 차원에서는 그리스도에 대한 경험과 복음이 증거되는 현장의 문화적 가치와 상징에 대한

---

6) Durashingh, op. cit., p.34
7) Ibid., p.35.

신실한 증거가 동시에 요구된다. 복음은 해방의 메시지를 선포함을 통하여 개인의 정체성을 확증하여 줌과 동시에 새로운 성령공동체로의 편입을 확증한다(행 4:32-35).

결론적으로 우리는 변혁의 주체는 특정한 문화가 아니라 '하나님 나라'를 선도하는 성령님이시라는 것을 분명히 하여야 할 것이다. 그러므로 문화변혁 작업의 성격과 기준 역시 '하나님 나라'임을 잊지 말아야 한다. 이와 같은 변혁의 주체와 기준의 초월적 성격은 우리에게 상대주의와 일방주의를 넘어서는 '소통을 통한 변혁'의 돌파구를 제공하여 준다. 이제는 이러한 '소통을 통한 변혁'의 구체적 실례를 제시해 보고자 한다.

4. 변혁적 방법론의 가능성: 우리의 문화와 기독교적 문화관의 만남

수천 년에 걸친 장구한 한국의 역사는 매우 풍부한 종교-철학적 사상들을 한국 사람들에게 제공하였다. 이러한 종교사상들과 그와 동반하는 철학적 존재론과 인식론은 한국인들이 기독교를 접하였을 때 준거적, 혹은 준비적인 역할을 하였다고 볼 수 있다. 18~19세기의 한국인들은 결코 문화적인 진공상태에서 살지 않았기 때문이다. 예컨대 다른 모든 영들보다 뛰어난 존재로서의 하나님의 존재는 초대 한국 기독교인들로 하여금 유일신으로서의 신 개념을 받아들이는 데에 많은 도움을 주었다고 볼 수 있다.[8]

---

8) James Gale, *Korea in Transition*, New York: Young People's Missionary Movement of the United States and Canada, 1909, p.78.

성경이 한국어로 번역되어질 때, 결국 신의 명칭으로서 하ᄂ님이 받아들여졌던 것은 이러한 사실을 반영한다.[9] 그러나 하나님을 성서에서 받아들이는 데에는 심각한 논쟁이 있었다. 이러한 논쟁은 우리의 문화와 기독교적 문화관의 만남의 좋은 예라고 볼 수 있다. 토착문화로부터 연유한 하ᄂ님에 담지된 혼합주의적 배경을 염려하였던 언더우드는 성경번역에 있어서 하ᄂ님의 채택을 반대하였다. '하ᄂ님'의 어원의 어근인 '하늘'에서 보듯이 하나님의 어원은 '하늘+님'이다. 하ᄂ님에 대한 관념은 한국인들에게 뿌리 깊은 것이어서 거의 모든 이들이 하ᄂ님을 현존하는 실재로서 간주하였던 것이다.[10] 선교사들의 관찰에 의하면 대표적인 토착종교인 무교로부터 유교나 불교신자에 이르기까지 거의 모든 한국인들은 최고의 신으로서의 하ᄂ님을 받아들이고 있었다는 것이다.[11]

그러나 결국 한국 개신교인들은 의미의 성경적 변혁의 과정을 통하여 하나님을 채택하게 되었다. 한국 교회는 오직 유일하게 하나이심을 뜻한다는 의미에서의 하나와 '큰 분'을 나타내는 존칭 접미어로서의 님을 합성함으로써, 성경에서 야훼로 계시된 그분을 하나님이라 고백하였던 것이다. 이것은 한국적인 기독교, 즉 기독교의 한국적 문화의 변혁적 수용의 좋은 전형이 되는 사례라고 평가된다.

9) L. H. Underwood, *Fifteen Years Among the Top-Knots*(New York: American Tract Society, 1904), pp.103~105. cf. J.S. Gale, "Korea's Preparation for the Bible", *The Korea Mission Field*, 1912, p.86, 옥 성득, "초기 한글성경 번역에 나타난 주요 논쟁 연구(1877~1939)", 미간행논문, 장로회신학대학 대학원, 22~42.

10) Charles A. Clark, *Religions of Old Korea*, Seoul: Christian Literature Society of Korea, 1961, p.196.

11) Underwood, *The Religions of Eastern Asia*, New York: Macmillan, 1910, p.110.

왜 소통과 변혁을 말하는가?

성석환 책임연구원 (문화선교연구원)

다양한 전망과 기대를 등에 업고 화려하게 역사의 장을 열어 젖혔던 21세기가 벌써 5년이 흘렀다. 정치적 민주화가 어느 정도 진전된 90년대 후반부터 한국 사회는 권력과 자본력의 행사 주도권이 시민대중에게 넘어가기 시작했다. 규제와 통제로 정권의 이데올로기를 선전하던 도구적 대상에서 실질적인 문화 생산과 소비의 주체가 사회의 하위 그룹으로 이동했다. 대중문화의 성장 속도가 한국에서 더욱 빠른 이유는 이러한 저항의 당위성이 더욱 절실했고, 사회적 하위 계층들의 욕구 분출의 의지가 강력했기 때문이었다.

'서태지와 아이들' 등장 이후 젊은이들은 어른들을 당황스럽게 하거나 심지어 조롱하며 자신들의 해방구를 문화라는 화두에 실어 날랐다. 신세대라 하든, N세대 또는 최근에는 W세대라 명하든 상관없이, 우리 사회의 새로운 주역으로 떠오른 이들은 기존의 가치와 형식, 질서에 정면으로 반기를 들거나 혹은 아예 무시하기까지 한다. 새로운 시기의 도래에 피할 수 없는 조정국면이 바로 충돌과 갈등 양상이지만 정치적 사안부터 시작해서 온갖 잡다한 일상사들이 새롭게 그 무대와 주인공을 재편하였던 것이다.

이렇게 "전복의 계기"를 합작했던 또 다른 주역이 바로 문화 담론의 성장 그 자체였다. 문화적 담론이 지성사회의 화두로 등장하면서 이른바 '문화민주주의' 논의가 적극적으로 개진되었고 이는 사회 전반의 민주주의를 더욱 가속화시키는 철학적 동력이 될 수 있었다. 이로 시작된 한국 사회의 본격적인 다원화는 사상과 가치의 문제에 있어 진보와 보수의 첨예한 대립을 불가피하게 하였으나 점차 공존과 경쟁의 다원주의적 행동양식을 생존의 조건으로 관철시키고 있다.

이와 함께 대중문화 산업의 급성장은 다양한 개인의 취향과 욕구의 표현을 정당화시키면서 그것을 집단논리에 귀착시키는 일이 실제로 어려워지게 되었다. 이런 변화를 어떻게 대처할 것인가의 문제는 결국 새로운 도전에 대한 적응력에 달려있다. 그 사회를 유지하는 가치나 이데올로기 생산에 직간접으로 어느 정도 참여하고 기여했는지에 따라 변화의 물결에 대한 적응력이 달라진다.

보통 정서나 가치에 정초된 제도들이 새로운 변화를 수용하기 어렵고 저항하게 되는데, 그 가운데 가장 심각한 저항의 양상을 보이는 제도가 바로 종교이다. 특정 종교가 국가 이데올로기에 흡착해 있었거나 보수적 성향이 강할 경우 이러한 저항의 강도는 더욱 심해지고 변화 자체에 대한 자기중심적 평가에 급급하게 된다. 시대적 변화가 함의하는 바를 성찰하거나 그 방향의 추이를 예측할 적극적 여유를 갖지 못하게 되는 것이다.

이런 관점에서 보면 한국 기독교의 경우도 예외가 아니다. 대중문화의 도전에 대응하는 교회의 태도는 일부 앞선 교회들을 몇 몇 제외하고는 대체로 수세적이었다. 대중문화 자체를 악으로 규정하거나 적어도 악한 세력의 도구로 진단하면서 교회 문을 단단히 닫아걸고 신앙의 순수성을 지켜야 한다는 입장이 우세했다. 특히 한국 교회의 보수적 성향은 대중문화의 다양한 함의를 파악하기도 전에 오히려 비신앙의 양식을 가진 실체로 규정해 버렸다.

하지만 현대의 다원주의 사회에서 공존과 경쟁에 참여하지 않고서는 정당한 목소리를 낼 기회조차 얻기 어렵기 때문에 이러한 쇄국의 국면은 그리 오래가지 못한다. 사실 살아남기 위해서라도 그 문을 열어젖히지 않을 수 없는 것이다. 동의하기 어렵지만 부정하기도 쉽지 않은 변화의 물결, 이 딜레마에서 교회가 선택할 수 있는 방식이 무엇인지에 대해 많은 학자와 전문가들이 논의를 거듭했다.

선교학적으로는 이미 문화인류학의 유산을 값지게 평가하고 있던 터라 대중문화의 장을 해외 피선교지에 준하여 인식하는 방식으로 적응할 수 있었다. 또 사회운동의 하나로 기독교적 가치관을 문화의 장에 실천하려는 움직임도 가능한 방식이었다. 마지막으로 문화 자체의 논법을 배우고 익혀 오히려 문화의 눈으로 교회의 전략을 도출하는 방식도 진보 진영을 중심으로 활발하게 논의되었다. 문제는 대중문화에 대한 신학적 분석 및 평가의 성과가 채 도출되기도 전에 소모적인 문화인식의 논쟁이 벌어졌다는 것이다.

예컨대 〈기독교윤리실천운동〉의 문화소비자운동 방식이 갖는 문화인식에 대한 비판이라거나, 소위 〈기독교세계관〉에 대한 비판적 성찰이라거나, 뉴에이지문화 비판론에 대한 문제 제기 등이 모두 서로 다른 신학적 지점에서 문화인식을 달리 했기 때문에 발생하였다. 이른바 '문화전쟁론'의 입장에서 대중문화와 교회의 각을 세우는 방식에 대한 동의가 쉽게 이루어질 수 없을 만큼 관련된 신학적 스펙트럼이 넓었고 오히려 대중문화의 정치사회적 함의가 신학적 성찰을 풍부하게 할 긍정적 가능성도 발견되었다.

하지만 대중문화의 특성 상 그 본질적 의도보다는 그 매혹적 형식이 호소력을 갖게 되므로 이제 거꾸로 교회는 기독교적 정체성을 어떻게 유지하고 보장할 것인가를 고민하지 않을 수 없게 되었다. 즉 복음의 본질과 문화의 형식이 어떤 방식으로 조화될 수 있는지, 그래서 어떻게 하면 복음의 본질을 유지하면서 다양한 방식의 선교가 가능한지 고민하게 되었고, 아마도 그 정도의 좌표에 이 책의 기획의도를 위치시킬 수 있을 것이다.

문화의 시대에 복음을 효과적으로 전하고 또 문화에 하나님의 뜻에 보다 더 합당한 모습으로 참여하려는 노력은 우선적으로 세상에 내려오신 하나님의 주도적 성육신 모범을 따라 교회도 문화와 소통해야 한다는 당위에서 출발한다. 이런 점에서 한국 교회의 소통을 위한 노력은 다방면으로 전개되어왔다. 영화제나 음악회, 뮤지컬 등의 장르별 소통의 노력이 전개되었고 이런 노력의 결과로 교회의 문화 인식의 지평이 확장될 수 있었던 것이 사실이다.

그런데 기독교와 교회가 지향하려는 소통은 소통 그 자체가 목적이될 수 없다. 왜냐하면 이 책의 대부분의 학자들이 주장하는 바와 같이 기독교의 소통은 기본적으로 문화에 대한 변혁적 의도를 가지고 있기 때문이다. 여기서 또 다른 논쟁의 장이 마련된다. 변혁을 위한 소통이라면, 변혁의 방식과 지향점에 따라 신학적 근거를 제시해야 할 필요가 생긴다. 이런 점에서 이 책이 소통과 변혁을 가능케 하는 기독교의 정체성을 다루려는 의도는 정당하다.

1장에서는 먼저 기독교와 문화의 소통에 대해서 논의한다. 최근의 문화연구에 대한 비판적 성찰을 통하여 어떻게 문화를 접근할 수 있을지 묻는다. 2장에서는 1장의 논지에 근거해서 다원주의 또는 포스트모던 상황에서도 주장할 수 있는 새로운 방식의 정체성, 즉 기독교문화의 새로운 주체성을 거론한다. 특별히 레비나스와 같은 일반 철학자들의 논의를 끌고 들어와 타자의 윤리를 구성하는 기독교적 주체성의 가능성을 살핀다. 마지막으로 3장은 소위 변혁적 문화관의 의미를 묻는다. 신칼빈주의의 입장과 리처드 니버의 입장을 비교하면서 서로 조금씩 다른 편차를 가지고 논의를 전개한다. 의미있는 것은 한국적 기독교 문화를 개발하고 정립하는 일에 동의를 하고 있다는 점인데, 하나님 나라를 지향하는 변혁적 운동이 이 땅 위에서도 실천적으로 가능하도록 하는 소망을 발견하게 된다.

〈기독교 문화 학술 심포지엄〉이라는 이름으로 2004년 10월 문화선교연구원이 행사를 기획했을 때 많은 분들이 호응해 주셨고 특히 참여자들이 사전모임을 갖는 등 열의를 보여 주셨다. 그만큼 이 논의의 시급성이 공감된 탓이었다. 문화선교연구원의 헌신적인 스텝들과 후원해 주신 연구원 이사회, 그리고 자원봉사자들의 수고로 이 책이 완성되었다. 행사 중 사회를 담당해 주신 분들의 글을 덧붙이고 내용을 보충하느라 뒤늦게 발간되었지만, 기독교와 문화를 공부하려는 분들에게도 좋은 교재가 될 것으로 확신한다. 앞으로도 이러한 연구결과들이 풍부하게 열매를 맺어 조국과 교회의 문화가 하나님의 뜻대로 풍성해지는 일에 사용되기를 소망한다.